LISHU YEARBOOK 2018

# 梨树年鉴

## （2018）

梨树区人民政府地方志办公室 编

方志出版社
Publishing House of Local Records

**图书在版编目（CIP）数据**

梨树年鉴. 2018 / 梨树区人民政府地方志办公室编.
-- 北京：方志出版社，2019.10
ISBN 978-7-5144-3957-1

Ⅰ. ①梨… Ⅱ. ①梨…Ⅲ. ①区（城市）—鸡西—2018—年鉴 Ⅳ. ① Z523.54

中国版本图书馆 CIP 数据核字（2019）第 282082 号

**梨树年鉴（2018）**

**编　　者：**梨树区人民政府地方志办公室
**责任编辑：**宁　芳

**出 版 者：**方志出版社
地址　北京市朝阳区潘家园东里 9 号（国家方志馆 4 层）
邮编　100021
网址　http://www.fzph.org
**发　　行：**方志出版社图书经销中心
电话　（010）67110500
**经　　销：**各地新华书店
**排　　版：**北京中文天地文化艺术有限公司
**印　　刷：**北京中科印刷有限公司

**开　　本：**889 × 1194　　1/16
**印　　张：**12
**字　　数：**382 千字
**版　　次：**2019 年 10 月第 1 版　2019 年 10 月第 1 次印刷

**ISBN** 978-7-5144-3957-1　　**定价：**150.00 元

# 序

贫困问题一直是困扰人类社会发展的重大问题。中国作为世界上最大的发展中国家，为解决贫困问题进行了长期不懈的努力。改革开放以来，特别是党的十八大以来，以习近平同志为核心的党中央把脱贫攻坚作为全面建成小康社会的底线任务和标志性指标，纳入“五位一体”总体布局和“四个全面”战略布局，以前所未有的力度推进精准扶贫、精准脱贫，扶贫开发成就举世瞩目，显著改善了贫困地区和贫困群众生产生活条件，具有重大的现实意义和深远的历史意义。身处中华民族几千年发展历史上将首次整体消除绝对贫困现象的伟大时代，如何更好地发挥地方志的存史、育人、资政的作用，是新时代全国地方志系统必须深入研究和着力解决的重大课题。

党的十八大以来，在党中央国务院的正确领导下，全国地方志系统深入学习贯彻习近平新时代中国特色社会主义思想，紧紧围绕党和国家事业发展需要，深入推进地方志改革创新发展，凝心聚力，稳扎稳打，勇于担当，主动作为，全国地方志形势和地方志工作者的精神面貌发生了深刻变化，取得了优异成绩。其中，为贯彻落实《全国地方志事业发展规划纲要（2015—2020 年）》，经中国地方志指导小组领导批准，中国地方志指导小组办公室于 2015 年、2017 年先后启动民族地区与贫困地区志书、年鉴出版资助工程（以下简称“志鉴出版资助工程”），对国家级贫困县（区、旗、县级市），中西部地区、少数民族边疆地区面临出版经费困难的志书和综合年鉴给予出版资助。实施志鉴出版资助工程是紧扣时代脉搏、坚持创新发展、传承弘扬中华优秀传统文化的一项创举，不仅有力推动了“两全目标”的实现，而且数十部资助出版的志书、年鉴及时记述了民族地区与贫困地区在全面建成小康社会伟大征程中取得的新成绩和新经验、出现的新情况和新问题、涌现的优秀人物和典型事迹，留住地方文化的“根”和“魂”，为这些地区的经济社会发展、地域文化传播、爱国主义教育、精神文明建设等提供了历史借鉴和智力支持，对全面提升民族地区与贫困地区文化建设水平、确保民族地区与贫困地区和全国其他地区同步全面建成小康社会具有重要意义。

尤为可喜的是，志鉴出版资助工程促成了一批扶贫志书的编纂出版，在文化脱贫攻坚中发挥了独特的作用。例如，《贵州省减贫志》全面系统客观记述了从 1978

年至2015年贵州省扶贫、减贫工作的历程及取得的经验，为贵州省实施大扶贫战略提供了有力的资政辅治参考，集中体现了地方志工作因时而动、顺势而为的新作为。前不久，由福建省地方志编委会和人民网共同编纂的《闽宁扶贫协作图志》，是全国首部扶贫协作图志，图文并茂、直观立体、全方位地展现闽宁扶贫协作波澜壮阔的历程，弘扬“闽宁一家亲”“携手奔小康”的深厚情谊和滴水穿石、久久为功的精神，是贯彻落实习近平总书记扶贫工作重要论述精神，服务国家精准扶贫、精准脱贫战略的有力举措。希望各地以此为鉴，编纂出版更多、更好的扶贫志书、年鉴，助力国家精准扶贫、精准脱贫战略的实施，充分展现地方志的独特价值和作用。

当前，我国脱贫攻坚已进入全面决战决胜的关键时期，尚未脱贫的贫困地区集中分布在中西部深山区、极端干旱山区、高寒阴湿地区等，文化建设还比较薄弱，文化产品还不够丰富，文化精品更是少之甚少。同时，这些地区往往是民族文化、历史文化、红色文化、生态文化富集区，具有发展文化旅游、推进文化扶贫的巨大潜在优势，也是繁荣发展地方志事业的巨大文化宝库。要发挥好文化扶贫凝聚人心的优势，善于利用方志文化优势为贫困地区“赋能”，在脱贫攻坚中做出方志人应有的贡献。要发挥好中国名镇志文化工程、中国名村志文化工程的引领作用，大力加强乡镇村志编纂，让百姓记得起乡情、记得住乡愁，凝聚贫困乡镇村庄的强大民心，补齐贫困乡镇村庄的文化短板，以“扶智”的方式“扶志”，践行习近平总书记强调的“扶贫先扶智，扶贫必扶志”的重要理念。

求木之长者，必固其根本；欲流之远者，必浚其泉源。扶贫扶起的是志气骨气，传承的是家国情怀，守护的是绿水青山。扶贫既要富口袋，也要富脑袋。必须坚持文化脱贫和物质脱贫两手抓，筑牢贫困地区文化之基，补足信仰精神之钙，引领脱贫发展之舵。全国地方志系统要围绕中心、服务大局，坚决投入脱贫攻坚这场必须打赢的硬仗，积极参与脱贫攻坚战，发挥优势和特长，深入挖掘文化资源，着力补齐文化短板，努力帮助民族地区与贫困地区的文化建设实现较大的发展提升，在全面建成小康社会、实现中华民族伟大复兴中国梦的征程中贡献方志人的力量。

是为序。

中国社会科学院院长
中国地方志指导小组组长　谢伏瞻

# 民族地区与贫困地区年鉴出版资助工程领导小组

组　　　长：高　翔

常务副组长：冀祥德

副　组　长：高京斋　邱新立

# 民族地区与贫困地区年鉴出版资助工程领导小组办公室

主　　　任：冀祥德

副　主　任：邱新立

成　　　员：于伟平　刘永强　冷晓玲　李　静

# 《梨树年鉴（2018）》编纂委员会

主　　任：崔仕臣

副 主 任：方明浩

成　　员：（按姓氏笔画排序）

王升伟　王思宏　王海欧　孙宏毅　杜振全

何峒霖　迟秀伟（女）　杨淑兰（女）

赵孝成　董国明

# 《梨树年鉴（2018）》编辑部

主　　编：赵孝成

责任编辑：赵孝成

编　　辑：赵孝成

# 编 辑 说 明

一、《梨树年鉴（2018）》（简称《年鉴》）编纂出版以马克思列宁主义、毛泽东思想、邓小平理论、“三个代表”重要思想、科学发展观、习近平新时代中国特色社会主义思想为指导，坚持辩证唯物主义和历史唯物主义的立场、观点和方法，实事求是地记载梨树区2017年度各单位发展情况。因为是梨树区第一部年鉴，为反映事物完整性，个别信息资料追溯记述。

二、《年鉴》是由梨树区人民政府地方志办公室负责编纂的一部年度资料性文献，是梨树区首部地方综合年鉴。根据省、市人民政府地方志办公室要求，以后逐年编纂并按年度连续出版。《年鉴》为各级领导科学决策提供依据，为研究梨树区提供翔实信息和基础数据，为续修《鸡西市梨树区志（2006—2025）》积累史料。

三、《年鉴》资料主要由各供稿单位提供，部分资料来源为报刊和网络。由于统计数据的来源、口径、方式和时间的不同，数据可能有差异，以统计局提供的统计资料为准。

四、彩图及内文图部分，由各承编单位提供，主要反映市、区领导在梨树的活动及2017年梨树区重大事件和部分重点建设项目情况。

五、收录的各部门、各单位“负责人名单”以2017年12月底单位领导班子成员为准。

六、采用分类编辑法，分类目、分目、条目。全书共分特载、专记、大事记、区情概况、中国共产党梨树区委员会、梨树区人民代表大会、梨树区人民政府、中国人民政治协商会议梨树区委员会、群众团体、法治、军事、工业、农业、商业、城建　环保、交通　通信、财税　金融、综合经济管理、教育　文化　体育、医疗　卫生、社会生活、街道　行政村和附录23个类目；条目标题用黑体字加【 】表示。

# 梨树区行政区划图

梨树区政府地方志办公室　监制

哈尔滨地图出版社　编制

黑S（2019）046号

本资料截至2017年12月31日

# 梨树风采

## ——大事要闻　行业综合

梨树区街里全景

从九道街区安监局办公楼向北眺望所见楼群

2017 年 1 月 14 日，市委书记康志文（右二）、市长张常荣（右一）、市政协副主席王应（左二）和区长叶荣国（左一）等市区领导参加梨树玉潭湖冰雪活动启动仪式

2017 年 3 月 23 日，市委书记康志文（左二）在梨树厚生生物科技有限责任公司查看菌包厂生产车间

2017 年 3 月 28 日，市长张常荣（中）在梨树山产品大市场调研

2017 年 5 月 11 日，市纪委书记赵广东（左四）在梨树风力发电厂调研

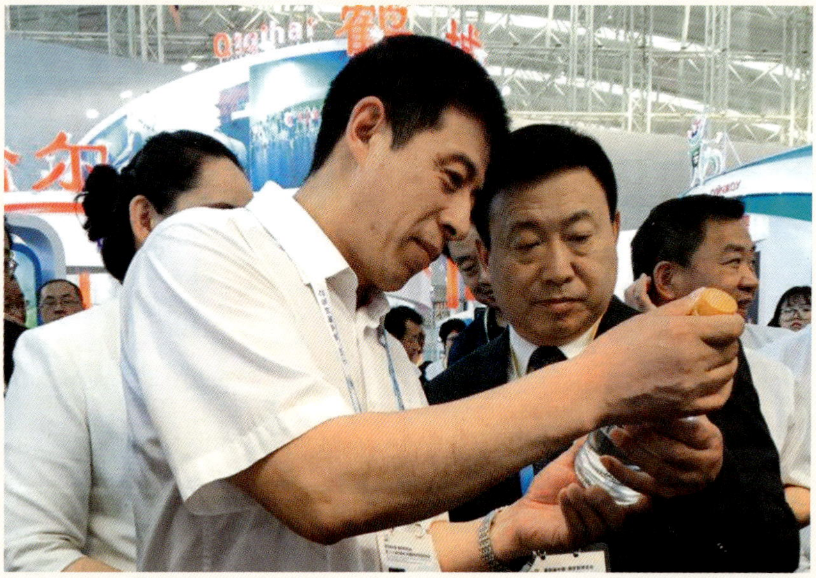

2017 年 9 月，鸡西市委书记康志文（右）和区长叶荣国（左）在哈洽会上观看展销的瓶装梨树白酒

2017 年 10 月 10 日，鸡西市政府副市长周春雁（右二）在梨树木耳山产品大市场参加梨树区电商科技企业孵化基地启动暨首届“金秋山珍节”庆典

2017 年 11 月 30 日，鸡西市委常委、宣传部部长张春娇（右三）到梨树区调研“河长制”和脱贫工作

2017 年 2 月 6 日，区委书记付明波（右二）、区长叶荣国（左二）到碱场村木耳合作社菌包厂调研

2017 年 3 月 31 日，区人大常委会主任程显峰（右三）带领区十六届人大常委会部分常委、农村代表和特邀市代表对区木耳、北药产业发展情况进行视察

2017 年 4 月 19 日，区政协主席张久仁（中）在梨树区中心村蔬菜大棚调研

2017 年 4 月 20 日，区政府常务副区长崔仕臣（中）调研教育工作

2017 年 6 月 30 日，区委书记付明波（左四）等区委、区政府领导慰问参加“梨花音乐会”文艺会演的演员

2017 年 8 月 24 日，区长叶荣国（右二）、副区长崔仕臣（右一）和王海燕（右三）到碱场煤矿了解安全生产经营及发展情况

2017 年 12 月 5 日，区委副书记李吉文（右一）到区国税局检查税制改革情况

2017 年 12 月 22 日，中共梨树区委十八届三次全体（扩大）会议第一次全体会议召开

2017 年 12 月 24—25 日，梨树区第十六届人民代表大会第三次会议召开

2017 年 12 月 23 日，区政协第九届委员会第三次会议召开

2017 年 6 月 3 日，全区预备党员积极分子培训班开班

2017 年 6 月 13 日，全区推进“两学一做”学习教育常态化制度化工作会议召开

2017 年 6 月 16 日，全区区直机关作风整顿工作会议召开

# 农　业

2017 年 2 月 17 日，全区发展壮大农村集体经济工作座谈会召开

梨树区河西村村民在采摘菇娘

2017 年 9 月 22 日，全区农村党员到密山学习木耳、北药种植和加工技术

黑龙江仁邦禽业有限公司

平岗煤矿办公楼

碱场煤矿办公楼

梨树木耳山产品大市场

位于平岗地区的风力发电项目

梨树新科公司洁净煤生产车间

梨树天盛非金属有限公司石墨加工厂

梨树天和焦化公司

梨树凯威碳素制品有限公司

位于东大街的梨树供电所办公楼

# 商　业

位于九道街的中联商城

位于九道街的群星商场

区中联商城二楼超市入口

群星商场一楼售货区

梨树区（下）城（子）鸡（西）铁路沿线风光

梨树区穆棱河畔春色

猴石山

猴石水库

# 目　录

## 特　载



## 专　记



## 大事记



## 区情概况

## 中国共产党梨树区委员会

### 重要会议



### 区委办公室工作



### 纪检监察



### 组织工作



### 宣传工作



### 统战工作



### 机构编制工作

## 老干部工作



## 关心下一代工作



## 信访工作



# 梨树区人民代表大会

## 重要会议



## 主要工作



# 梨树区人民政府

## 重要会议



## 区政府办公室工作



# 中国人民政治协商会议梨树区委员会

## 重要会议

## 法 治

### 政法委及综治



### 公 安



### 检 察



### 法 院



### 司法行政

## 军 事



## 工 业

## 国家税务



## 地方税务



## 金　融



# 综合经济管理

## 发展和改革



## 国土资源管理



## 审　计



## 安全生产监督和煤炭管理

## 社会生活

### 人力资源和社会保障



### 民族 宗教



### 民 政



### 老促会 老科协



## 街道 行政村

### 街里街道办事处



### 穆棱街道办事处

# 特载

## 贯彻新思想　实现新发展
## 为创造梨树人民更加幸福美好生活努力奋斗

——在区委十八届三次全体（扩大）会议第一次全体会议上的讲话

（2017 年 12 月 22 日）

区委书记　付明波

**一、2017 年工作回顾**

一年来，在市委、市政府的坚强领导下，区委常委会全面贯彻落实党的十九大精神，深入学习贯彻习近平新时代中国特色社会主义思想和习近平总书记对我省的两次重要讲话精神，按照省第十二次党代会、市第十三次党代会安排部署，紧紧围绕区委十八届二次全会确定的各项目标、重点任务，团结带领全区党员干部群众，担当作为，共克时艰，加快转型发展，推进兴区富民，全区经济、政治、文化、社会、生态文明和党的建设实现了新发展。

**——这一年，我们旗帜鲜明讲政治，全面深入贯彻落实党的十九大精神，始终沿着习近平新时代中国特色社会主义思想指引的方向奋力前行。**区委常委会牢固树立“四个意识”，特别是核心意识、看齐意识，坚决同以习近平同志为核心的党中央保持高度一致，坚决维护党中央权威和集中统一领导，严守党的政治纪律和政治规矩，不折不扣贯彻落实中央省市委各项决策部署，确保政令畅通、令行禁止。我们坚持把学习宣传贯彻党的十九大精神作为首要政治任务，坚持把学习贯彻习近平总书记系列重要讲话，特别是对我省重要讲话精神作为长期战略任务，通过区委理论中心组学习、领导干部带头讲党课、研讨培训等多种形式，读原文、学原著，深入学、系统学、持久学，切实把总书记系列重要讲话和党的十九大精神转化为做好各项工作的思想武器和强大动力，转化为加快推进转型发展的思想自觉、行动自觉和生动实践，确保全区经济社会各项事业发展始终沿着正确的方向前进。

**——这一年，我们把方向，谋大局，转型发展思路更加清晰。**区委常委会坚持用习近平总书记系列重要讲话精神武装头脑，指导实践，深入分析研判区情，确定了“突出一条主线，建设一谷一带，发展四大产业，实现七个新提升”工作思路，描绘了梨树同步全面建成小康社会蓝图，明确了当前和今后一个时期的重点任务、奋斗目标、实施路径和发展举措，在探索资源型城区转型发展的道路上迈出了坚实、稳健的步伐。实践证明，这个思路符合市委要求，符合梨树实际，促进了发展动能转换，推动了产业结构升级，全区经济实力显著增强。预计地区生产总值实现55813万元，同比增长7%；公共财政预算收入完成5077万元，同比增长8%；规上工业增加值实现5387万元，同比增长10%；城镇固定资产投资完成158010万元，同比增长8%；社会消费品零售总额实现84749万元，同比增长8%；招商引资到位资金实现11亿元，同比增长30%；实际利用外资1210万美元，进出口总额完成91万美元；城镇居民人均可支配收入实现16996元，农村居民人均纯收入实现16549元，分别增长6%、5%。

**——这一年，我们优化存量、引进增量，工业经济逐步转型。**区四个班子领导带头推介项目、招商引资，全区党员干部齐上经济主战场，引进项目12个，开工建设项目11个。全区6项5000万元以上产业项目预计完成投资4.2亿元，500万元以上项目开复工24项。我区项目开复工率、完成投资同比增长等指标位于全市前列。华糠有机肥加工、燎盛石墨深加工、天吉达生物科技等项目先后落地。恒山风电场项目即将完成全部设备安装，仁邦禽业百万只蛋鸡养殖及深加工项目完成基础设施建设。新科公司、天盛非金属公司、凯威碳素公司、平岗风电场4家规上企业实现总产值17483万元。工业谷完成四六区711户动迁征收任务，“一纵一横两环”公路网全线闭合，园区承载能力进一步增强。产业格局由“一煤独大”逐步向“三新一绿”转型。

**——这一年，我们全力推进特色种植特色养殖，现代农业稳步发展。**大力发展特色种植，通过招商引资、组建合作社建设2个日产5万袋的菌包厂，帮助农户解决种植技术、银行贷款等实际问题，推动木耳从去年的400万袋增长到今年的1562万袋，北药从去年的200亩发展到今年的1500亩，粮食产量达4400万斤（2200万千克）实现“十四连丰”。大力发展特色养殖。建设规模养殖场20个，蛋鸡规模化养殖比重达75%以上，畜牧业产值实现11666万元。农村土地承包经营权确权登记全面推进，颁证测绘面积完成86510亩，稳步开展农村集体产权制度改革试点工作，新进村清产核资252万元。全面落实河长制，在街路、游园栽植梨树3300余棵，义务植树15万株，退耕还林181.4亩，森林覆盖率达64.5%，生态保护持续加强。

**——这一年，我们大力发展民营经济，第三产业活力增强。**中联商城晋升规上零售业，全区新增个体工商业户268家。新业态快速发展。新建电商企业孵化基地，吸引入孵企业14家，新建电商企业4家。投资77万元建设大数据综合云平台。快递物流业快速发展，年收发货量16.3万件。金融机构支持地方经济发展，年发放贷款2.4亿元，同比增长16.6%。举办首届山珍节，梨树山产品大市场交易额实现4亿元。借助承办市冰上速滑冰球比赛契机，建设玉潭湖冰雪活动基地，推动了冰雪产业和冬季旅游发展。

**——这一年，我们全力推进基础设施建设，城乡面貌明显改善。**开工建设了近40万平方米保障性安居工程，3座公铁立交桥，新建、维修、改造9.49公里城乡街路，改造供热管线11.57公里。完成前进村美丽乡村示范村建设任务。安装分布式能源+卫浴一体化水冲厕所设施50套，垃圾填埋场建成投入使用，营子沟铁路道口立交桥建成通车。积极争取采沉区配套基础设施改造工程政策，开工建设了鸡西至梨树段“大供水”工程、碱场至梨树段“大供热”工程，梨树百姓多年来翘首期盼的“住上暖屋子、喝上干净水”愿望即将实现。

**——这一年，我们坚持保障和改善民生，人民生活幸福感、获得感明显提升。**对6户16名贫困户分类施策，精准帮扶，通过翻建房屋、产业扶持、资金帮扶，贫困户住上了新屋子，感受到了党和政府的温暖。年初承诺的十件民生实事顺利实施。强化社会保障，月发放低保金365万元，年发放廉租房补助624万元，分配了405套低保公租房。修缮老矿办遗址，文化馆面向群众免费开放，建设无线广播电视信号塔，开展庆祝建区60周年梨花艺术节系列活动，群众文化生活进一步丰富。维修校舍，撤并穆棱学校，新建实验幼儿园，形成“四校二园”新格局，教育质量进一步提高。实施公立医院改革，药品零差价供应，引进先进医疗设备，全区医疗服务水平进一步提升。妥善安置龙煤集团下岗分流人员442人。处科级干部包保全民创业，新增创业实体73个，新增就业2761人，全民创业取得新进展。

**——这一年，我们坚持创新社会治理，社会公共安全满意度持续提升。**积极推行社会治安综治网格化管理，高压打击违法犯罪，常态化全天候开展治安巡逻，全区刑事发案率同比下降21.4%。认真组织开展矛盾纠纷排查调处，一些信访积案和突出问题得到有效化解，圆满完成了党的十九大、全国“两会”、省党代会等重要敏感时期信访维稳任务。实行“多证合一、一照一码”制度，清理行政审批事项，网上办理公共服务，发展环境实现持续优化。广泛宣传社会主义核心价值观，深入开展文明创建，公民素质和社会文明程度进一步提高。定期开展安全生产大检查，常态化开展“逢1逢16”安全标准化检查，处科级干部包保煤矿安全生产，顺利通过国安委督导检查，全区经济社会发展始终保持和谐稳定，连续11年保持省级平安区称号。

**——这一年，我们全面从严管党治党，党的建设取得新成效。思想政治建设持续强化。**建设“五个课堂”，处科级干部带头讲党课357节，组织理论中心组学习、专题报告会，始终坚持把习近平新时代中国特色社会主义思想作为有力武器，不断强化思想武装。“两学一做”学习教育常态化制度化有声有色有成效。组织开展“转型发展，解放思想，创新举措”大讨论，充分利用鸡西电视台、鸡西日报、微信公众号等媒体大力宣传梨树转型发展成果，增强了发展信心，鼓舞了群众士气，振奋了干部精神。**党风廉政建设纵深推进。**扎实开展党风廉政教育，严厉整治“四风”，倡导“四个好作风”，党风政风民风持续向好。坚持有腐必反、有贪必肃，综合运用“四种形态”严肃查处各类违纪违法问题。立案23件，结案22件，处分22人，移交司法机关1人，第一种形态谈话61人。成立巡察机构，对2个单位深入开展政治巡察。深化监察体制改革，筹建监察委员会，惩防体系进一步健全，不敢腐、不能腐、不想腐的氛围逐步形成。**基层组织建设持续加强。**制定基层组织绩效考核办法，对干部工作绩效目标差异化考核，用制度管人管事的氛围日益浓厚。组建社区政务服务中心，实施“金鸡归巢”计划，发展壮大村集体经济，基层组织致富引带作用不断增强。认真执行《党政领导干部选拔任用工作条例》，调整干部5批次77人，公推公选2批次4人、挂职锻炼2批次3人，形成了“干事创业能者上、碌碌无为庸者下，政绩平平者让”的鲜明用人导向。**领导核心作用切实发挥。**区委常委会注重自身建设，团结和谐，勤于学习，廉洁自律，定期召开民主生活会，开展批评与自我批评，不断创新和完善区委领导体制和工作机制。团结和带领四个班子、全区党员干部迎难而上，砥砺前行，营造了四个班子精诚团结，党员干部精神振奋，广大群众齐心协力，共谋转型发展的良好氛围，全区干事创业、崇廉尚实、风清气正的良好政治生态正逐步形成。

一年来区委统揽全局、协调各方，广泛汇聚了转型发展力量；人大及其常委会督办民生实事，开展视察调研，人大代表作用切实发挥；政府抓项目保增长惠民生，各项工作成效显著；政协编写村史村志、组织视察调研，创新开展政治协商、民主监督、参政议政。人民武装、双拥工作取得新进展，统一战线、工商联、民族宗教、残联等工作不断加强。群团组织改革稳步推进，工青妇桥梁纽带作用进一步发挥。全区经济社会各项事业实现晋位赶超，蓬勃发展。

这些成绩的取得，是市委、市政府正确领导的结果，是历届区委接续努力的结果，是全区人民共同奋斗的结果。在此，我代表区委常委会，向全区广大党员干部群众；向各民主党派、无党派人士、各人民团体、社会各界人士；向离退休老同志、人民武装、公安消防；向省市直单位；向所有关心支持梨树发展的朋友，表示衷心的感谢并致以崇高的敬意！

在看到成绩的同时，我们也要看到面临的挑战和存在的不足。主要是缺少立区产业，大项目开工率不足，产业结构不优等问题依然突出；思想不够解放、创新能力不强、发展内生动力不足等问题还没有得到根本解决；城乡基础设施投入不足，保障和改善民生任务艰巨；信访矛盾、安全隐患时有发生，社会维稳的压力依然存在；个别党员干部服务意识不强，不作为、慢作为、乱作为不同程度存在，改进作风、优化发展环境仍需持续深入；顶风违纪和违反“八项规定”的现象时有发生，党风廉政建设还任重道远。对于以上问题，我们必须敢于正视和面对，要采取更加有力的措施认真加以解决。

**二、深刻领会中国特色社会主义进入新时代的重大政治判断，准确把握梨树所处方位和发展特征，明确梨树发展方向**

知其所在，才能明其所往。中央省市委相继作出进入新时代、分“两个阶段”进行现代化建设的重大部署。我区同步进入了新时期站在了新起点，我们只有认清新方位，找准新起点，明确新任务，才能推进经济社会各项事业不断发展前进。

**1. 梨树已步入全面建成小康社会的决战期。**到2020年梨树要与全国同步全面建成小康社会，我们要坚决打赢脱贫攻坚战，对贫困户逐户落实产业扶贫政策，通过发展产业致富增收，实现真脱贫、脱真贫，不让一名贫困人口掉队。我们已站在决战决胜全面建成小康社会的新起点，要大力发展实体经济，加强城乡基础设施建设，全力保障和改善民生，切实担负起全面建成小康社会的新任务。

**2. 梨树已步入现代化建设的战略机遇期。**我们要立足当前，着眼长远，按照“两个阶段”的发展目标，来思考和把握梨树发展方向。第一个阶段：在全面建成小康社会的基础上，从2020年到2035年，实现经济社会全面转型，基本实现现代化。第二个阶段：从2035年到本世纪中叶，在基本实现现代化的基础上，再奋斗15年，建成现代化梨树，让梨树百姓享有更加幸福美好生活。我们已经站在建设现代化梨树的新起点，要坚持用习近平新时代中国特色社会主义思想对梨树发展再拓展、再擘画，切实担负起谋划发展蓝图、建设现代化梨树的新任务。

**3. 梨树已步入转型发展的攻坚期。**我区因煤而建，因煤而兴，因煤而衰。要解困发展必须突出抓好产业转型。我们已站在转型发展提质增效、集中攻坚的新起点，要坚持一手抓招商引资，一手抓对上争取；一手抓立区项目，一手抓富民产业。坚持“突出一条主线”谋划项目，“发展四大产业”生成项目，“建设一谷一带”承载项目，完善工作机制推进项目。坚持用项目建设推动产业转型，切实担负起探索走出资源型城区转型发展、振兴发展新路子的新任务。

**4. 梨树已步入民生福祉的提升期。**近年来，我们切实解决了一些梨树百姓关心关注关切的热点难点问题，推动了人民群众生活水平提高。我们已站在了民生工作追求质量、注重均衡的新起点，要始终坚持以人民为中心的发展思想，紧扣社会主要矛盾变化，切实解决发展不平衡、不充分问题，久久为功，善作善成，积小胜为大胜，使百姓生活达到小康水平，达到现代化水平，切实担负起

“创造梨树人民更加幸福美好生活”的新任务。

创造梨树人民更加幸福美好生活，我们必须解放思想。思想是行动的先导。我们必须与时俱进，领会新思想内涵，跟上新时代步伐。要积极探索，大胆实践，敢破敢立，敢想敢干，打破封闭僵化思想，敢为人先，敢于晋位赶超。要树立勇于创新的思想，从束缚发展的条条框框中解放出来，敢闯新路、敢出新招，敢担风险、敢谋大事，把转型发展活力释放出来，努力开创各项工作不断前进发展的新局面。

创造梨树人民更加幸福美好生活，我们必须抢抓机遇。新时代创造了新机遇。我们要抓住机遇乘势而上，创造条件积极作为，紧紧围绕“新一轮东北振兴战略”“东北振兴三年滚动计划”和“建设石墨新材料产业集群”政策投资方向，储备一批事关梨树长远发展、事关百姓民生福祉的重大项目，认真谋划论证，做好项目前期，最大限度地承接政策红利。

创造梨树人民更加幸福美好生活，我们必须转变作风。作风建设事关转型发展成败。要持续抓好作风整顿，整治“四风”顽疾，倡导“四个好作风”，增强服务意识，优化发展环境，简化办事程序，提高办事效率。要始终保持在困难面前不退缩的锐气、在压力面前不低头的朝气、在责任面前敢担当的勇气，使全区上下形成求真务实、勇于担当、立行立办的新风正气。

创造梨树人民更加幸福美好生活，我们必须真抓实干。实现创造梨树人民更加幸福美好生活目标，“绝不是轻轻松松、敲锣打鼓就能实现的。”要靠全区上下团结一心、真抓实干、一步一步地去实现。我们必须以“钉钉子”精神狠抓立区项目、富民产业、民生工程。多一些真抓实干，少一些坐而论道；多一些深化细化具体化，少一些空话套话不管用的话，每一项决策部署都要落实到具体计划，使“踏石留印，抓铁有痕，狠抓落实”成为常态。

## 三、2018 年工作安排

2018 年是决胜全面建成小康社会的攻坚年，是深入学习贯彻落实党的十九大精神、加快社会主义现代化建设的起步之年。我们要锐意进取，苦干快干实干，决胜全面建成小康社会，向建设“现代化梨树”奋斗目标不断迈进。2018 年全区工作总体要求是：以习近平新时代中国特色社会主义思想为指导，深入贯彻落实党的十九大精神，全面贯彻落实省委第十二届二次全会、市委第十三届二次全会、梨树区第十八次党代会精神和中央、省委、市委各项决策部署，以全面建成小康社会为目标，以项目建设为总牵动，调结构、稳增长、促改革、惠民生，突出“一条主线”，建设“一谷一带”，发展“四大产业”，坚定不移地抓好立区项目、富民产业、民生工程、基层党建，努力实现“七个新提升”，加快转型发展，推进兴区富民，努力创造梨树人民更加幸福美好生活。

**（一）着力抓好党的十九大精神贯彻落实，坚持用习近平新时代中国特色社会主义思想武装头脑，指导实践，推动工作**

要把学习贯彻落实党的十九大精神，特别是学习贯彻习近平新时代中国特色社会主义思想，作为当前和今后一个时期的重要政治任务，抓好抓实，落实落靠，使党的十九大精神和习近平新时代中国特色社会主义思想在梨树落地生效。

**1. 学深悟透，用新思想武装头脑。**习近平新时代中国特色社会主义思想是马克思主义中国化最新成果，开辟了马克思主义新境界、中国特色社会主义新境界、治国理政新境界和管党治党新境界。要充分运用理论中心组学习、专题研讨、“五个课堂”等形式，持续抓好学习培训和理论宣讲，引导全区广大党员干部群众读原著、学原文、悟原理，用党的十九大精神武装思想，锤炼党性修养，强化“四个意识”，使党的十九大精神和习近平新时代中国特色社会主义思想融入血液，铸入灵魂，切实把贯彻党的十九大精神和习近平新时代中国特色社会主义思想转化为思想自觉和行动自觉。

**2. 学懂弄通，用新思想指导实践。**习近平新时代中国特色社会主义思想，深刻揭示了新时代中国特色社会主义的本质特征、发展规律和建设路径，为在新的时代条件下坚持和发展中国特色社会主义提供了科学的理论指引。我们要把学习贯彻党的十九大精神，与落实习近平总书记对我省重要讲话精神结合起来，同贯彻落实省委十二届二次全会精神、市委十三届二次全会精神结合起来，科学规划和指导全面建成小康社会、建设现代化梨树、转型发展兴区富民，使贯彻落实党的十九大精神和习近平新时代中国特色社会主义思想在梨树变成生动实践。

**3. 活学活用，用新思想推动工作。**紧密联系实际，用党的十九大确立的重要观点、重大判断、重大举措推动工作发展。要用习近平新时代中国特色社会主义思想丰富完善、细致刻画“突出一条主线，建设一谷一带，发展四大产业，实现七个新提升”工作思路。把本战线本部门中心工作、党建工作，与党的十九大精神对标，与转型发展、兴区富民各项要求对表，与贯彻落实市第十三次党代会确定的各项目标任务对照，切实把党的十九大精神和习近平新时代中国特色社会主义思想贯彻落实到工作发展的各方面和全过程，不断开创经济社会各项事业发展新局面。

**（二）着力抓好立区项目，扩大经济总量、壮大财源建设**

**1. 围绕“四大产业”谋划项目。**依靠科技创新，谋划煤制乙二醇、聚酯、煤制气等新型煤化工项目。建设碳纳米管、玄武岩连续纤维、镁合金、石墨深加工等新材料项目。推动农光互补项目落地开工建设，发展生物质发电、生物质燃料加工等新能源项目。建设食品加工、北药萃取等绿色食品加工项目。

**2. 建设“一谷一带”承载项目。**完成工业谷整体规划，有序腾空谷内土地，做好项目用地收储工作。推进碱场煤矸石电厂与阳光热力公司合作，建设热电联产项目。加强谷内道路、排水、污水处理等基础设施建设，不断增强园区项目承载力。充分利用采沉区腾空土地，规划建设光伏发电、生物质能源等项目，促进新能源产业带建设形成规模。

**3. 盘活企业存量生成项目。**推进天和百万吨焦化、天诚2万吨镁合金启动生产。扶持新科、天盛、凯威公司、平岗风电扩大生产，发展规上企业。扶持鸿泰、宏达公司持续壮大，发展临规企业。引导企业与科研单位、大专院校加强合作，以创新推动转型发展。支持区内停产企业盘活资产、启动生产，推动“个转企”“小升规”。

**4. 完善工作机制推进项目。**继续实行全党动员，全民招商，处科级干部包保重点项目，干部群众一起动，各类企业一起招，大小项目一起上，区内区外一起引，推动形成大项目顶天立地、小项目铺天盖地的项目建设新格局。

**（三）着力抓好富民产业，推进农业增效、促进农民增收**

**1. 发展特色种植。**持续推进“一减六增”。继续加大资金、技术、土地、设施扶持力度，促进木耳、北药、黄菇娘等特色种植扩大规模。实施“旱改水”工程，建设高效、绿色水稻种植示范区。推进山产品大市场提档升级，充分发挥集散作用。积极申办绿色、有机、无公害农产品认证和地理标识，打造梨树特色农产品品牌。

**2. 发展特色养殖。**依托自然生态优势大力发展特色养殖，推进养殖企业标准化、规模化、集约化生产。以仁邦禽业为龙头，推进蛋鸡规模化养殖，持续提高规模化养殖比重。新建标准化猪场、羊场、牛场。依托自然生态优势，发展柞蚕养殖。

**3. 抓好“两头两尾”。**促进种养加销一体化，推动一二三产融合发展。引进鸡蛋深加工、秸秆压块、有机肥加工项目，引导鸿昌羊业新上饲料加工项目。依托区内木耳种植、畜禽养殖规模优势发展深加工项目，延长产业链条，提高特色农产品附加值。引进粮食加工、酒类酿造、北药深加工等项目，做大农头，做强工尾。

**4. 激发产业活力。**深化农村土地改革、农村集体产权制度改革，扶持特色富民产业，发展壮大村集体经济，充分释放农业农村发展活力。加快推进恢复梨树镇工作，加强乡村社会治理，开展乡风文明建设。抓好村“两委”班子换届，培养造就一支懂农业、爱农村、爱农民的“三农”队伍。

（四）着力抓好商游经济，培育发展新业态、繁荣区域经济

**1. 依托自然资源，发展生态旅游。**加快推进老达地区冰雪游乐、水上乐园、休闲养老综合旅游项目。开发玉潭湖自然风光、冰雪运动旅游景点。利用鸡西地区第一党支部、陈慕华旧居等红色历史资源，开发古镇红色历史文化旅游项目。

**2. 扶持非公经济，发展商贸服务。**积极营造有利政策环境，促进非公经济发展提速、比重提高、水平提升。突出发展现代商贸服务业，扶持中联商城、群星商场、大众家园超市发展壮大。结合保障性安居工程建设聚集周边人口，形成新的商业增长点。规划建设商业特色街，优化农村早市管理。支持区农副产品市场改善经营环境，建设成为标准化专业市场。

**3. 鼓励创业创新，发展新兴业态。**大力开展大众创业、万众创新，推动发展新产业、新业态和新商业模式。加强电商科技孵化基地运营管理，新增入孵企业。加快发展电子商务、物流产业。依托区位优势和自然生态，发展候鸟式、居家式、医养结合式健康、养老等生活性服务业。创新发展金融服务，推动金融机构参与支持区域经济发展。

（五）着力抓好城乡统筹，建设宜业、宜居新梨树

**1. 完善城乡基础设施，持续增强城区功能。**编制完成城市总体规划。建设保障性安居工程，加快“两供一业”设施改造，推进“大供水”“大供热”和燃气站工程建设，让百姓住上暖房子、喝上干净水、用上管道燃气。维修改造城乡主街路，建设停车场，对既有建筑节能改造，完成铁路道口平改立工程，西大街连入“丹阿公路”，实施“乡村振兴战略”，加快美丽乡村建设，开展“厕所革命”，推广安装分布式能源+卫浴一体化水冲厕所设施，开展农村人居环境整治三年行动，持续改善城乡面貌。

**2. 创新机制严格管理，提升城区整体形象。**设立严管街，开展车辆乱停乱放、私搭乱建、占道经营整治。加强城乡环境卫生管理，加大机械化保洁力度，努力建设干净、整洁、文明、有序的城市环境。开展绿化亮化美化，大量栽植梨树，打造特色景观。深入开展文明城区创建活动，同步推进文明单位、文明家庭、文明校园、文明村屯创建，提高公民社会公德，努力让诚信、文明、和谐在梨树蔚然成风。

**3. 严守生态保护红线，建设宜居美丽梨树。**压实“河长制”责任，开展“治霾卫蓝”“治污净水”行动，整治“河湖八乱”，下大力气整治河流污染。开展退耕还林和义务植树，治理泥石流地质灾害，修复水土流失。发展环保、节能、清洁能源产业。努力让梨树的天更蓝，山更绿，水更清，让百姓望得见山、看得见水、记得住乡愁。

（六）着力抓好社会事业，保障改善民生、提高百姓福祉

**1. 坚决打赢脱贫攻坚战。**深入实施产业增收、社保兜底等措施，确保精准识别的 6 户 16 名农村贫困户如期脱贫。继续精准识别城乡居民家庭收入情况，动态掌握贫困发生情况，在全面建

成小康社会的道路上，决不让一户贫困家庭、一名贫困群众掉队。

**2. 持续促进富民增收。**大力发展富民产业。抓好转岗职工、高校毕业生、退役军人、农业转移劳动力等群体创业就业。动态管理城乡低保救助，帮助城市困难职工脱贫解困，发展社会福利、慈善、双拥和残疾人事业，让梨树百姓切实感受到党和政府的温暖与关怀。

**3. 全力发展社会事业。**加强教育基础设施建设，加快教育现代化进程，努力满足梨树百姓对优质教育资源需求。加强文化基础设施建设，开展丰富多彩的公共文化活动。深化公立医院改革，完善药品供应机制。预防监测慢性病，提高疫情预警能力。开展医疗卫生惠民服务，提高公共卫生健康服务水平。认真抓好保障性安居工程建设、休闲广场建设、公立幼儿园建设、污水处理厂建设、公积金比例提高、供热补贴发放等民生实事，全面推进“幸福梨树”建设。

**4. 推进民主法治建设。**支持人大、政协依法履职，扎实做好统战、民族宗教、妇联、工会、共青团、法学会工作。高压打击违法犯罪，强化武装巡逻，提升群众安全感。深化逢1逢16安全标准化检查，切实抓好以煤矿为重点的安全生产。加大矛盾排查、调处和依法治访力度，推动信访工作取得新成效。主动承接改革任务，持续推进各领域改革不断深化。优化发展环境，激发转型发展活力。深入实施“七五”普法，推进法治政府建设，加强司法保障和司法监督，让梨树百姓在每一个司法案件中充分感受到公平正义。

**四、始终坚持新时代党的建设总要求，不断强化转型发展政治保证**

**（一）切实加强思想政治建设。**铸牢对党政治忠诚。把政治建设摆在首位，保证政治方向对头，政治原则坚定，政治路线正确。引导全区党员干部树立“四个意识”，坚持“四个服从”，严守政治纪律和政治规矩，坚决维护以习近平同志为核心的党中央权威和集中统一领导，坚定不移地向党中央看齐，党中央决定的坚决落实，党中央禁止的坚决不做。严肃党内政治生活。严格执行党内政治生活准则，严格执行“三会一课”制度，完善和落实民主集中制，坚持开展批评和自我批评，切实增强党内政治生活的政治性、时代性、原则性、战斗性。倡导健康政治文化。开展“不忘初心、牢记使命”主题教育，深化“两学一做”学习教育常态化制度化。强化理想信念教育，深入开展社会主义核心价值观教育，多角度、多载体、多方式宣传我区转型发展新成效，鼓舞人心、激发斗志，弘扬主旋律、聚集正能量。

**（二）切实加强干部队伍建设。**突出政治标准选好干部。严格执行《党政领导干部选拔任用条例》，严格执行“20字”好干部标准，将政治标准贯穿到干部选拔任用各环节、全过程，持续完善干部选拔任用机制和绩效目标差异化考核办法。坚持事业为上用好干部。注重在脱贫攻坚、信访稳定、重点项目建设等关键节点考察识别干部，加强综合分析研判，全面掌握干部的真实表现，做到依岗选人、以事择人、人岗相适。着眼增强本领培养干部。开展干部轮训，增强“八种本领”。选派干部到基层一线挂职锻炼，让干部在实干中增强本领，提高能力水平，提升专业素养。创新人才培养和引进、评价使用和激励保障机制，使梨树成为各类人才创新创业的热土。严管厚爱结合管好干部。严格执行公务员职务职级并行制度，强化干部日常管理监督，健全和完善激励机制和容错纠错机制，旗帜鲜明为那些敢于担当、踏实做事、不谋私利的干部撑腰鼓劲。

**（三）切实加强基层组织建设。**突出政治引领。加强基层组织的政治领导，抓好“四化”建设。探索推行党建“积分制”管理，推进绩效考核“全覆盖”。强化党员管理，提升执行力，促进基层党建从有形覆盖到有效覆盖。团结凝聚群众。深入开展“三邻三民”活动，团结和调动广大群众，不断健全完善居民自治、社会参与机制，有效、广泛凝聚各方面力量。夯实组织基础。建设“五民型”党组织，打造基层党建品牌。围绕脱贫攻坚、金鸡归巢、壮大村集体经济等工作，提升村党组织政治服务功能，把村党支部建设成为带领群众脱贫致富的坚强战斗堡垒。

**（四）切实加强纪律作风建设。**扎实推进干部作风建设。组织广大党员干部学习贯彻习近平总书记关于作风的重要批示，全面深入贯彻落实中央八项规定实施细则和省市委“九项规定”要求，定期召开民主生活会和组织生活会，严肃查摆变种“四风”，持续推进作风建设常态化长效化。提振党员干部精气神。大力倡导“坚持工作高标准”“雷厉风行马上办”“勇于担当敢碰硬”“真抓实干抓落实”四种好作风，凝聚加快转型发展正能量。严肃查处不作为、乱作为、慢作为，督促党员干部真抓实干，形成“头雁效应”，推动全区自上而下、自内而外风气革新。建立健全监督机制。加强纪律教育，强化党的“六大纪律”执行，坚持把纪律和规矩挺在前面。建立健全制度，完善工作程序，形成用制度管人管事管作风的良好氛围。

**（五）切实加强党风廉政建设。**有效运用“四种形态”。在第一种形态上下功夫，使红脸出汗成为常态。抓早抓小抓实，对苗头性问题、倾向性问题早发现早解决，让党员干部知敬畏、存戒惧、守底线。切实强化党内监督。广泛开展政治巡察，扎实推进监察体制改革，依法深入开展监察，调查职务违法犯罪，实现对区内所有行使公权力的公职人员“全覆盖”“穿透式”监察。坚决维护群众利益。严肃查处脱贫攻坚、涉民惠农、征地拆迁、城乡低保、社会救助、执法监管、医疗卫生等与群众切身利益息息相关领域的腐败问题，坚如磐石推进反腐，努力促进干部清正、政府清廉、政治清明，确保梨树始终保持海晏河清、朗朗乾坤！

同志们，新思想引领新时代，新使命开启新征程。让我们更加紧密地团结在以习近平同志为核心的党中央周围，深入学习贯彻习近平新时代中国特色社会主义思想，决胜全面建成小康社会，加快转型发展、推进兴区富民，为创造梨树人民更加幸福美好生活而努力奋斗！

**名词解释**

**1. 20字好干部标准：**信念坚定、为民服务、勤政务实、敢于担当、清正廉洁的好干部标准。

**2. 三新一绿：**新材料、新能源、新型煤化工、绿色食品和北药。

**3. 三邻三民：**邻里听音集民智，邻里互助帮民困，邻里协商办民事。

**4. 四个服从：**党员个人服从党的组织，少数服从多数，下级组织服从上级组织，全党各级组织和全体党员服从党的全国代表大会和中央委员会。

**5. 四校二园：**第六中学、第二十五中学、平岗学校、太阳升小学、幼教中心、实验幼儿园。

**6. 四风：**形式主义、官僚主义、享乐主义、奢靡之风。

**7. 四个意识：**政治意识、大局意识、核心意识、看齐意识。

**8. 四个自信：**道路自信、理论自信、制度自信、文化自信。

**9. 四种形态：**党内关系要正常化，批评和自我批评要经常开展，让咬耳扯袖、红脸出汗成为常态；党纪轻处分和组织处理要成为大多数；对严重违纪的重处分、作出重大职务调整应当是少数；严重违纪涉嫌违法立案审查的只能是极少数。

**10.“四化”建设：**强化基层党组织教育常态化、标准具体化、活动规范化、督导程序化建设。

**11. 五个课堂：**固定课堂、流动课堂、市民课堂、农家课堂、网络课堂。

**12. 五民型党组织：**支部爱民、培训育民、服务便民、发展惠民、文化乐民“五民型”党组织。

**13. 八种本领：**增强学习本领、增强政治领导本领、增强改革创新本领、增强科学发展本领、增强依法执政本领、增强群众工作本领、增强狠抓落实本领、增强驾驭风险本领。

**14. 个转企：**注册的个体工商户（不含港、澳、台居民申办的个体工商户）升级为企业（包括个人独资企业、合伙企业、公司制企业）。

**15. 小升规：**促进规模以下小微企业（年主营业务收入2000万元以下）转型升级为规模以上企业。

**16. 大供水：**将兴凯湖水源引进梨树，让梨树人民喝上干净水。

**17. 大供热：**将碱场矸石电厂的热源引入区内，与阳光热力公司并网供热，实现热电联产。

**18. 厕所革命：**对发展中国家的厕所进行改造的一项举措，最早由联合国儿童基金会提出，厕所是衡量文明的重要标志，改善厕所卫生状况直接关系到这些国家人民的健康和环境状况。

**19. 党建“积分制”管理：**通过建立党建积分载体，将党员积分情况与绩效考核挂钩、与选举推荐挂钩、与干部任免挂钩，激励各级党组织增强责任意识，强化党员管理，提升执行力。

**20. 金鸡归巢：**引导域内外鸡西籍企业家等人才返乡投资兴业，促进人才、资金、产业项目向农村汇聚，发展壮大农村集体经济，助力脱贫攻坚和农业供给侧结构性改革。

## 政府工作报告

——在梨树区第十六届人民代表大会第三次会议上

（2017年12月24日）

区长　叶荣国

### 一、2017年工作回顾

即将过去的一年来，我们在市委、市政府和区委坚强领导下，在区人大、区政协监督支持下，沉着应对困难、挑战，妥善处理矛盾、问题，心无旁骛谋发展、凝心聚力搞建设、千方百计惠民生，全区经济社会呈现出发展提速、效益向好、后劲增强的良好态势。2017年，预计地区生产总值实现55813万元，同比增长7%（下同）；公共财政预算收入实现5077万元，增长8%，从徘徊四年的4000万元重新晋位到5000万元；规模以上工业增加值实现5387万元，增长10%；城镇固定资产投资实现15.8亿元，增长8%；招商引资到位资金实现11亿元，增长30%；社会消费品零售总额完成84749万元，增长8%；实际利用国外资金1210万美元，实现历史性“零”突破；进出口总额实现91万美元，近三年“零数据”的被动局面全面扭转；城镇居民人均可支配收入16996元，农民人均纯收入16549元，分别增长6%、5%。

**——工业经济后劲增强。**合力推进“全民招商”，收集重点线索72条，引进项目12个，开工建设11个。规划总投资12.97亿元的平岗风电、仁邦禽业、华糠有机肥等22个项目投入生产，为转型发展注入新动能。6个5000万元以上、24个500万元以上的产业项目全部开复工建设，完成投资同比增长、开复工率等指标均位于全市前列。项目广泛分布在新能源、新材料、绿色食品等10个领域，产业形态由“一煤独大”向“三新一绿”竞相崛起的新格局转变。凯威碳素、平岗风电新增为规上工业企业，全区4家规上工业企业实现总产值17483万元，其中，新科洁净煤全年纳税突破1000万元。宏达煤矿、鸿泰公司2家临规企业总产值预计实现3300万元。成立鼎利源投资建设公司，为提升工业谷承载能力拓宽融资渠道。谷内“一纵一横两环”公路网全线闭合，四、六区711户动迁任务年底前全部完成。加大盘活力度，天和焦化、天诚镁业启动生产前期准备工作，预计明年4月份投入生产。

**——现代农业稳步推进**。粮食产量4400万斤（2200万千克），实现“十四连增”。园区引领作用逐步形成，建成双胜村大豆、前进村水稻等5个高效农业示范园区，总面积2610亩。减玉米5700亩，增黄菇娘、杂粮等11200亩。与全国连锁鸡西汇美味商城、穆棱市农民之家合作社对接，订单销售谷子、黑小豆等52万斤（26万千克），促进农民增收29.6万元。全区规模化养殖场达到20个，其中千头以上猪场5个、万只以上鸡场9个、百只以上羊场6个，猪、鸡、牛、羊饲养量预计分别达到2.1万头、80万只、3800头、1.15万只，其中鸿昌羊业出栏量达到8000只，全区蛋鸡规模化养殖比重达到75%，预计畜牧业年产值实现11666万元。木耳、北药产业快速发展。发挥100万元风险基金拉动作用，为59户农民发放木耳创业贷款654万元，建成兴盛菌业、厚生生物菌包厂，以及中心村、碱场村等木耳种植园区5个，组建润峰、天利等北药种植合作社3个，木耳增加到1562万袋，赤芍、党参等北药增加到1500亩。投入300万元建设农田水利工程，“旱改水”500亩，建成猴石村四道崴子水库。稳妥推进农村土地确权登记颁证、试点村集体产权制度改革，为农业发展注入新活力。退耕还林181.4亩，义务植树15万株，森林覆盖率达到64.5%。

**——第三产业加速发展**。中联商城晋升为规上零售企业。深化“多证合一、一照一码”、构建诚信体系等制度，着力实施领办代办制度，为11家企业代办工商注册业务，为5家企业办理货物进出口权，全区新增个体工商户268家。举办首届“金秋山珍节”，投资100万元建成1000平方米电商科技孵化基地，吸引入孵企业14家，促进山产品大市场木耳、蘑菇、北药等销售额连续两年突破4亿元。引入黑龙江丰瑞农、惠农两家信息公司，投资77万元在各村建设大数据综合服务云平台、全省农产品信息平台。快递物流业发展到9家，年收发货量16.3万件。新增电商企业4户，带动38家个体业户开展电商业务，全区电商交易额达到800万元。引进战略投资者，开发梨树生态主题公园。玉潭湖旅游资源提档升级，建设冰雪活动基地，举办两届“玉潭湖冰雪欢乐汇”，高标准承办全市冰上速滑冰球比赛。金融机构强力支持地方经济发展，年投放信贷2.4亿元，增长16.6%。

**——城乡面貌日新月异**。采沉区改造、“两供一业”改造等4个民生项目获得国家大力支持，对上争取资金44894万元。强力推进“大供水”、“大供热”、采沉区改造等一批重点民生工程。开工建设引兴凯湖水入梨树的“大供水”工程，困扰全区多年的饮水难题得以破解。铺设梨树到碱场供热管线11.57公里，已完成工程总量85%以上；改造平岗供热设施，“两供一业”平稳运行。签订采沉区棚户区征收补偿协议9524户，文苑、鼎元、锦绣华庭等保障性安居工程，总计80栋楼房40万平方米全部建成。修建六道街、七道街、凤山村村路等5条道路5.19公里，营子沟铁路道口立交桥建成通车。新增环卫清运保洁设备、车辆27台（套）。安装“中国结”景观灯、太阳能路灯100盏，分布式卫浴一体太阳能50套，完成前进村美丽乡村建设。全面推行“河长制”，治理小南河5.5公里，确定村级河长64人、河段长38人，做到域内河流全覆盖。查封石墨黑加工点、小造纸厂等4个，淘汰10蒸吨及以下燃煤锅炉5台，拔掉平房小烟囱6460个。垃圾填埋厂投入使用，日填埋垃圾200吨。污水处理厂规范运行，日处理污水2400吨，各项污染物达标排放，通过省环保厅督导检查。有序修编城乡总体规划，恢复梨树镇工作取得实质性进展，百年古镇焕发新生机。

——**民生福祉持续改善**。投入民生建设资金18070万元，占财政总支出76%。十件民生实事除1件受上级政策影响延后开工建设外，其余全部达成预期目标。开展全民创业活动。组织创业就业技能培训5期220人，发放创业小额担保贷款152万元，扶持新增创业实体73个、就业2761人。落实精准扶贫措施，6户16名困难群众的生活水平得到显著提高。发放低保、廉租房、社会救助等各类保障金6019万元。投入160万元改善太阳升小学、平岗学校、幼教中心办学条件，撤并穆棱学校，进一步整合教育资源。中考成绩再创历史新高，第六中学冰球队在国家全运会中获得第六名，冰球特长班获准面向全市招生。投入257.6万元加强文体设施建设，建成社区多功能活动场所1个，安装全民健身路径16套。开展庆祝建区60周年、“梨花音乐节”等系列文体活动27次。稳步启动公立医院改革，全面实行药品“零差价”，融资426万元引进CT机、DR机等先进医疗设备，新增中医、儿科、疼痛等科室，综合诊疗能力显著提高。建立家庭医生团队21个，签约服务率达到30%。为400多名教师免费体检。高标准创建省级慢性病综合防控示范区。

——**社会大局稳定向好**。顺利通过国务院安委会3次督导检查，连续11年保持省级平安区称号。以煤矿为重点持续推进安全生产大检查、大整治。开展“安全标准化日”活动21次，检查煤矿、非煤矿山、食品药品、特种设备等重点领域328次，解决隐患问题916条，打击非法井53处，行政拘留46人。积极回应群众合理诉求，遗留多年的平岗平安家园、穆棱和谐家园54户群众回迁安置难题得到妥善解决，困扰全区多年5400余户已入住楼房不能办理产权证照问题得到破解，18名九十年代末未分配师范类毕业生上岗就业。依法打击缠访、闹访，行政拘留“非访”人员6人。保持打击违法犯罪高压态势，全区刑事发案率同比下降21.4%。推进“七五”普法，开展“法律七进”和“三下乡”等法制宣传教育13次。社区矫正30人，帮教率达到100%。

——**政府效能不断提升**。推进区直机关作风整顿，组织政府系统集体学习7次，查处破坏发展环境案件5件5人，干部职工责任意识进一步增强。严控办公用房、用车、接待标准，“三公”经费与去年持平。落实重大事项集体决策、合法性审查、法律顾问等制度，法治政府建设全面推进。办理人大代表议案建议39件、政协委员提案32件，依法监督和民主监督得到有效落实。全面清理行政审批事项，精简权力638项，取消证明271项，涉及全区147项公共服务事项全部实现网上办理。

同时，民族宗教、国防动员、档案区志等工作均取得了新成绩。妇女儿童、残疾人、双拥等事业都取得了新进步。

各位代表，一年来的成绩来之不易。这些成绩的取得，凝聚着全区人民的智慧和汗水，饱含着市委、市政府的深切关怀，离不开区委的正确领导和区人大、区政协的监督支持，离不开国土、税务、铁路、电力、金融、通信、林场、国有煤矿等中央、省、市直单位和社会各界人士的鼎力相助。在此，我代表区政府向全区广大干部群众，向所有关心和支持梨树发展的同志们、朋友们，表示衷心的感谢，并致以崇高的敬意！

在看到成绩的同时，我们也清醒地认识到政府工作仍然存在一些问题和短板。主要是：现有企业总量不大、数量不多，接续替代产业规模小、层次低，新增长点的支撑作用还没有完全显现；农产品一般供给较多，优质、中高端产品少；城乡基础设施还需要完善，个别村屯“脏乱差”的现象还没有得到根治；安全生产、社会稳定形势依然严峻；部分工作人员执行不力、效率不高，勇于担当的作风与群众要求还有差距等等。破解这些问题，补齐这些短板，是新时代对我们的考验，更是梨树人民对我们的期望。我们必须高度重视，认真加以解决。

**二、2018 年重点工作安排**

2018 年，是贯彻落实党的十九大开局之年，是推进我区转型发展、决胜全面建成小康社会的关键之年。区委十八届三次全会描绘了新时代、新梨树的发展蓝图，激励政府要有新作为、新担当。我们要把全部心思和精力用在落实、落实、再落实上，以时不我待的精神抢抓机遇，以求真务实的作风埋头苦干，向决胜全面建成小康社会、建设现代化梨树的宏伟目标奋勇前进。

2018 年政府工作的总体思路是：以习近平新时代中国特色社会主义思想为指导，以党的十九大精神为统领，全面贯彻落实区委十八届三次全会精神，以项目建设为总牵动，突出“一条主线”，建设“一谷一带”，发展“四大产业”，坚持壮实体强特色、提质量增效益、挖潜力扩总量、强功能提品位、惠民生促和谐、保安全促稳定，统筹推进转方式调结构，全力落实兴区富民新举措，为加快转型发展、全面建成小康社会奠定坚实基础，为创造梨树人民更加幸福美好生活而不懈努力。

主要预期目标是：地区生产总值增长 7%；公共财政预算收入增长 6%；城镇固定资产投资增长 8%；规模以上工业增加值增长 10%；招商引资到位资金增长 10%；社会消费品零售总额增长 8%；进出口总额增长 10%；城镇居民人均可支配收入增长 6%；农民人均纯收入增长 5%。

为实现上述目标，重点抓好七个方面工作。

**（一）着力推进产业提升，合力招商，提质增效，迈出转型发展新步伐。**举全区之力，打响“全民招商引资和项目建设三年攻坚战”，以项目建设为核心、以招商引资为手段、以工业园区为载体、以壮大实体经济为根本，加快构建支撑转型发展的现代产业体系。

**坚持向引进增量要发展。**不断扩充项目储量，积极对接大专院校科研机构，精研、包装、储备“精品”项目 10 个；抓住“京津冀”经济带产业转移有利契机，谋划承接项目 40 个。积极参加哈洽会、招商之冬等活动，瞄准行业领军企业、国内 500 强企业，深入实施定向招商、驻点招商、小分队招商等有效方式，力争在招商项目的数量、体量和质量上实现新突破。发挥鼎利源公司连接市场、撬动投资的杠杆作用，推进碱场电厂“热电联产”项目、工业谷污水处理厂项目，不断提升工业谷承载能力。做好工业谷 70 万平方米、平岗至猴石 23 公里区间土地收储后续工作，为项目建设预留土地。在落实市区间税收收入分享制度的同时，抓住国家实施新一轮东北振兴机遇，加大对上争取力度，力争普惠政策全部到位、特惠政策独享到位。

**坚持向优化质量要发展。**谋划实施 6 个 5000 万元以上重点产业项目，规划总投资 17 亿元，当年完成投资 3.09 亿元。推进产业项目由“扩量”向“提质”转变，围绕新能源、新材料、精深加工，重点推进晋能集团农光互补、华东石墨碳纳米管、恒山风电等亿元以上的立区型项目，着力推进燎盛石墨、天吉达柞蚕、柏运生物质燃料等 5000 万元以上大项目，促进项目尽快竣工投产、释放产能。坚持抓大不放小，围绕新型煤化工、绿色食品和北药，加快推进投资 500 万元以上的财源型、就业型中小项目。力争使玄武岩连续纤维、北药萃取、木耳深加工等项目取得实质性进展，努力营造大项目顶天立地、小项目铺天盖地、各类项目竞相建设的发展局面。

**坚持向激活存量要发展。**巩固规上企业。引导新科洁净煤、天盛非金属、凯威碳素抓住市场回暖契机，扩大生产规模，培育我区财税支柱型企业。为平岗风电、凯威碳素新增规上企业争取奖励资金，增添企业发展动力。壮大临规企业。推进天和焦化、天诚镁业如期投产，引导鸿泰公司提升产能，推进恒山风电尽快并网发电，完成宏达、鑫盛源等8个地方煤矿兼并重组，促进企业做大做强。扶持小微企业。发挥电商科技孵化基地作用，引进专业营销队伍，提升淘器宝、淘山宝等电商平台营销能力，促进9个快递网点提供便捷服务，激发广大业户发展电商积极性，新增线上销售业户10家以上。帮助木耳山产品大市场、好酒酒业注册地理商标，加快推动“个转企”“小升规”。

**（二）着力发展现代农业，调优结构，打造特色，构建农业生产新格局。**实施乡村振兴战略，深化农业供给侧结构改革，结合梨树实际发展小而精、小而优、小而特的现代农业。

**夯实基础，增强农业保障能力。**加快推进建镇工作，完善“三农”管理体制机制。深化农村土地改革，稳步推进“三权”分置。保持土地承包关系稳定并长久不变，第二轮土地承包到期后再延长30年。继续推进农村土地确权登记颁证工作，建设土地管理数据库。深化农村集体产权制度改革，稳步推进集体土地流转，使闲置的资源活起来、分散的资金聚起来、增收的产业强起来。投资35万元，实施双合村500亩“旱改水”工程，修建塘坝、水渠，保障农田灌溉。

**调优结构，推动农业多元发展。**发展绿色特色农业。新增高效、绿色种植示范园2个，带动全区减少玉米种植面积1600亩，增加棚室蔬菜、黄菇娘、水稻等高效农作物800亩。发展“一黑一鸡一药”。推进木耳专业区建设，加强与省科学院技术合作，为壮大木耳产业园区提供支撑，力争全年种植木耳2000万袋。以仁邦禽业、鸿运蛋鸡为龙头，推进蛋鸡养殖规模化发展，全区蛋鸡饲养量力争达到120万只，蛋鸡规模化养殖比重达到80%以上。带动猪、羊养殖扩大规模，新增规模化猪场2个、羊场1个。发挥我区北药交易集散地优势，促进北药产业发展壮大，力争北药种植面积达到1800亩。

**开拓市场，打开绿色产品销路。**围绕“粮头食尾”“农头工尾”延伸农业产业链，促进秸秆固化燃料、雄蛾酒酿造、普泰有机肥，以及仁邦禽业鸡蛋深加工、有机肥加工等项目建成投产，引导鸿昌羊业建设饲料加工项目，提升农业附加值。加强品牌营销，帮助中心村蔬菜、河西菇娘、猴石鸡蛋、双胜木耳、前进水稻等合作社，申办绿色、有机、无公害产品认证等市场准入要件，提高绿色、特色农产品市场竞争力和综合效益。推进“互联网＋农业”、“订单”农业，利用丰瑞农大数据综合服务云平台、惠农信息平台，扩大农产品“线上线下”销售总量。用“卖得好”引领“种得好”。鼓励农村一二三产业融合发展，支持农民多领域增收。

**（三）着力挖掘三产潜力，繁荣商服，开发旅游，闯出总量扩充新路子。**按照服务产业发展、扩大消费需求、完善城市功能的要求，推动第三产业持续发展，提高经济增长贡献率。

**做优商贸业。**结合回迁上楼、人口聚集、消费扩大的实际情况，进一步强化市场主体监管，规范阳光早市、幸福大集和农贸综合大市场经营行为，引导业主优化商贸环境、丰富商品种类，培育新的商贸增长点。推动珍宝岛药业与山产品大市场合作项目取得实质性进展，建设北药销售联合体，借助珍宝岛集团航母效应助推山产品大市场提档升级。发挥外贸进出口权拉动作用，壮大5家外贸型企业，扩大进出口总量。

**做旺服务业。**加强商服网点布局，在六道街至十一道街规划出服装、餐饮、小商品3类特色商贸街，壮大巩固以中联商城、步行街为中心的商贸圈。规范家政、装修、维修等传统服务业，评选10家“诚信经营单位”，引导业主优化服务质量、增设服务事项，提升服务对象满意度。依托我区自然风光和生态优势，发展1家居家式、

“医养结合式”的养老服务机构。发展特色餐饮、连锁餐饮，鼓励猴石村、河西村创建家庭餐馆。协调金融机构为创业者提供扶持贷款。

**做活旅游业**。发掘玉潭湖、青沟岭生态优势，推介自然风光、登山旅游等项目，推广玉潭湖“赏冰乐雪”系列活动。发掘老达地区地理优势，加快推进生态主题公园项目，发展春赏花、夏玩水、秋采摘、冬滑雪的四季特色旅游。深挖百年古镇文化优势，引资开发红色旅游项目，投资100万元进一步修缮鸡西地区第一党支部等文物、景点。

**（四）着力统筹城乡建设，完善功能，强化管理，实现城乡品位新提升。**坚持高起点规划建设、高效能日常管理，建设功能完善、规范有序、整洁美观、宜业宜居的美丽新梨树。

**精致建设，打造城乡品质之美**。完成城乡总体规划修编，合理划分功能区域，实现全区规划一张图、建设一盘棋。推进铁路道口“平改立”工程，开工建设穆棱矿道口立交桥，加快交警队、菜站、八道街3个道口“平改立”进度，保障通行安全。配合做好国道“丹阿公路”鸡穆界至鸡西段改扩建项目启动工作，合理规划城区交通，形成以东大街、西大街为内环，以“丹阿公路”为外环的交通路网。投资1950万元，修建自来水公司门前、六道街至七道街、八道街两侧和九道街、十道街东侧6条道路，在太阳升小学门前、西大街修建总面积8306平方米的2处停车场。加大协调推进力度，让群众尽快用上安全的管道燃气。投资500万元，在万方文苑、锦绣华庭小区附近，建设总面积10000平方米的2个休闲广场。开展农村人居环境整治三年行动，全面推进美丽乡村建设、泥草房改造、危桥改造和城乡“厕所革命”，安装分布式卫浴一体太阳能50套，在七道街、四道街、二道街等处选择合适地点新建水冲公厕2处，维修梨树至新村道路12.8公里，安装路灯186盏，改善人居环境。

**精细管理，打造城乡环境之美**。按照“城市高效运行”目标，深化城市管理执法体制改革，集中行使城建、环保等6类综合执法。加强城区交通环境管理，将八道街、九道街、邮政街列为“机动车辆严管街”，集中整治乱停乱放，优化群众出行环境。以全国文明城市（提名）创建为抓手，开展占道经营、环境脏乱差、乱贴小广告等专项整治，提升城市文明形象。争取资金700万元，新增环卫清运设备、车辆25台（套），不断强化城乡保洁力量。开展供水供热“末梢”现象改造治理，解决局部供水不足、供热不达标问题。推进物业服务标准化建设，建立完善规范化、长效化机制，提升物业服务水平。

**精心保护，打造城乡生态之美**。开展“治霾卫蓝”行动。加强燃煤、扬尘等大气污染专项整治，彻底淘汰10蒸吨及以下燃煤小锅炉，推进煤炭清洁高效利用，加快秸秆禁烧及综合利用，让梨树的天更蓝。开展“治污净水”行动。深入落实河长制、“水十条”，编制“一河一策”，整治“河湖八乱”，以穆棱河、小南河为重点全面开展清河行动，让梨树的水更清。开展“保土护田”行动。以梨树为主、以其他树种为辅，在区内街道、小渔村公园等范围内植树3500株。完成退耕还林100亩，义务植树10万株，实施石场村二组泥石流治理工程，修复水土流失1600亩，让梨树的山更绿、地更洁。

**（五）着力增进民生福祉，加大投入，惠及百姓，回应梨树群众新期盼。**坚持把改善民生作为最大的政绩，始终做到民生支出只增不减，专项扶助资金只增不减，为群众办实事的力度只增不减。

**全力办好民生实事**。①完成“大供水”“大供热”工程，让梨树人民喝上清冽甘甜的兴凯湖水，彻底改善城区供热条件。②投入2400万元推进“两供一业”维修改造，完成局域供水供热管网、旧楼外墙节能保温等工程。③开工建设文苑小区B区项目，改善528户居民居住条件。④投资4187万元，开工建设平岗污水处理厂。⑤投资200余万元完善城区交通基础设施，在主要街路增设限速、禁停等交通标识，画清停车线、斑马线等交通标线，在九道街东西两侧、六中门前设置3处红绿灯。⑥投资1100万元，建设一道街、二道街、三道街、四道街约1.2公里街路，实现“两纵十一横、互连互通”城区路网总体布局。⑦投资280万元改善办学条件，对鼎元小区公办实验幼儿园和幼教中心进行装修、维修，改造幼教中心527平方米操场，建设“感统”训练活动室。⑧在穆棱河52渠首开工建设钢闸坝，保障3500亩农田灌溉。⑨职工住房公积金政府统筹比例由6%提升到8%，发放供热补贴。

**持续加大社会保障力度**。扎实推进精准扶贫。强化产业、教育、医疗等扶贫措施，确保6户16名贫困居民如期脱贫。深入开展“全民创业”活动。组织创业就业培训6期，发放小额创业担保贷款、创业种子资金160万元，扶持新增创业实体50个、就业2000人。加大劳动保障监察力度，保护劳动者合法权益。严格城乡低保、廉租房补助动态管理机制，做到应保尽保、应退尽退。全力落实社会保险、临时救助、救灾救济和优抚安置等社会保障政策，争取各类救助资金6000万元以上，全面加强慈善、双拥、残疾人等事业，让全区人民有更多的获得感、更强的幸福感。

**优先发展教育文化事业**。加大教育事业投入力度，不断改善办学条件，让群众享受到更优质的教育资源。深化教育教学改革，引导教师应用信息技术、参加各级评课活动，推进“诚信考场”试点工作，继续开展“读好书、写好字、做好中国人”德育教育，不断提升学生综合素质。加强师资队伍建设，公开招聘紧缺学科教师，提升教学质量。发展艺体特长教育，开展全区雪地足球比赛，申报第六中学冰球、第二十五中学速滑市级传统特长学校。以托幼机构为重点，狠抓校园安全管理，办好人民满意教育。举办“梨花音乐节”等文体活动，丰富群众文化生活。

**扎实做好医疗卫生服务**。深化公立医院改革，完善药品供应保障机制，提高综合诊疗水平和服务质量，解决好群众看病难、看病贵问题。做好传染病、地方病和慢性病预防监测，提高疫情预警能力。监测生活用水指标，确保居民饮水安全。深入开展家庭医生签约服务，提高“治未病”水平。开展医疗卫生惠民服务，为环卫职工提供价值10万元的免费体检、就诊、送药等服务。

**（六）着力保障安全生产，落靠责任，综合治理，构建社会稳定新环境。**增强红线意识和底线思维，创新安全监管、信访稳控、社会管理方法，为转型发展营造良好的社会环境。

**强化责任落实，立好安全稳定之本**。进一步完善安全生产责任体系，坚持开展“安全标准化日”活动，每月逢1日、16日梳理各领域安全生产情况，安排重点防范任务。加强矿井分类管理，持续开展煤矿安全生产专项整治，强化瓦斯、水患综合防治。加大重点行业领域安全监管力度，排查治理人员密集场所、建筑施工、食品药品、消防森防、道路交通等领域安全隐患。

**突出源头治理，筑牢安全稳定之基**。开展领导干部带案下访、责任单位上门走访活动，深入社区了解社情民意，排查化解矛盾纠纷，推进关口前移。开展疑案、难案百日攻坚活动，加大稳控、化解力度，确保案结事了、息诉罢访。强力推进依法治访，对缠访、闹访行为采取法律手段，坚决遏制到省、进京非接待场所上访，维护正常信访秩序。

**注重打防结合，厚植安全稳定之根**。强化武装巡逻，保持打击违法犯罪高压态势，保障人民群众生命财产安全。深入推进“七五”普法，落实“谁执法谁普法”责任制，提高全区干部群众法治素养，加大人民调解和法律服务工作力度，营造良好法治环境。推进社会信用体系建设，打击逃废债务、假冒伪劣等失信行为，加大惩戒力度，维护良好的经济发展环境。

**（七）着力强化责任担当，不忘初心，牢记使命，提升人民政府新效能。**为官避事平生耻，重任千钧惟担当。我们将按照区委“四个必须”要求，尽心竭力把党和人民赋予的神圣职责履行好，打造梨树百姓满意政府。

**努力建设依法行政、公开透明的政府。**坚持把政府工作全面纳入法治轨道，运用法治思维和方式深化改革、化解矛盾、维护稳定。高度重视并认真落实人大法律监督、政协民主监督，自觉接受群众监督。深入推进政务公开，做到决策公开、执行公开、结果公开，让权力在阳光下运行。

**努力建设担当有为、务实重干的政府。**摆脱换档焦虑、克服本领恐慌，突破守摊子、保位子的观念束缚，用“踏石留印、抓铁有痕”的劲头，用“雷厉风行马上办”的状态，一件接着一件办，一年接着一年干，持之以恒抓落实、敢于担当抓落实、全力以赴抓落实，最大程度让 群众满意。

**努力建设作风优良、服务高效的政府。**紧盯新要求、新思路、新期待，围绕招商引资、项目建设、企业发展，主动作为、靠前服务、破解障碍，帮助民营企业打开“玻璃门”、“弹簧门”、“旋转门”，用作风大转变、服务大提升，助推经济发展、转型升级。

**努力建设廉洁自律、风清气正的政府。**进一步深化政府职能转变，规范权责清单，依法承接市级下放的权力和职责，克服政府职能缺位、错位、越位，把该管的事管好、管到位、管出成效。强化对重点领域和关键环节的监管，扎紧制度笼子，努力做到干部清正、政府清廉、政治清明。

各位代表，历史，总是在继往开来中谱写；事业，总是在接续奋斗中发展。站在新起点、开启新征程，我们重任在肩、责无旁贷。让我们以昂扬进取的精神状态，以只争朝夕的豪迈干劲，以众志成城的强大合力，撸起袖子加油干，为创造梨树人民更加幸福美好生活而努力奋斗！

**名词解释：**

**1. 三新一绿：**新材料、新能源、新型煤化工、绿色食品和北药。

**2.“多证合一、一照一码”制度改革：**企业登记时依次申请，分别由工商部门核发工商营业执照、质监部门核发组织机构代码证、税务部门核发税务登记证，改为一次申请、由工商部门核发一个加载法人和其他组织统一社会信用代码营业执照的登记制度。

**3. 诚信体系建设：**以相对完善的法律、法规体系为基础；以建立和完善信用信息共享机制为核心；以信用服务市场的培育和形成为动力；以信用服务行业主体竞争力的不断提高为支撑；以政府强有力的监管体系作保障的国家社会治理机制。

**4. 大供水：**将兴凯湖水源引进梨树，让梨树人民喝上干净水。

**5. 大供热：**将碱场矸石电厂的热源引入区内，与阳光热力公司并网供热，实现热电联产。

**6. 厕所革命：**对发展中国家的厕所进行改造的一项举措，最早由联合国儿童基金会提出，厕所是衡量文明的重要标志，改善厕所卫生状况直接关系到这些国家人民的将康和环境状况。

**7. 个转企：**注册的个体工商户升级为企业。

**8. 小升规：**促进规模以下小微企业（年主营业务收入 2000 万元以下）转型升级为规模以上企业。

**9. 两供一业：**供热、供水、物业。

**10. 河长制：**由各级党政主要负责人担任“河长”，负责组织领导相应河湖的管理和保护工作。

**11. 三权分置**：指形成所有权、承包权、经营权三权分置、经营权流转的格局。

**12. 医养结合式**：指医疗资源与养老资源相结合，实现社会资源利用的最大化。

**13. 感统训练**：感觉统合训练，是针对儿童成长过程中感觉统合不足或感觉统合失常（身体运动协调障碍、听觉语言障碍、结构和空间知觉障碍等）所进行的训练，从而促进儿童大脑与体魄的发育。感觉统合就是人体在环境内有效利用自身的感观，从外界获得不同的感觉信息（视、听、嗅、味、触、前庭和本体觉等）输入大脑，大脑对输入信息进行加工处理并作出适应性反应的能力。

**14. 治未病**：采取相应的措施防止疾病的发生发展。

# 专 记

## 立足独有优势　培育富民产业　打造木耳专业区

### 梨树依托小木耳成就大产业

《鸡西日报》记者　于敬文

日前，梨树区各菌包厂及农户正在紧张忙碌地培育木耳菌，全区已落实2000万袋二级菌种。年出产黑木耳近1000吨，产值将达7000万元。亩均存收入达1.2万元，最高可达3万元，是同期大田作物的20—30倍，仅黑木耳一项将拉动人均增收8000元。

“八山半水一分半田”的地貌特征，成就了梨树区种植木耳的优势，悠久的种植传统，使国家级创新型人才脱颖而出，木耳山产品大市场具有雄厚的吐吞能力，为木耳广开销售之门。10万梨树人有信心用3—5年时间发展木耳10000万袋，把梨树打造成为木耳产业专业区。

强化政策扶持。梨树区将黑木耳产业作为农业经济转型发展的主导产业，制定了黑木耳产业发展方案，在黑木耳种植、菌包厂建设、产业化升级等方面，出台了一系列政策给予扶持。多渠道提供资金支持。区政府投入100万元担保基金，放大10倍为菌包厂建设提供资金支持。农行、农商行提供联保信贷业务，为农户个人种植木耳提供贷款。妇联、团委、人社等部门优先为木耳种植户安排小额担保贷款。政府积极申报木耳产业项目，对上争取产业发展资金和政策。在设施建设上给予支持。针对农户自建养菌房等基础设施，给予政策优惠和优先安排。对合作社众筹自建、联建菌包厂和大型菌包厂，给予鼓励和扶持。优先安排土地，鼓励各村调整地块，确保木耳种植户的土地需求。加强用地规划，优先为木耳种植提供土地支持。积极争取，多方协调采沉区治理、棚户区改造已腾空土地，为农户提供木耳种植条件。

鼓励产业化发展。积极帮助现有种植户解决制约扩大规模发展的土地、资金、养菌房等瓶颈问题，支持木耳种植大户扩大种植规模，实现规模化发展。建设大型菌包厂，在建、谋划菌包厂9个，年生产能力达435万袋。碱场村收购了东富公司，正在改建日产3.2万袋的菌包厂。中心村日产5万袋的刺五加木耳菌包厂已完成厂房和办公室等基础建设，配套规划建设了60栋吊袋大棚园区，先期免费提供给村民试种。石场村日产3000袋的菌包厂厂房已建设完成。凤山村日产2万袋的菌包厂已完成设计。河口村日产2万袋的菌包厂已完成了地基施工。招商引资1处总投资4500万元的大型菌包厂，已开工建设。企业采取“自供＋外销”的经营模式，配套建设吊袋木耳大棚园区。下一步还要引进木耳加工企业，延长产业链条，实现木耳的精深加工，争取把梨树区打造成为像绥阳一样的木耳产业专业区。

提供技术培训。“请进来，走出去。”由政府出资，组织有发展意愿的农户5个批次400余人到绥阳、下城子等地观摩学习。聘请省级专家，举办黑木耳种植培训班3期，培训骨干、带头人200余人。组织专业团队，入户现场指导，手把手教。

实行领导干部包扶推进发展。为了让全区百姓都能顺利创业种植木耳，对各村实施处级领导干部和职能部门包保，组织了21名区领导和26个部门对各村木耳种植实行包扶，帮助木耳种植户研究解决资金、土地、设备等各方面实际困难和问题。各包保领导和各包保部门已主动到各村进行对接，帮助合作社、农户研究突破发展瓶颈。

加强致富宣传。加大宣传力度，全力宣传木耳种植大户典型事迹，增设木耳致富宣传图版，印制木耳宣传手册，积极推广木耳种植技术，引导全区村民、居民转变观念，算好种大田和种植木耳的经济账，激发内生动力，主动学习木耳栽培技术，高效率利用好农行、农商行2户联保贷款形式，从原来种大田、种玉米快速转变为种植木耳，快速实现发家致富目标。

组建行业协会引领发展。主动联系市木耳行业协会，计划成立梨树木耳分会，为全区木耳种植户提供技术、资金、销售、产业信息等多元化、专业化服务。同时，积极联系各大木耳市场和经济人，开拓木耳销售市场，发展订单保底收购，树立梨树木耳品牌，保护梨树木耳销售价格。

# 大事记

## 1月

14日　区政府在梨树玉潭湖（猴石水库）举行全民冰雪活动基地启动仪式暨全市速滑冰球比赛开幕式。市委书记康志文、市长张常荣参加启动仪式。

23日　春节前夕，区领导走访慰问市军分区、消防支队，区边防派出所、消防大队和区人武部等单位。

26日　区领导走访慰问街里供电所、自来水厂、阳光热力公司和区医院等单位，到包保鑫盛源煤矿查看安全生产情况，到平岗供热供水公司走访慰问。

是月　区垃圾填埋场投入使用。

## 2月

10日　全区元宵节秧歌会演在区政府举行。

15日　政协梨树区第九届委员会第二次会议召开。

## 3月

2日　召开全区招商引资项目建设暨全民创业工作会议。

6日　副市长周春雁到梨树区调研农业情况。

8日　梨树区纪念“三八”妇女节成立107周年暨表彰大会召开。

10日　市政协在区接待中心召开编纂村史村志工作座谈会。市政协主席于金才等市领导、区委书记付明波等区委、区政府领导和11个村的书记参加会议，并先后发言。

15日　市委宣传部部长张春娇到梨树区调研项目开复工情况。

23日　市委书记康志文到梨树区调研。

## 4月

25日　副市长兰知震到梨树区调研。

## 5月

11日　市纪委书记赵广东到梨树区调研。

是月　区启动实施引兴凯湖水入梨树区的“大供水”工程。

## 6月

30日　区人民法院党总支组织全体干警到原穆棱煤矿多种经营公司院内，参观中共鸡西市建立的第一个党支部旧址，进行宣誓和重温入党誓词活动。

## 7月

17日　副市长周春雁到梨树区石场村二组调研地质灾害情况。

## 8月

30日　区教育局在鸡西市第二十五中学汇报厅召开20世纪90年代末未分配师范类毕业生岗前培训会议，区教育局领导、各中小学校长、教师和毕业生18人，共计126人参加会议。

## 9月

6日　副市长刘文到梨树区调研产业项目情况。

20日　市志办在区政府召开《鸡西市梨树区志（1986—2005）》终审会议。市志办副主任刘玉萍等市领导和区政府常务副区长崔仕臣等区领导参加会议。

同日　全区以煤矿为重点的安全生产大检查大整治工作会议召开。

21日　省委煤矿巡视组到梨树区巡视。

同日　市委副书记陈哲到梨树区调研。

## 10月

18日　全区“河长制”工作推进会议召开。

23日　市委秘书长张行斌到区检查安全工作。

25日　梨树区第21届环卫工人节庆祝表彰大会召开。区环卫处、穆棱保洁公司和平岗环卫共200多人参加会议。城市优秀美容师标兵22人和城市优秀美容师43人受到表彰和奖励。区委书记付明波等区委、区政府领导参加会议并讲话。

## 11月

18日　5月启动的梨树区“大供水”工程已铺设供水管网7公里（计划2018年6月竣工）。

## 12月

10日　市长张常荣到区碱场村查看水文监测点情况。

19日　梨树区法学会成立暨第一次会员代表大会召开。区委政法委副书记陈会民致开幕词，区委副书记、政法委书记李吉文讲话。

20日　由中共梨树区委员会、梨树区人民政府主办的“第二届梨树区玉潭湖冰雪欢乐汇”暨全区速滑冰球比赛在玉潭湖举行开幕式。各中小学师生、社会各界人士、广大冰雪爱好者和325名参赛选手，共计3000余人参加活动。经过3个组别和速度滑冰、冰球、雪地拔河等4个项目的比赛后，大会共评选出个人一等奖25人、二等奖19人、三等奖13人，团体奖项4项。

22日　中共梨树区委十八届三次全体（扩大）会议第一次全体会议召开。179人参加会议。

23日　政协梨树区九届委员会第三次会议召开。区长叶荣国讲话。

24日　梨树区第十六届人民代表大会第三次会议召开。

25日　梨树区监察委员会成立，举办揭牌仪式，区纪检监察委员会第一次全体干部大会召开。

# 区情概况

## 自然地理

**【位置　面积】** 梨树区位于鸡西市中心区（鸡冠区）西南部，黑龙江省乌苏里江西侧的穆棱河上游。地处北纬 44° 57′ 12″—45° 12′ 30″，东经 130° 23′ 24″—130° 52′ 24″。东部与恒山区接壤，南部与穆棱市交界，西部与麻山区相连，北部与滴道区毗邻。全区陆地面积 396.30 平方公里。

**【地　质】** 梨树区地层由下而上分布有上太古界麻山群、上侏罗统鸡西群、下白垩统桦山群、第三系玄武岩和第四系冲、洪积地层。全区地处完达山与老爷岭接合部，为丘陵地区，沟谷较多。全区东、南、西三面的低山多由长石砂岩及煤系岩石组成，此类石风化程度较高。全区大部分褶皱起伏的低山以断块的形式分布在境内穆棱河两侧。穆棱河河床两岸多属长石砂岩和煤系岩石沉积而成，质理疏松。北部穆棱河西岸多为花岗岩组成的低山，地层浅，多有裸石露于地面；东岸为玄武岩及花岗岩组成的低山，花岗岩及玄武岩山为南北走向。

**【地　貌】** 梨树区地处完达山与老爷岭接合部，海拔 180 米—697 米，分为低山、丘陵、台地、河谷平原 4 种地貌。梨树区地势南高北低，由西南向东北倾斜。境内峰峦叠嶂，沟壑交错，丘陵起伏，四面环山，平均海拔 350 米。在地质时期和新构造运动产生的断裂和褶皱与地表长期的冲刷和流水切割作用下，从南向北，由穆棱河两翼向中央，形成境内中部穆棱河流域内冲积性河谷平原。平原海拔 200 米—300 米。在两山夹一沟的地形中，南北狭长的带状平原、冲积平原和山前洪基平原连成一体，形成山前阶地平原。这种类型的地貌面积占总面积的 15%。低山丘陵主要分布在全区四周。低山和漫岗占全区总面积的 80%，平均海拔 400 米—600 米，以断块低山占绝对优势，形成四周山岭连绵、环抱河谷盆地的独特地貌。丘陵虽有峰峦，却不突出，最高山土顶子海拔 683 米。由于断块山群比较零碎，山头多、沟谷多，地势复杂，开发面积少，是天然次生林的生长地。

**【植　被】** 全区植被主要是树木和蒿草类。针叶树有红松、白松、鱼鳞松、樟子松和臭松等；阔叶树有柞树、桦树、杨树、柳树、榆树和椴树等；珍贵树种有黄菠萝、水曲柳和色树等。灌木类有榛柴、笤条和胡榛子等。蒿草类主要是大叶樟、小叶樟、塔头草、蒲草、水稗草、节骨草、三角菜、香蒿、臭蒿、柳蒿、艾蒿和芦苇等。还有人参、党参和黄芪等野生药材。

**【土　壤】** 全区土壤以暗棕壤居多，次之为白浆土、沼泽土、草甸土、水稻土和石质土，还有沙石土。暗棕壤土质地松散，排水透气性能好，肥力较好。但是遇到大雨或暴雨，水土容易流失。春季化冻早而蒸发快，土色深暗；夏季吸收阳光较多，适合作物生长，也能促进早熟。白浆土质地黏重，肥力较低，耕作性不强，改良应施有机肥料或掺沙子，翻压绿肥效果更好，并采取排水措施，排除串皮水，以防内涝。一般说的“晴天硬邦邦，雨天不漏汤”就指此类土壤。沼泽土长期或季节性受到水分的饱和浸润，自然植被为草甸或沼泽植物。这种土壤常见于山沟里的草甸上，大小河流两侧的草塘中。草甸土多分布在冲积性的、地形低洼的平坦地区，含有丰富的矿物质养分，肥力充足，长期耕种后，进化为水稻土。

**【矿产资源】** 全区非金属矿藏种类居全市第一，有非金属矿产 12 种，即石墨、硅线石、大理岩、白云岩、花岗岩、玄武岩、浮石、磷、膨润土、云母、透辉石和闪长岩；有非金属矿山企业 7 家，即石墨矿、磷矿、白云灰厂、白云石矿、岗岩石场、玄武岩石场和白沙岩石场。还有储量丰富的石灰石、玄武岩、石英、云母、透灰石、白泥和草炭等。

**【气　候】** 梨树区地处中纬度亚洲大陆东岸，黑龙江省鸡西市东南部，属于中温带大陆性季风气候。四季气候变化明显，春季易干旱多大风；夏热短促雨水集中；秋季寒潮降温，常有冻害发生；冬季寒冷漫长且干燥。全区无霜期在 140 天左右。全区年降雨量 533.3 毫米，集中在 7—8 月，占全年降雨量的 70% 以上，年平均相对湿度为 65%。

**【旅游资源】** 玉潭湖。地处梨树区猴石村，原为 2001 年竣工的猴石小型水库，2012 年更名为玉潭湖。距鸡西市 48 公里，距梨树街里 13 公里，距八面通 22 公里，交通便利，途经八面通、牡丹江、绥芬河、东宁、吉林省图们和延吉的客车路过此湖。玉潭湖群山环绕，自然景象壮观，湖的南面山坡上有自然形成的状似猴子的岩石。湖中有鲤鱼、鲫鱼和青鱼等十几种鱼。

老矿办遗址（梨树区博物馆）。地处距区政府 4 公里远的梨树煤矿。原为 1925 年 9 月成立的穆棱煤矿（公司）矿路事务所，为俄式平房建筑。1927 年 7 月，中共在穆棱煤矿矿路事务所建立鸡西地区第一个党支部委员会。2014 年，黑龙江省文化厅批复老矿办遗址更名为梨树区博物馆。博物馆内收藏有“工矿泰斗”孙越崎和革命前辈陈慕华在穆棱煤矿工作、生活时用过的一些物品。

烈士陵园。区革命烈士陵园即位于区街里东山西坡的中国人民志愿军烈士墓群。1950 年 11 月 20 日，志愿军伤病员 400 多人随陆军 33 医院转入梨树。在治疗期间，部分伤病员恢复健康，重返前线或退役；仍有 147 名伤员因伤势过重，医治无效而牺牲。区人民政府和人民群众将烈士遗体安葬在东山西坡，并刻立石碑，以示悼念。1954 年 3 月，陆军 33 医院迁往佳木斯市。每年清明节，区机关干部、职工和中小学校师生到烈士陵园举行祭扫活动，敬献花圈，缅怀先烈。

## 人文地理

**【建置沿革】** 明永乐四年（1406 年），在上城子（今穆棱市伊林）分别设置木伦女贞部和木伦河卫，辖下梨树沟子即今梨树。清光绪二十五年（1899 年），清政府在今梨树区猴石沟设青沟岭驿站。清宣统二年（1910 年），穆棱县设县治，下梨树沟子归穆棱县管辖。1913 年，下梨树沟子归穆棱县第二区（下城子）管辖。1920 年，下梨树沟子更名为梨树镇，归穆棱县第二区八面通管辖。1925 年 2 月，梨树镇被穆棱县公署增设为穆棱县第四区。1933 年 12 月，日本侵略军将第四区（梨树镇）改为穆棱县第四保（1934—1937 年，梨树镇曾被日本侵略军先后更名为第四区、梨树街）。1946 年 4 月，梨树镇为穆棱县第六区。1947 年 3 月，穆棱县分为穆南、穆北两县，梨树镇归穆北县管辖。1948 年 2 月，穆南、穆北县合并为穆棱县，梨树镇仍为穆棱县第六区。1956年2月，穆棱县第六区更名为穆棱县梨树镇，设梨树镇人民政府。1957年1月25日，梨树镇从穆棱县划出，归鸡西市管辖，成立鸡西市梨树区。

**【行政区划】** 1986年，梨树区辖5个街道办事处、67个居民委员会、1个乡政府和14个村民委员会。1992年12月25日，根据鸡西市委区划调整的决定，撤销鸡西市麻山区，设立麻山镇，划归梨树区管辖。1993年1月18日，梨树区辖1个镇、6个街道办事处、2个乡，80个居民委员会、14个村民委员会和36个村民小组（屯）。1993年9月，中共鸡西市委决定，撤销梨树区管辖的麻山镇，重新恢复鸡西市麻山区，梨树区仍辖5个街道办事处、1个乡，67个民委员会和14个村民委员会。2001年末，梨树区梨树乡的14个行政村（新进、碱场、河口、河西、猴石、凤山、双合、双胜、石场、中北村、中南村、中村、靠山村、进行村）合并为11个行政村。其中中北村、中南村和中村合并为中心村；靠山村、进行村合并为前进村。2002年，全区将5个街道办事处所辖的67个居民委员会调整为30个社区居民委员会。2003年4月，根据市委《关于进一步调整社区规模的意见》要求，全区将30个社区居民委员会调整为11个。同年，梨树区辖5个街道办事处（街里、穆棱、平岗、碱场、石磷）、1个乡政府（梨树乡），11个社区居民委员会（中南、自动、向东、卫东、前进、胜利、兴华、老达、立新、碱场、石磷）和11个村民委员会（新进、碱场、河口、河西、猴石、凤山、双合、双胜、石场、中心、前进）。2005年12月，黑龙江省政府决定，撤销梨树区梨树乡。2017年，梨树区辖5个街道办事处（街里、穆棱、平岗、碱场、石磷），11个社区居民委员会（中南、自动、向东、卫东、前进、胜利、兴华、老达、立新、碱场、石磷）和11个村民委员会（新进、碱场、河口、河西、猴石、凤山、双合、双胜、石场、中心、前进）。

2017年梨树区行政区划一览表

表1

| 街道办事处、区农林水牧局 | 所辖社区居民委员会、村民委员会 |
|---|---|
| 街　里 | 中南社区　自动社区 |
| 穆　棱 | 向东社区　卫东社区<br>前进社区　胜利社区 |
| 平　岗 | 兴华社区　老达社区　立新社区 |
| 碱　场 | 碱场社区 |
| 石　磷 | 石磷社区 |
| 区农林水牧局 | 新进村　碱场村　河口村　河西村　猴石村　凤山村　双合村　双胜村　石场村　中心村　前进村 |

**【人　口】** 2017年，梨树区共有37565户，户籍人口71188人。2017年出生277人，出生率3.72‰；死亡1428人，死亡率19.18‰；自然净增长-1151人，人口自然增长率-15.46‰。户籍人口中，按性别分，男性35806人，占50.29%；女性35382人，占49.71%。按年龄分，18岁以下6997人，占9.83%；18—34岁12818人，占18%；35—59岁34590人，占48.59%；60岁及以上16783人，占23.58%。城镇常住人口62737人，乡村人口8451人。

**【民　族】** 2017年，梨树区户籍人口有5个民族，除汉族外，有少数民族4个，其中朝鲜族365人、满族128人、蒙古族53人、回族22人，少数民族人口共568人，占全区人口的0.80%。

## 经济和社会发展

**【概　况】** 2017年，全区地区生产总值（GDP）实现55813万元，同比增长7%。城镇固定资产投资15.8亿元，增长8%。实际利用国外资金1210万美元，创造梨树历史性突破。进出口总额完成91万美元，扭转近三年“零数据”的局面。

**【农村经济】** 合理推进农业“一减六增”（减少玉米种植面积，增加水稻、小麦、大豆、杂粮杂豆、经济作物和饲料作物种植面积），种植业结构持续调优，粮食作物获“十四连增”。农业示范园区引领作用逐步形成，建成双胜村大豆、猴石村玉米、前进村水稻等高效农业示范园区5个，总面积2610亩。畜牧业年产值实现1.17亿元。全区规模化养殖场达到20个，其中饲养量千头以上猪场5个、百只以上羊场6个、万只以上鸡场9个，猪、鸡、牛、羊饲养量预计分别达到2.1万头、80万只、3800头、1.15万只，其中鸿昌羊业肉羊出栏量达到8000只，全区蛋鸡规模化养殖比重达到75%。畜牧业规模持续壮大。建成兴盛菌业、厚生生物菌包厂以及中心村、碱场村等5个木耳种植园区，组建润峰、天利等北药种植合作社3个，木耳增加到1562万袋，赤芍、党参等北药增加到1500亩，木耳、北药专业区建设持续推进，农业产业化持续发展。

**【工　业】** 2017年，新科、天盛2家规模以上企业完成工业增加值5387万元，同比增长10%。天盛公司生产石墨1.1万吨，实现产值2655万元；新科公司发运原煤和生产洁净煤30万吨，全年纳税金突破1000万元。培育凯威碳素、平岗风电2家新增规上企业，完成工业总产值8150万元。宏达煤炭、鸿泰公司2家临规企业完成工业总产值3300万元。引导天和、天诚启动生产前期准备工作。进一步落实《梨树区节能减排综合性工作方案》，加大对重点企业能耗监管力度，全区万元单位工业增加值能耗同比下降3.9%，完成市下达指标。

**【项目建设】** 2017年，5000万元以上重点产业项目6项，计划完成投资4.2亿元，至11月，完成投资3.9亿元。平岗风电场项目，33台风机已全部并网发电，平岗风电发电7900万度，产值2950万元。仁邦禽业100万只蛋鸡养殖及深加工项目，已建设完成办公楼及厂房配套设施，育成鸡10万只、鸡雏10万只。恒山风电场项目，完成33座风机基础挖掘、浇注。华糠有机肥和有机农作物深加工项目，建设完成2个厂房，生产有机肥200吨。燎盛石墨深加工项目，完成厂房基础建设。天吉达柞蚕养殖及加工项目，完成办公房及厂房的主体建设。全区500万—5000万元产业项目24项，均开工、复工建设，项目涉及新能源、新材料和绿色食品等10个领域。

**【第三产业】** 1—12月，完成社会消费品零售总额84749万元，增长8%。商贸业推进“多证合一、一照一码”、构建诚信体系等制度改革，营造宽松便捷、诚信守法的市场环境，全区新增个体工商户268家。服务业推进“互联网+”新业态，新增电商企业4户，带动38家个体业户开展电商业务，全区电商交易额实现800万元。投资100万元建成1000平方米电商科技孵化基地，吸引入孵企业14家。中联商城晋升为规上零售企业。发挥木耳山产品大市场交易集散作用，木耳、蘑菇、北药等销售额连续两年突破4亿元。快递物流业企业发展到9家，年收发货量16.3万件。宣传推介梨树旅游资源，拟开发建设梨树生态主题公园。玉潭湖旅游资源提档升级，建设冰雪活动基地，举办全市冰上运动会，玉潭湖被评为市级青少年冰雪旅游景区。

**【财政和金融】** 2017年，区财政收入略有增长，公共财政预算收入5077万元，同比增长8%。金融部门对农业种植、重点项目及中小企业支持力度进一步加大，年投放信贷2.4亿元，增长16.6%。

**【城乡建设】** 采沉区征收安置总户数为11253户，完成9524户。采沉区棚户区改造文苑小区、鼎元小区，共计2700户，12月末竣工交付使用。锦绣华庭项目，基本完成29栋楼主体，12月末竣工交付使用。万方文苑项目，竣工3栋楼，安置居民170户。污水处理厂日均处理量为2400吨，各项污染物指标均控制达标排放。垃圾填埋场2017年1月投入使用，完成进场道路维修600米，每天清运处理垃圾200吨，确保城区及农村垃圾进场无害化卫生填埋。完成对中心街、邮政街、五道街、六道街、七道街、九道街西延沥青混凝土路面铺设。街路绿化完成种植梨树818棵，小区绿化完成种植梨树714棵，小渔村公园、城区出入口绿化完成种植梨树1800余棵。2016年入冬至2017年初春，清运雪总量2万立方米。

**【文化教育】** 通过国家级评估验收，完成穆棱学校撤并工作。投入160万元，完成太阳升小学屋面防水，加固平岗学校塑料窗、围墙、旱厕，扩大幼教中心办学规模等教育民生实事。建设猴石全民冰上活动基地，承办并组织参加全市速滑、冰球比赛，分别获高中、初中组团体总分第一名。投资257.6万元加强文体设施建设，修缮“老矿办”遗址，建成社区多功能活动场所1个，安装全民健身路径16套，区文化馆、乡镇文化站、农村文化室实现全覆盖。开展庆祝建区60周年、“梨花音乐节”等系列文体活动27次。

**【社会保障】** 大力推进全民创业，帮扶新增创业实体73个，新增就业人数2761人。发放各类保障金5090万元。社会保险覆盖面进一步扩大，城乡居民参加养老保险4428人，参加医保、新农合23801人。为辖区居民免费接种疫苗255人次，开展免费体检3000多人。融资426万元引进CT、DR先进医疗设备，正式投入使用。全区城市低保累计发放低保金及各种补贴3423.6万元。全区农村低保累计发放低保金及各种补贴267.1万元。2017年，城镇居民人均可支配收入16996元，农村居民人均纯收入16549元，分别增长6%、5%。

# 中国共产党梨树区委员会

## 重要会议

**【中国共产党梨树区第十八届委员会第二次全体（扩大）会议】** 2017年2月14日召开。简称二次全会。区委书记付明波作题为《加快转型发展　进兴区富民　为创造梨树人民更加幸福美好生活而努力奋斗》的工作报告。二次全会从谋发展、上项目、保民生、管干部和抓党建5个方面回顾2016年工作取得的成绩；明确提出2017年工作指导思想、奋斗目标和主要任务；从不断强化理论武装，推动思想解放和观念更新等5个方面论述全面加强党的建设，努力为“转型发展兴区富民”提供坚强政治保障。

二次全会确定的全区2017年工作指导思想：以习近平总书记系列重要讲话特别是针对龙江的两次重要讲话精神为指导，以全面建成小康社会为目标，以项目建设为总牵动，牢固树立“五大发展理念”，深入贯彻落实中央、省委、市委各项决策部署，全面贯彻落实鸡西市第十三次党代会和梨树区第十八次党代会精神，扎实推进“突出一条主线，建设一谷一带，发展四大产业”的发展战略，加快转型发展，推进兴区富民，努力创造梨树人民更加幸福美好的生活。全区预期目标：地区生产总值增长7%；公共财政预算收入增长6%；固定资产投资增长7%；规模以上工业增加值增长8%；招商引资到位资金增长17.8%；社会消费品零售总额增长8%；城镇居民人均可支配收入增长6%；农民人均纯收入增长5%。全区主要任务包括牢牢抓住产业项目建设不放，努力打造转型发展新引擎等5项内容。

**【中国共产党梨树区第十八届委员会第三次全体（扩大）会议】** 2017年12月22日召开。区委书记付明波作题为《贯彻新思想　实现新发展　为创造梨树人民更加幸福美好生活努力奋斗》的工作报告。

**【中国共产党梨树区第十八届委员会常委（扩大）会议】** 2017年，中共梨树区委常委（扩大）会议在区接待中心三楼会议室召开十八次。

1月17日，中共梨树区委十八届一次常委（扩大）会议召开，会议议题是传达中共鸡西市第十三次代表大会精神等8项内容。

2月3日，中共梨树区委十八届二次常委（扩大）会议召开，会议议题是传达市委常委会议精神等2项内容。

2月10日，中共梨树区委十八届三次常委（扩大）会议召开，会议议题是关于2016年全民招商引资完成情况、2017年全民招商工作安排及招商引资到位资金考核认定办法的汇报等8项内容。

3月3日，中共梨树区委十八届四次常委（扩大）会议召开，会议议题是区长叶荣国传达省委书记王宪魁在省安全监管局和龙煤集团调研时的讲话精神和市委常委会议市委书记康志文的讲话精神等2项内容。

3月24日，中共梨树区委十八届五次常委（扩大）会议召开，会议议题是传达市委书记康志文到梨树区调研时的讲话精神等7项内容。

3月29日，中共梨树区委十八届六次常委（扩大）会议召开，会议议题是传达市长张常荣到梨树区调研时的讲话精神等2项内容。

4月14日，中共梨树区委十八届七次常委（扩大）会议召开，会议议题是传达全市安全稳定工作会议精神等5项内容。

5月5日，中共梨树区委十八届八次常委（扩大）会议召开，会议议题是传达市委十三届七次常委会议市委书记康志文关于贯彻落实省十二次党代会精神的意见等4项内容。

7月19日，中共梨树区委十八届九次常委（扩大）会议召开，会议议题是关于开展梨树区领导班子和领导干部绩效目标差异化考核工作的汇报等10项内容。

8月18日，中共梨树区委十八届十次常委（扩大）会议召开，会议议题是传达市委常委会精神等5项内容。

9月25日，中共梨树区委十八届十一次常委（扩大）会议召开，会议议题是传达省委书记张庆伟到鸡西市调研讲话的精神及市委书记康志文在市委常委会议上的讲话精神等3项内容。

10月25日，中共梨树区委十八届十二次常委（扩大）会议召开，会议议题是学习党的十九大报告等5项内容。

11月3日，中共梨树区委十八届十三次常委（扩大）会议召开，会议议题是区长叶荣国传达全市领导干部会议精神等3项内容。

11月30日，中共梨树区委十八届十四次常委（扩大）会议召开，会议议题是传达省委十二届二次全会精神等6项内容。

12月12日，中共梨树区委十八届十五次常委（扩大）会议召开，会议议题是关于梨树区深化国家监察体制改革试点工作实施方案的汇报等5项内容。

12月13日，中共梨树区委十八届十六次常委（扩大）会议召开，会议议题是区长叶荣国传达《中共鸡西市委办公室关于迅速传达学习贯彻落实习近平总书记重要批示精神的通知》；区委书记付明波讲话。

12月18日，中共梨树区委十八届十七次常委（扩大）会议召开，会议议题是关于区委十八届三次全会筹备工作情况汇报等5项内容。

12月22日，中共梨树区委十八届十八次常委（扩大）会议召开，会议议题是干部事宜。

## 区委办公室工作

**【概　况】** 区委办公室职责包括对全区重要情况进行调查研究和综合分析，向区委和上级部门提供有参考价值的情况和建议，收集、整理并提供信息服务；代区委对全区上报的文件或请求的问题及时给予答复或提出处理意见，为区委指导工作服务；起草区委有关文件、工作计划、总结和区委领导有关重要讲话、工作报告；督促、检查、催办和落实区委决议事项及领导批示；审核、制发区委日常文书、文件和文稿等11项职责。2017年，区委办公室新增领导职数2个、行政编制数1个，有主任1人、副主任1人、科员3人。区委办公室在区委的正确领导和各部门的大力支持配合下，围绕中心，服务大局，充分发挥综合协调、参谋辅政、督促检查和服务保障等职能作用，不断提高服务水平，各项工作取得较好成效。

**【综合调研】** 坚持实施“文稿精品工程”。通过调研、整理和收集，起草大量有价值的文稿，为区委提供准确翔实的决策依据，得到区委领导的充分肯定。2017年，修订把关文稿90余件，文字量达40万字；起草文稿200余件，文字量达80万字。

**【政务运转】** 充分发挥办公室承上启下、联系左右和协调各方的作用，细致周密地做好会议筹备和服务工作，全年组织各种大小会议50余次。坚持从简节约原则，迎接国家安全综合督察组、省环保督察组、市深化改革督察组和市委保密工作检查组等专项检查10余次，迎接省市各级领导到区调研等20余次，组织协调区委主要领导到基层调研20余次、办公室工作人员到基层调研40余次，完成调研报告5篇，上报市级信息部门3篇。组织全区新入职公务员培训5期，开展调研3次。

**【督促检查】** 充分发挥党委办公部门“抓落实”基本职能，紧紧围绕区委突出“一条主线”，建设“一谷一带”，发展“四大产业”的发展思路，着力在项目建设、深化改革、优化环境、城乡和农村建设以及党的建设等重点工作，采取文件督察、电话督察、现场督察、专项督察和明察暗访等方式，有效促进区委决策落地生根。2017年，共开展督察30余次，办理区领导批示件18件，办结率达到100%。

**【信息处理】** 保持与上下级信息部门的良性沟通，开展信息反馈、信息综合和信息调研等工作。全年向市委办公室报送常规信息344条，被采用信息16条，全年信息工作在三县六区综合排名第四；向市委深改办报送信息18条，被市委深改办信息动态采用2条，报送条数在三县六区中排名第三。

**【机要保密】** 大力推进机要密码规范化建设，梳理完善一系列规章制度，提高机要密码工作科学化、制度化和规范化水平；认真履行密码管理职责，组织开展2017年度安全风险评估和安全保密专项检查工作3次。开展《中华人民共和国保密法》宣传月活动，向40余家区直单位发放宣传单100余份。组织30余名涉密人员参加保密培训。

**【后勤服务】** 认真高效做好区委各项会议活动的安保、卫生等服务工作。严格落实防火、防水、防盗措施和信访接待制度，保证区委机关安全运转。2017年，进行季度和法定节日安全检查6次，全年没有发生安全事故。进一步强化司机安全教育，定期维修保养车辆，实现公务用车安全零事故。严格落实公务派车按计划里程申请油料等公务车辆使用制度，未发生公车私用等违规用车情况。

**【队伍建设】** 严格执行理论中心组学习制度，利用周五学习日，认真学习中共十九大精神、习近平新时代中国特色社会主义思想、习近平总书记系列重要讲话、省市区委领导讲话、会议精神等内容。班子成员与办公室人员开展普遍谈心交心，了解掌握干部职工思想状况和工作情况。

**【作风建设】** 认真落实好党风廉政建设“一岗双责”责任，重要工作亲自部署，重大问题亲自过问，重点环节亲自协调；深入开展机关作风整顿活动，召开作风整顿专题民主生活会，深入查摆问题，做到立行立改。坚持党性原则，严格遵守党的政治纪律、政治规矩、中央八项规定精神和省市“九项规定”要求，坚决不踏“红线”，不越“底线”。加强风纪建设，及时对干部出勤、纪律和风貌等情况进行随机检查，发现问题及时纠正，形成积极向上、严谨细致和干事创业的工作氛围。

**【“两学一做”学习教育活动】** 严格按照《“两学一做”学习教育常态化制度化实施方案》要求，开展理论研讨和讲党课5次，撰写学习心得10余篇；办公室工作人员坚持集中学习和个人自学有机统一，制订集中学习和个人学习计划，确保学深悟透、进脑进心。

**【负责人名单】**

主任：刘仙虎（　—2017.3）
　　　董国明（2017.4—　）
副主任：吕　菲（女）（2017.10—　）

（张　祥）

## 纪检监察

**【概　况】** 坚持把学习贯彻中共十九大精神作为首要政治任务，坚持用习近平新时代中国特色社会主义思想武装头脑，深入开展学习辅导、交流研讨活动，教育全区纪检监察干部准确把握中共十九大对全面从严治党的新部署新要求，牢固树立“四个意识”，切实把思想和行动统一到中共十九大精神上来，把向党中央看齐、维护以习近平为核心的党中央权威和集中统一领导体现在监督执纪问责的具体工作中。重点加强对各级党组织和党员领导干部学习贯彻中共十九大精神、深化作风整顿、关停小煤矿和整治发展环境等工作情况的监督检查，有力推动中央和省市区委重大决策部署落地生效。

**【“两个责任”压紧压实】** 针对区部分领导干部职务调整，进一步将“两个责任”内容完善充实，进行重新签状明责，夯实“两个责任”。对全区11个行政村进行党风廉政建设情况考核。严格执行“一案双查”，对履行党风廉政建设职责不力问题，责任追究3个，处理3人。

**【监察体制改革试点】** 区委高度重视深化国家监察体制改革试点工作，切实扛起主体责任，为试点工作全程把关定向；区纪委切实履行专责，牵头推进各项工作落实；成员单位各司其职，沟通协作机制高效顺畅，形成党委负总责、纪委负专责、部门各司其职、合力攻坚的工作格局。2017年12月25日，区监察委员会的转隶组建挂牌工作完成。划转编制7个，转隶人员6人，其中5人充实到执纪审查一线，承接检察机关案件线索11件。

**【纪律审查】** 坚持把纪律挺在前面，围绕“六大纪律”（政治纪律、组织纪律、廉洁纪律、群众纪律、工作纪律、生活纪律），综合运用“四种形态”（开展批评与自我批评，让红红脸、出出汗成为常态；党纪轻处分、组织调整成为违纪处理的大多数；党纪重处分、重大职务调整的成为少数；严重违纪涉嫌违法立案审查的成为极少数），落实“三个区分开来”（把因缺乏经验先行先试出现的失误与明知故犯行为区分开来，把国家尚无明确规定时的探索性试验与国家明令禁止后的有规不依行为区分开来，把为推动改革的无意过失与为谋取私利的故意行为区分开来）要求，完善容错纠错机制，对调查清楚的腐败问题严惩快打。2017年，受理信访举报32件（含上级转交办19件），下降35%；处置问题线索84件；立案23件，增长43.7%；结案22件；处分22人，移交司法机关处理1人。

**【作风建设】** 紧盯领导干部岗位变动、婚丧嫁娶和逢年过节等特殊敏感时期，下发8期重要提示（通知），实行事先预警机制，播放、发送廉政标语、廉政短信千余条（次），15名党员干部签订不操办“升学宴”承诺书。实行重要节日期间公车封存制度，杜绝公车私用、私车公养。加大机关风纪整治力度，通报批评27人（次）。开展违规公款购买消费高档白酒问题集中排查整治活动，加强区接待经费管控。开展中小学教师违规收受礼品礼金、有偿补课问题和公职人员勾结“黑中介”专项整治活动。下发《梨树区关于受理反映扶贫领域涉嫌违纪问题信访举报的通告》，进一步畅通全区扶贫领域涉嫌违纪问题信访举报渠道，加大侵害群众利益和扶贫领域问题查处力度，查办侵害群众利益和扶贫领域问题案件10件，处分10人，移交司法机关处理1人。查处违反中央八项规定精神问题2起，处分2人。

**【廉政教育】** 把纪律挺在前面，从严把好廉政意见回复关，对34名拟提职（重用）干部进行廉政把关。组织召开新任职（转职）领导干部廉政集体谈话会议5次，对70余名新提职、新任职（转职）领导干部进行任前集体廉政谈话。举办“全面从严治党，从我做起”主题演讲比赛；分层分岗分批针对全区各单位党政主要负责人、社区干部、村干部举办4期廉政教育培训班，做到廉政教育全覆盖；对11名党员干部操办子女婚庆事宜进行备案和把关，给予1名未申报子女婚庆事宜的党员干部党纪处分。

**【践行“第一种形态”】** 以《关于新形势下党内政治生活的若干准则》（简称《准则》）、《中国共产党党内监督条例》（简称《条例》）为主要内容，以区委中心组（扩大）理论学习研讨会为平台，开展《准则》《条例》专题研讨活动。督促各级党委（党组）切实担负起党内监督的主体责任，准确把握运用监督执纪“四种形态”，实行党政主要领导干部践行“第一种形态”谈话写实，制定梨树区党政主要领导干部践行“第一种形态”谈话写实制度，统一编制践行“第一种形态”谈话记录簿，强化党员干部教育管理监督。区纪委在立案数量保持增长的情况下，运用“第一种形态”处置61人次，占比73%。

**【政治巡察】** 区委、区政府高度重视巡察工作，定政策、定编制，设立“一办一组”，并组建43人的区委巡察工作人才库。巡察突出政治巡察，充分发挥巡察的“尖兵”作用，紧盯“三大问题”（党的领导弱化，党的建设缺失，全面从严治党不力），紧扣“六项纪律”（政治、组织、廉洁、群众、工作和生活纪律），紧抓“三个重点”（重点人、重点事、重点问题），增强“四种意识”（政治意识、大局意识、核心意识、看齐意识），压实“两个责任”（党委负主体责任，纪委负监督责任），扎牢制度笼子，着力发现和解决各级党组织及党员干部队伍建设中存在的突出问题，打通党内监督“最后一公里”。2017年，对2个党组织开展常规巡察。共发现问题16个、问题线索1个。

**【自身建设】** 扎实推进“两学一做”学习教育制度化常态化，突出抓好纪检监察干部培训，提升队伍政治业务素质。选派2名纪检干部到上级机关锻炼，19人次纪检干部参加省纪委组织的业务培训班。围绕“八项纪律”做合格纪检监察干部，对照查摆“四种人”（坚定立场，做政治上的明白人；坚持学习，做业务上的精明人；坚守原则，做监督上的铁面人；坚固防线，做廉洁上的带头人），有效预防“灯下黑”。

**【负责人名单】**

纪委书记：李玉启

副书记：姚绪宏　李秀杰（女）

（苏全文）

## 组织工作

**【概　况】** 中共梨树区委组织部是区委主管组织工作和干部工作的职能部门，职能包括负责全区党的基层组织建设工作的检查指导和情况综合；负责区委、区政府各委办局、企事业单位以及其他列入区委管理的副科级以上领导班子和领导干部及处级后备干部的管理工作；贯彻执行中央、省市关于干部队伍建设的方针、政策，制定有关规定，组织落实培养选拔年轻干部以及女干部、少数民族干部、党外干部工作等10项职能。区委组织部机关行政编制7人，现有行政编制人员5人，实配部长1人、副部长2人（其中1人兼职）、“两新”工委副书记1人。

**【学习贯彻中共十九大精神】** 区委先后利用中心组学习、常委会、座谈研讨和宣讲团宣讲等形式，广泛学习宣传中共十九大精神26次，用中共十九大提出的新思想、新理念、新举措，丰富完善、细致擘画“突出一条主线，建设一谷一带，发展四大产业，实现七个新提升”工作思路，将中心工作、党建工作与中共十九大精神对表对标对照，使习近平新时代中国特色社会主义新思想深入、广泛贯彻到全区转型发展的各方面和全过程。

**【“两学一做”学习教育常态化制度化】** 通过实施“清单推进、影像纪实、创新载体、按月督导”四项举措，建立“党性体验、严抓真改、绩效考核”三项机制，落实组织生活“四个规范”，整改党组织生活不规范等问题78个，推动学习教育形成常态、发挥长效。坚持以上率下，区委书记带头讲党课，带头参加双重组织生活，带动全区基层党组织书记讲党课357节。区宣讲团成员深入农村、社区、学校、机关和“两新”组织进行专题宣讲87次。开展“书记谈”“代表讲”活动，形成理论文章、心得体会324篇。进企业、社区和派出所“地毯式”查找失联党员，失联党员全部复联，同步校核党员信息，实现有序管理。

**【干部队伍建设】** 健全完善干部档案任前审核制度，规范干部选拔任用全程纪实办法，严格执行提拔调整干部预先沟通、事前报告、备案审查和监督管理等制度，按规定程序选人用人，严防“带病提拔”现象发生。全年调整干部5批次77人。强化干部队伍建设，加大竞争性选拔干部工作力度，面向全区公推公选3个行政副科级岗位。进一步加大优秀年轻干部培养力度，选派2名一般干部到区信访局挂职锻炼。强化日常监督管理，制定《梨树区领导班子和领导干部绩效目标差异化考核办法》和细则，着重解决领导班子和领导干部“干与不干一个样，干多干少一个样，干好干坏一个样”的问题。

**【基层党建工作】** 创新提出固本培元、提档升级、晋位赶超党建“三年提升”工程，完善基层党组织书记抓党建述职评议机制，年初签状，年终评议，落实从严治党责任。积极谋划村集体经济发展，制定三年村集体经济发展规划，大力实施“金鸡归巢”计划，组织65名农村党员干部外出参观学习，新建有机肥加工、生物科技等项目4个，全区农村集体经济收入67.91万元，同比增长106.8%，63%的村集体收入翻一番，党组织软弱涣散村全部实现提档升级。全面提升基层党建工作质效。全额落实党建经费，制定社区去行政化和绩效考核2项工作机制，挂牌成立6个社区政务服务中心，提升为民服务效能。实施“两新”组织“百日攻坚”行动，建成1个社区社会组织孵化基地，新建“两新”党组织9个，“两新”党组织组建率达到84.7%。建立农村党员教育培训基地，开办基层党员干部培训班12期，组织外出学习8次，进一步提高党员队伍整体素质。

**【人才队伍建设】** 深入贯彻中央《关于深化人才发展体制机制改革的意见》和省委《贯彻落实〈关于深化人才发展体制机制改革的意见〉的实施意见》。强化人才培训和组织管理。邀请市农业技术推广中心教授为农民授课1次，开办木耳种植技术培训班6期，培训农村木耳种植等实用人才513人。组织农村人才赴虎林实地考察，学习先进地区创新方法，增强农村实用人才创业带富能力。组织全区近3年新考录公务员11人走进农村，对农业产业情况进行实地调研，促进青年党政人才了解农村实际情况。加强域外人才引进开发，聚全区之力，多方联动，挖掘区域外人才108人，印制《梨树区域外人才名册》，引导域外人才智力回归，服务家乡经济社会发展。

**【自身建设】** 区委组织部门坚持把自身建设和组工业务工作同部署、同安排，打造“素质过硬、作风优良、敢于担当”组工队伍，重点推进自身教育经常化、干部能力全面化、组织工作规范化。全年集中学习35次，撰写调查研究材料14篇，运营党建工作微信公众号1个，研究制定党建工作措施5个。

**【负责人名单】**

部长：李　炜（区委常委、统战部部长）

副部长：何峒霖（兼“两新”组织工委书记）（2017.4—　）

张振兴（2017.10—　）

（席智临）

## 宣传工作

**【概　况】** 梨树区委宣传部是梨树区委主管意识形态方面工作的综合职能部门，规格为副处级。主要职能是负责指导全区理论研究、理论学习、理论宣传工作；负责引导社会舆论，指导、协调区各部门的新闻报道工作，在政治方向和方针政策方面实施领导的工作；负责指导、协调全区对外宣传工作；负责从宏观上指导全区精神产品的生产和文化市场的管理；研究和改进全区思想政治工作任务；负责调查分析全区社会各阶层的思想动态，掌握舆情；会同有关部门研究和改进群众思想教育工作；会同有关部门做好全区全民国防教育工作等。2017 年，单位行政编制 3 人，干部 3 人。区委宣传部管理精神文明建设办公室。

**【学习宣传中共十九大精神】** 2017 年，区委宣传部发挥载体功能，深入推进“五个课堂”建设，区宣讲团以多元化、大众化和广泛化的形式开展宣讲 30 余场，直接受众 1000 余人，有力推进十九大精神进机关、进企业、进校园、进农村和进社区；全区上下掀起学习宣传中共十九大精神的高潮，全区固定课堂、流动课堂、市民课堂、农家课堂和网络课堂累计 150 余个，理论学习进一步向广度深度延伸拓展。

**【意识形态工作】** 认真贯彻落实《党委（党组）意识形态工作责任制实施细则》，纳入党建责任制考评体系，形成意识形态党委统一领导、党政齐抓共管、宣传部门组织协调、有关部门分工负责的工作格局。把牢意识形态工作话语权，围绕迎庆中共十九大召开和学习宣传中共十九大精神，从正面引领意识形态工作方向，营造梨树风清气朗的小环境。

**【文体活动】** 紧扣区委中心工作，全年在各种媒体刊播稿件 270 余篇，特别是凝心聚力、实现转型发展系列报道，大力宣传梨树转型发展成果，增强发展信心，鼓舞群众士气，振奋干部精神。举办正月十五秧歌会演、全民健身日、健身操展演和全民徒步活动；开展青少年“阅读经典、缅怀先烈”读书活动，第四届“梨花音乐节”，文艺轻骑兵春节前进农村、进社区慰问演出等文体活动。依托玉潭湖天然冰雪资源，建设融速滑、冰球和冰雪游乐等多种健身方式于一体的冰雪基地，举办牡丹江以东地区冰球邀请赛、全市冬季运动会、全区中小学冰上运动会。组建冰球队伍参加全国青少年冰球大赛、黑龙江省中小学冰球大赛比赛，分别获得第 2 名、第 4 名。社区旗袍表演队参加“2017 鸡西文化广场旗袍秀”展演，荣获银奖。梨树区阳光民乐团在鸡西市 2017 年度“全民终身学习”活动中荣获“老年教育先进集体”称号。邀请鸡西市群众艺术馆定期到区“结对子、种文化”，进行秧歌、舞蹈、声乐和器乐等培训。文化馆全年免费接待群众 3000 多人次，文化惠民水平进一步提升。

**【志愿服务活动】** 把培育和践行社会主义核心价值观作为精神文明建设的灵魂和主线，大力弘扬社会新风尚。广泛开展核心价值观“六进六讲”“百行百业树家风三年行动”，广泛参与“鸡西好人”“道德模范”“最美人物”等评选活动和“喜迎十九大、助创文明城、爱心满梨树”志愿服务集中季，爱心“6+1”敬老工程等志愿服务活动。全区竭尽全力抓创城，强化督导检查和社会宣传，为市荣获全国文明城市提名城市作出积极贡献。

**【负责人名单】**

部长：方明浩

副部长：王思宏

张海霞（兼文明办主任）（女）

（刘珊珊）

## 统战工作

**【概　况】** 中共梨树区委统一战线工作部（简称统战部）是区委主管统一战线工作的职能部门。机关行政编制 1 人，设副部长 1 人。主要职责是贯彻执行中共关于统一战线方针、政策及省市委和区委关于统一战线的指示、规定；向区委、市委统战部反映情况，提出开展统战工作的意见和建议；负责联系民主党派和无党派人士，及时通报情况，反映他们的意见和建议；贯彻党领导的多党合作和政治协商制度及民主党派的方针政策。负责调查研究，协调检查有关民族宗教工作的方针、政策问题；联系少数民族和宗教界代表人士；协调有关部门做好少数民族干部的培养、举荐工作等。

**【调查研究】** 针对统战工作的特点，多次深入民族地区、非公企业、宗教场所和社区调研，对统战对象特别是非党干部、非公有制经济人士、民族宗教人士和归侨侨眷进行深入调查，基本掌握全区统一战线对象的底数。参照市委统战部下达的调研课题，紧紧围绕统战工作具有全局性、战略性、前瞻性的重大问题，以服务统战对象为重点，深入开展统战理论问题和调研工作，在加强基层统战部门的调研力度、改进调研方法、提高调研质量、转化调研成果上下功夫。9月初，向市委统战部上报《关于对新形势下民族宗教工作的调研和思考》调研材料。为了及时报道统战领域发生的新情况、新问题及重大事件，进一步加大统一战线宣传工作力度，多渠道、多层次、多形式、全方位地进行统战理论宣传，并向市委统战部上报信息12条，被采用6条。

**【党外人士工作】** 8月初，对全区党外干部和党外知识分子情况进行全面调查摸底，全区党外干部220人，其中教育工作者175人，35岁以下58人；机关工作人员43人，医务工作者2人。认真执行《党外干部工作联席会议制度》，积极做好党外干部和党外后备干部的选拔、培养、任用工作，区有民革、民盟、民建3个民主党派，党外知识分子中，区处级干部3人，其中人大常委会副主任1人、政协兼职副主席2人；党外副科级干部2人。认真选拔、推荐党外人士担任区级人大代表和政协委员，逐步使党外干部工作进入制度化、规范化轨道。

**【侨台服务工作】** 2017年6月29日召开梨树区首届归侨侨眷代表大会，参加会议的侨眷代表42人，摸底调查整理收集归侨侨眷身份81人。会后，区侨联在三季度里继续对全区归侨侨眷开展调查核实工作，其中有归侨4人，台属3人，香港1人；来自日本、韩国、新加坡、美国、德国、英国、丹麦、法国、俄罗斯等16个国家的侨眷73人，全面核实，建立档案52人。积极开展为归侨侨眷服务工作。走访贫困归侨侨眷，全区共有困难归侨侨眷8人。新增加归侨侨眷2人。广泛开展联络联谊工作。加强与市级涉台、涉外部门和协会的联系，建立定期联系机制，与归侨侨眷郁健华图书馆的联络人苏亢建立联系。

**【非公有制经济人士工作】** 深入开展非公有制经济代表人士"三同心"主题教育实践活动，引导非公有制经济人士增强"四个意识"，积极为梨树经济转型发展做贡献。9月10日，区工商联组织副主席及部分执委召开以"努力开创工商联工作新局面喜迎十九大"为主题的座谈会。会议通报全区经济形势和工商联换届后工作开展情况，就重点工作进行五项部署。区委常委、组织部部长、统战部部长李炜到会并讲话。组织40多名非公经济人士集中开展中国特色社会主义主题教育活动、社会主义核心价值体系教育活动、"三同心"主题教育实践活动，组织学习《中共黑龙江省委黑龙江省政府关于支持民营经济发展的若干意见》等。积极引导企业承担社会责任，组织非公经济人士开展"扶贫济困、乐善好施、发展企业、回馈社会"的光彩精神活动，引导广大会员积极参与扶危济困、捐资助学等多方面奉献爱心的活动。大德煤炭洗选有限公司、阳光热力、森林木业等企业结成帮扶对子20对，安置下岗职工50余人，为社会公益事业捐款2万余元。9月下旬，深入非公经济企业开展调研工作，制作20份《全省工商联法律维权工作调查问卷》《民营经济营商环境调查问卷》，对30项问题进行调研。

**【商会建设】** 推进成立梨树食用菌行业商会、梨树北药行业商会等行业商会建设。起草梨树食用菌行业商会章程、梨树北药行业商会章程。

**【负责人名单】**

部长：李炜（区委常委、组织部部长）

副部长：王君莉（女）

（王君莉　彭　勇）

## 机构编制工作

**【概　况】** 梨树区机构编制委员会办公室（简称区编委办）既是区委机构，也是区政府机构。区编委办对区委、区政府和区机构编制委员会负责。根据鸡编〔2010〕65号文件精神，解除与人事局合署办公，单独设置。参照市编委办的体制，制定区编委办职能配置和人员编制方案。区编委办承担贯彻执行中央、国务院和省、市关于行政管理体制和机构改革以及机构编制管理的方针、政策，研究拟定全区行政管理体制和机构改革以及机构编制管理的政策和规定；统一管理全区党政各部门的机构和编制等8项职责。2017年，区编委办设主任1人，行政编制2人。

**【推行政府权力清单制度】** 认真贯彻《黑龙江省人民政府办公厅印发关于推行政府权力清单制度工作方案的通知》（黑政办〔2014〕26号）和《黑龙江省人民政府关于推行政府权力清单制度的指导意见》（黑政发〔2015〕9号）的精神，结合全区具体情况，对17家单位进行权力清单及责任清单的动态管理。2015年末权利清单为1133项，许可62项；2016年末权利清单为1505项，许可104项；2017年末权利清单为1471项，许可83项。2017年，各基层单位根据省标准目录，对本单位的权利清单进行清理规范，平台同步调整，权利清单实行动态化管理。对国务院发文取消的许可，通知基层单位根据文件精神加强事中事后监管（基层单位根据国务院文件形成单位报告，报送编委办、法制办存档）；根据黑龙江省文件精神，需要取消权利清单项目，需基层单位报送法制办审核，待审核无误，基层单位形成单位报告，报送编委办、法制办存档，以上两种情况，平台同步调整。

**【推进“互联网＋政务服务”】** 结合全区实际，根据《国务院关于加快推进“互联网＋政务服务”工作的指导意见》（国发〔2016〕55号）和《国务院办公厅关于印发“互联网＋政务服务”技术体系建设指南的通知》，结合《黑龙江省人民政府关于印发黑龙江省加快推进“互联网＋政务服务”工作方案的通知》文件要求，为建立统一标准的全省政务服务目录，从已公布的行政权力清单和公共服务事项目录中，科学梳理出行政机关和公共企事业单位直接面向社会提供的具体的、依申请的、授益性的办事服务事项，经认定，全区政务服务事项共299项，其中行政权力清单含223项，公共服务清单含76项。

**【政府职能转变】** 2017年，根据黑发〔2016〕28号文件要求，将区民政局挂牌机构区民宗局调整到区委统战部挂牌；根据黑编〔2016〕160号文件要求，设立区委巡察工作机构、区委巡察工作领导小组办公室和区委巡察组；根据黑编〔2016〕157号文件要求，在区老干部局加挂区委离退休干部委员会牌子。整合城乡居民基本医疗保险机构，原城镇居民基本医疗保险和新农合机构整合为梨树区社会医疗保险局。在区委办挂牌设立区委深化改革领导小组办公室。根据黑编〔2017〕133号等相关文件要求，设立区保密委员会办公室，加挂区国家保密局牌子；原区卫生监督所更名为鸡西市梨树区卫生计生综合监督执法局；原区城市管理行政执法大队更名为区城市管理综合执法局；根据黑编〔2017〕232号文件要求，撤销区监察局，成立区监察委员会。

**【行业协会、商会与行政机关脱钩】** 全区有区消费者协会和区个体劳动者协会2个行业协会，按照上级编委办的要求，与行政机关脱钩，不参加事业单位分类改革。

**【专项系统建设】** 完成全区86个行政事业单位中文域名注册及缴费；完善86个单位的网络红页、47个行政单位的党政标识网络挂标和39个事业单位的公益标识网络挂标。

**【事业单位分类改革】** 2017年，按照省、市推进事业单位分类改革工作的部署和要求，在市编委办指导下，对全区39家事业单位进行模拟分类。有31家事业单位被定为公益一类，5家事业单位被定为公益二类；省明确暂不分类事业单位1家（区档案局），拟确定不参与分类事业单位2家（区消费者协会办公室和区个体劳动者协会办公室）。

**【负责人名单】**

主任：郝福艳（女）

（张东梅）

## 老干部工作

**【概　况】** 中共梨树区委老干部局（简称区老干部局）有干部5人（其中借调1人）。内设综合办公室（负责业务、管理工作）、老干部活动中心。区老干部局主要负责落实全区离退休干部政治待遇，督促检查落实老干部生活待遇，搭建老干部党支部、老干部活动中心，积极引导老干部发挥作用，组织老干部开展有益身心、有益社会的多种活动。全区有离休干部5人，年龄最小的84岁，最大的92岁，均为解放战争时期参加革命工作；区级退休干部18人，其中正处级7人，副处级11人；离退休干部遗孀24人，其中无固定收入8人。全区建立离退休干部党支部2个、各级老干部活动中心（室）5个。为全区管理的离休干部4人，护理费由原来每人每月1000元提高到每人每月2500元，自2017年7月1日起执行。

**【老干部政治待遇】** 5月，区委召开常委会议，听取区老干部工作情况汇报，成立区离退休干部工作委员会，坚持每月20日组织老干部开展集中政治理论学习；区委、区政府、区委组织部和老干部局为所有离休干部、区级退休干部征订《党的生活》《退休生活》，为活动中心征订《人民日报》《新华每日电讯》《黑龙江日报》《鸡西日报》《求是》《奋斗》《中国老年报》等报刊10余种；通过召开座谈会及上门走访等形式及时向老干部通报区经济社会发展情况；区里的经济工作会议、人大会议、政协会议等重要会议邀请离退休老干部代表参加；在春节、老年节对全区离退休干部进行全面走访，并对异地居住的2名老干部进行异地走访慰问，日常走访慰问生病、行动不便的老干部6人次，到医院探望生病住院老干部4人次，全年落实走访慰问金额3万元；组织召开区级离退休老干部迎春座谈会；坚持四个班子主要领导干部联系1名离休老干部，定期走访慰问；7月11日，组织全区处级离退休老干部先后对平岗风电场、中心村木耳种植基地、鼎元小区棚改和仁邦禽业等重点项目进行视察。全年接待来访老干部41人次。

**【老干部生活待遇】** 全区离休干部的离休费全部按时足额发放，医药费全部按规定实报实销。离休干部各项政策性补贴及中华人民共和国成立初期参加革命工作的部分退休干部生活补贴和医疗补贴纳入财政预算，全部落实到位。7月27日，区委老干部局组织离退休老干部在区人民医院进行集中多天的健康身体检查。

**【离退休干部党支部建设】** 全区两个离退休干部党支部活动正常，基本保证支部内离退休干部党员的组织生活，局还出资为老干支部征订《学习参考》。

**【老年教育】** 依托老年活动中心开设政治理论、文学、书画、电脑、二胡、电子琴、音乐和太极

10月27日，区四大班子领导与老干部举行重阳节茶话会

拳等8门课程，学员人数300多人次，7名教师义务授课。

**【老干部活动】** 组织老干部积极参加乒乓球赛、书画等有益于身心健康的文化娱乐活动。同时，依托活动中心，张贴《为党和人民增添正能量》、创城、文明区建设、党的十九大等宣传画。重阳节期间，先后召开座谈会、茶话会、情况通报会、健康体检、文艺演出和外出参观考察等丰富多彩的活动。10月27日，区四大班子领导参加重阳节庆祝活动，区委书记付明波代表区四大班子做讲话。

**【自身建设】** 成立督促检查工作领导小组，定期对干部作风及工作开展情况进行通报。全局干部职工在出勤考勤、请销假、上下班、工作作风、组织纪律等方面有很大改观。5月，选派2名业务骨干参加市局举办的老干局领导干部业务能力提升培训班。

**【负责人名单】**

局长（兼党总支书记、区委组织部副部长）：李善国（2017.8— ）

（李善国）

## 关心下一代工作

**【概　况】** 梨树区关心下一代工作委员会（简称区关工委）是中共梨树区委非常设机构，是在中共梨树区委领导下，以离退休老同志为主体，党政有关部门和群众团体负责人参加的群众性工作组织。

**【“三爱”“两史”教育】** 区关工委组织编写梨树区“两史”教育《牢记党的丰功伟绩，永远跟党走》的宣讲提纲，并下发到各基层关工委和中小学校，作为全区“两史”教育的专门教材。6月14日，梨树区“两史”教育讲师团到鸡西六中开展对青少年的党史、国史教育活动。校领导、校团委书记、学年组的教师和学生共240多人听课。区“两史”教育讲师团团长闫玉清为师生们讲述中国共产党的奋斗史和人民当家做主的发展史。7月14日，“两史”教育讲师团成员到区穆棱街道办事处向东社区开展“两史”教育活动。

**【“区企共建”活动】** 区关工委总结的区企共建活动“应遵循的四个原则”经验，多次在全市工作会议和经验交流会上做介绍。区关工委主任任秀艳编写的《政企共建应遵循的四个原则》论文在市关工委工作简报2017年第二期上刊载。

**【民营企业关工工作】** 2016年，区民营企业关工组织成立；2017年，在区委统战部牵头下，区关工委和区工商联共同参与，在区工商联、天盛非金属有限公司、鸡西市新科洁净煤有限公司3家企业建立关心下一代工作委员会，关心下一代工作委员会主任由工商联党组书记和非公经济企业党支部书记兼任。他们表示，在民营企业开展关心下一代工作，不会加重他们的负担，也不会影响他们的生产、经营、管理，而且通过开展各项关工活动，可以对内增强企业的凝聚力，对外树立企业的良好形象，也是企业自身发展的需要。在稳定“梨树区工商联关工委”的基础上，对天盛石墨有限责任公司关工领导小组组长进行调整。鸡西市小微商会在会长王运森、副会长邢天顺的带领下，到区太阳升小学为50名贫困学生捐赠价值2万元的学习用品；天盛石墨有限责任公司和新科洁净煤有限公司的关工领导小组均开展职工培训、政治理论学习和对困难职工家庭子女的捐助等活动。

**【农村关心下一代工作】** 区农村关工委从2016年11月20日到2017年3月30日，先后举办各类培训班7期，有400余人参加学习，其中青年农民260人。培训内容有棚室挂袋黑木耳、水稻高台大棚育秧、大田玉米、大豆高产栽培技术和农机检修与保养等新技术推广。区农村关工委专门从黑龙江省农科院科研所、市农技推广中心、市经济作物推广中心、市农机中心等部门聘请专家为培训班讲课，传授先进技术。

**【"留守儿童"工作】** 区关工委对全区各街道和农村的留守儿童进行详细的调查了解，经过仔细核对，确认2017年全区有留守儿童193人。有30名留守儿童家庭生活比较困难，全部与"五老"结成帮扶对子。

**【预防未成年人犯罪工作】** 全区各学校都配备兼职法制副校长，每学期开展一次法制专题讲座，保持在校生在校违法犯罪"零"纪录；利用板报、广播、宣传栏条幅宣传安全知识。2017年5月24日，碱场街道关工委组织法律宣传志愿者深入社区中心居民组，举办法律知识专题讲座，有32名学生家长参加学习。

**【弱势群体青少年关爱帮扶工作】** 全区5个街道办事处共有18—35岁青年2993人，其中贫困青年104人，"五老"参与帮扶结对78人，被帮扶贫困青年50人，尚未结对帮扶青年54人；其中街里街道办事处青年451人，贫困青年44人，结对帮扶13人；平岗街道办事处贫困青年19人，参与帮扶结对的"五老"46人；碱场街道贫困青年21人，结对帮扶6人；石磷街道贫困青年6人，结对帮扶6人；穆棱街道贫困青年14人，结对帮扶6人。农村18—35岁青年农民336人，贫困青年1人，结对帮扶1人。

**【宣传工作】** 2017年10月11日，举办有区、街道（农村、教育局）、社区（学校、行政村）三级关工组织的领导和通讯员30多人参加的"互联网＋关工"专题培训班。区关工委工作列入梨树区政务网部委工作动态。通过网络上传稿件30篇，被市关工委工作简报采用14篇、图片11幅。在梨树区政府网站发稿3篇。区关工委编辑工作简报37期、图片77幅。

**【队伍建设】** 根据区委干部换届调整情况，调整区团委、区妇联、区民政局和区综治委4个关心下一代工作成员单位领导。同时调整基层5个街道办事处关工委主任、2个社区的关工小组组长、3个行政村的关工领导小组组长。经过与农村主管领导沟通，建议区委任命原梨树乡副乡长崔玉海为农村关工委常务副主任。结合棚户区改造、居民户大部分搬迁的实际情况，对"五老"队伍进行调整。调整后的"五老"队伍有484人，其中骨干177人。

**【荣　誉】** 市关工委授予梨树区关工委、街里街道关工委、鸡西六中关工小组全市关心下一代工作先进集体荣誉称号；授予闫玉清全市关心下一代工作先进个人标兵荣誉称号；授予朱福珍、叶雪峰、何忠兴、吴勇、李国林、任秀艳等人全市关心下一代工作先进个人荣誉称号；授予张福田全市关心下一代宣传工作先进个人荣誉称号。

中共梨树区委、梨树区政府授予梨树区教育局关工委、平岗街道关工委关心下一代工作先进集体荣誉称号；授予李靖、刘丽萍、赵红、解桂兰、刘春英等人关心下一代工作先进个人荣誉称号。

**【负责人名单】**

主任：任秀艳（女）

副主任：叶雪峰

（张福田）

## 信访工作

【概　况】梨树区信访局负责贯彻落实党中央、国务院、省委、省政府和市委、市政府及区委、区政府有关信访工作的指示要求；组织实施国务院《信访条例》；负责全区信访法制建设，指导全区信访工作，负责组织实施《梨树区党政领导信访工作实施细则》；对全区信访工作目标管理进行检查考核，对不认真贯彻信访工作责任制并造成不良影响的单位和领导提出追究责任建议，负责办理人民群众给区委、区政府及领导的来信，承办上级机关交办的信访信件，负责接待到区委、区政府来访的群众；承办上级机关交办的来访任务等。区信访局有行政编制4人、事业编制5人，下设接待室和办公室。

【来信来访】2017年，全区上访总量为1105人次。其中，领导接访687人次，进京上访30人次，网上投诉36人次，个体访352人次。全区上访总量612件次。其中，来信43件次，区长热线22件次，集体访22件次，个体访352件次，办理网上交办来信、来访、网上投诉案件173件次，都在规定时间内全部交办完毕，交办率100%。

【依法治访】召开信访工作会议，传达贯彻落实省、市信访工作要求及会议精神；建立信访联席会议制度，充分发挥信访联席会议功能；建立区级领导联动接访工作机制，部门领导坚持开门接访，做到面对面接待、零距离倾听，千方百计解决群众合理诉求；积极组织开展领导干部带案下访，按照“谁主管、谁负责”的原则，采取带案督办、督促检查、座谈走访等方式，及时就地协调处理信访事项，将矛盾化解到基层；畅通信访渠道，倾听群众呼声；通过建立梨树区信访工作微信群，广泛收集信息，全力拓宽群众诉求表达渠道，切实维护信访群众合法权益，强化信息预警，强化应急处置，强化矛盾排查；推进依法治访，下发《梨树区关于依法处理信访活动中违法犯罪问题的意见》的通知，成立梨树区依法治访工作领导小组。

【区领导接访】进一步完善区领导信访接待日工作机制，安排区级领导到信访部门面对面地接待群众来访，及时有效推动疑难信访问题的解决，加大领导干部接访的工作力度。2017年，区级领导共接待信访案件245件次，接待来访群众687人次，领导带案下访23件。

副区长崔仕臣（左一）和副书记李吉文（左二）接待群众来访

【负责人名单】

局长：游占梅（女）

副局长：连　群（2017.1—　）

（勾晓蕾）

# 梨树区人民代表大会

## 重要会议

**【梨树区第十六届人民代表大会】** 2017年共召开人民代表大会会议2次。

区第十六届人民代表大会第二次会议于2月16—17日在区接待中心召开。会议听取审议区长叶荣国作的《梨树区人民政府工作报告》、区人大常委会主任程显峰作的《区人大常委会工作报告》、区人民法院院长王鹏举作的《区人民法院工作报告》、区人民检察院检察长于军作的《区人民检察院工作报告》和《区十五届人民代表大会六次会议以来代表议案、建议、批评和意见办理情况的报告》《梨树区2016年国民经济和社会发展计划执行情况与2017年国民经济和社会发展计划草案的报告》《梨树区2016年预算执行情况和2017年预算草案的报告》，并通过各项工作报告的决议。会议期间，大会议案组共收到代表123人次提出的35件建议和意见，并向大会进行报告。

12月24—25日，梨树区第十六届人民代表大会第三次会议召开

区第十六届人民代表大会第三次会议于12月24—25日在区接待中心召开。会议听取审议区长叶荣国作的《梨树区人民政府工作报告》、区人大常委会主任程显峰作的《区人大常委会工作报告》，区人民法院院长王鹏举作的《区人民法院工作报告》和区人民检察院检察长于军作的《区人民检察院工作报告》以及《区十六届人民代表大会二次会议以来代表议案、建议、批评和意见办理情况的报告》《梨树区2017年国民经济和社会发展计划执行情况与2018年国民经济和社会发展计划草案的报告》《梨树区2017年预算执行情况和2018年预算草案的报告》，并通过各项工作报告的决议。会议期间，大会议案组共收到代表123人次提出的35件建议和意见，并向大会进行报告。大会表彰2017年优秀人大代表。会议以无记名投票的方式，选举产生区监察委员会主任，增补5名区十六届人大常委会委员。

**【梨树区第十六届人大常委会会议】** 2017年共召开人大常委会会议8次。

区十六届人大常委会第一次会议于2月13日召开。会议审议通过区第十六届人大代表及常委变动情况说明；对14名新一届区政府组成人员依法任命。会议确定召开区十六届人民代表大会第二次会议的时间、大会日程（草案）、大会议程（草案）、会议主席团和秘书长建议名单（草案）、大会列席主席团人员名单（草案）和《人大常委会工作报告》《十五届人民代表大会第六次会议以来代表议案、建议办理情况（草案）》。

区十六届人大常委会第二次会议于3月27日召开。会议讨论通过《关于陈某涉嫌贪污取消其人大代表职务的决定》。

区十六届人大常委会第三次会议于4月12日召开。会议听取和审议《区政府关于安全生产和煤矿运行工作情况的报告》《区政府农业备春耕生产、木耳北药产业发展、农业产业结构调整等工作情况的报告》。投票通过梨树区第十六届人民代表大会第一次会议、颁发区人民检察院检察长于军任职证书并举行任职宣誓仪式。会议还审议通过《区人大常委会2017年工作要点（草案）》《区人大常委会议事规则（草案）》。对常委会组成人员进行人大业务知识的培训学习。

区十六届人大常委会第四次会议于7月20日召开。会议听取和审议《区政府关于青沟岭水库项目建设及第十六届人民代表大会二次会议上代表提出建议、批评和意见半年办理情况的报告》《区政府关于区第十六届人大常委会三次会议安全生产和煤矿运行、农业产业结构调整工作审议意见的办理情况》《区人大法制委关于对我区开展〈中华人民共和国道路交通安全法〉贯彻实施情况的检查报告》《区政府关于梨树区设立梨树镇政府建制有关情况的报告》《区政府关于2017年上半年国民经济和社会发展计划执行情况报告》《区政府关于2016年决算及2017年上半年预算执行情况报告》《区政府2016年区本级预算执行情况和其他财政收支的审计工作报告》。会议通过《区政府关于2016年决算及2017年上半年预算执行情况报告的决议（草案）》。依法任命区政府办主任1人，免去区人民法院副院长、庭长、委员会委员5人，任命区人民法院庭长、委员会委员5人。

区十六届人大常委会第五次会议于9月22日召开。会议听取和审议《区政府关于区第十六届人大常委会四次会议审议意见办理情况的汇报》《区内公厕建设、整治主要街路私搭乱建、区矿基础设施建设情况汇报》《区人大城建农林委关于对区内公厕建设、整治主要街路私搭乱建、区矿基础设施建设情况的调研报告》《立区产业项目建设情况的报告》《区人大财经委关于立区产业项目建设情况的视察报告》。区人大常委会副主任杨斌作《新预算法与人大预算审查监督》业务知识讲座。

区十六届人大常委会第六次会议于11月29日召开。会议听取和审议《区政府为民办10件实事进展完成情况的报告》《区政府关于行政许可"一法一例"实施优化发展环境情况的报告》《区人民法院关于民事执行工作情况的报告》《区检察院关于不批捕、不起诉案件办理情况的报告》《区人大法制委员会关于对区人民检察院不批捕、不起诉案件办理情况的调研报告》《区卫生局关于全区公立医院改革工作情况报告》《区人大科教文卫委员会关于对全区公立医院改革工作情况的调研报告》《2017年人大代表满意度测评工作方案》，传达全省推进县乡人大工作和建设经验交流会议精神传达提纲（书面），宣读《区人大常委会委员变动情况说明》《梨树区人大常委会关于接受刘法刚、朱秀芳、李善国三位同志请求辞去梨树区人大常委会委员职务的决定（草案）》，依法任命朱秀芳为梨树区审计局局长。区财政局局长杜振全作题为《预算的基本构成和现状》业务知识培训。

区十六届人大常委会第七次会议于12月19日召开。会议听取审议关于召开区十六届人民代表大会三次会议筹备工作方案（草案），大会主席团、秘书长人员名单（草案），大会列席主席团人员名单（草案），大会主席团常务主席人员名单（草案），大会主席团执行主席人员分组名单（草案），大会列席人员名单（草案），大会议程（草案），大会日程（草案），大会议案审查委员会委员名单，代表资格审查报告、人大常委变动情况说明，通过议案截止时间决定（草案）、选举办法（草案）、区人大常委会工作报告等相关工作的事宜；听取讨论《2016 年度本级预算执行和其他财政收支审计查出问题整改情况的报告》；审议通过区政府《关于十六届人民代表大会二次会议以来代表议案、意见建议办理情况的报告》。

区十六届人大常委会第八次会议于 12 月 25 日召开。会议依法任命李秀杰、姚绪宏 2 人为梨树区监察委员会副主任，李荣国、宋军、张景伟、陈少军 4 人为监察委员会委员；依法任命王艳为区人民法院审判员，依法任命马兆萍、马晓伟、王志强、王振山、孙前、孙菲、孙宇良、朱秀琴、李卫军、李善国、张桂茹、陈相、吴勇、周福来、周堃、姜振萍、姜正秋、赵崇艳、袁树仁、高海生 21 人为人民法院陪审员。

12 月 25 日，梨树区第十六届人大常委会第八次会议召开

**【梨树区第十六届人大常委会主任会议】** 2017 年共召开人大常委会主任会议 8 次。

区第十六届人大常委会第一次主任会议于 2 月 5 日召开。会议审议通过市委组织部副部长孙明瑞为（下派）梨树区市级十五届人大代表；审议十六届人大常委会领导班子分工；确定十六届人大常委会第一次会议时间、议程；讨论十六届人民代表大会二次会议时间、日程、议程。会议通过以上议题提交到区人大常委会第一次会议审议通过。

区第十六届人大常委会第二次主任会议于 2 月 7 日召开。会议通过杨淑兰、刘兴懿、苑鹏立 3 人辞去区十六届人大代表职务；苑鹏立辞去区十六届人民代表大会财经委员职务；梨树区农行行长陆永华为十六届人民代表大会财经委员；补选牟喜文、尚洪飞、陆永华、闫兆东、陈浩、郑兆刚 6 人为区十六届人大代表。

区第十六届人大常委会第三次主任会议于 3 月 28 日召开。会议审议人大常委会 2017 年工作要点、2017 年人大常委会各部门重点工作任务和《2017 年行政许可“一法一例”实施及优化经济发展环境监督检查方案》《梨树区第十六届人大代表“基层行”活动实施方案》，确定区十六届人大常委会三次会议召开时间。会议通过以上报告提交到区人大常委会第三次会议通过。

区第十六届人大常委会第四次主任会议于 7 月 17 日召开。会议确定区十六届人大常委会第四次会议召开时间。审议区政府关于青沟岭水库项目建设及第十六届人民代表大会二次会议上代表提出建议、批评和意见半年办理情况的报告；人大法制委关于对区开展《中华人民共和国道路交通法》贯彻实施情况的检查报告；区政府关于区第十六届人大常委会三次会议审议意见的办理情况；区政府关于梨树区设立梨树镇政府建制有关情况的报告；区政府关于 2017 年上半年国民经济和社会发展计划执行情况报告；区政府关于 2016 年决算及 2017 年上半年预算执行情况报告；区政府 2016 年区本级预算执行情况和其他财政收支的审计工作报告；区政府关于 2016 年决算及 2017 年上半年预算执行情况报告的决议（草案）；梨树区十六届人大代表调整的说明；关于孙宏毅等 6 人任职的说明；人大代表网格化联系服务人民群众暂行办法；视察棚户区改造、沉陷区工程及配套工程建设进展情况的意见、建议。会议通过以上报告提交到区人大常委会第四次会议通过。

区第十六届人大常委会第五次主任会议于9月14日召开。会议确定区十六届人大常委会五次会议召开时间。会议审议区政府关于区第十六届人大常委会四次会议审议意见的办理情况；区内公厕建设、整治主要街路私搭乱建、区矿基础设施建设情况汇报；区人大城建农委关于对区内公厕建设、整治主要街路私搭乱建、区矿基础设施建设情况的调研报告；区政府立区产业项目建设情况的报告；人大常委会视察立区产业项目建设情况的视察报告。会议确定以上报告提交到人大常委会第五次会议通过。

区第十六届人大常委会第六次主任会议于10月23日召开。会议确定2017年11月1日—11月30日人大常委会分小组对政府2017年度区人大代表意见建议办理情况进行调研。

区第十六届人大常委会第七次主任会议于11月23日召开。会议确定区十六届人大常委会六次会议召开时间。会议审议区政府为民办10件实事进展完成情况的报告；区人大常委会城建农林委对政府为民办10件实事视察报告；区政府食品药品监管工作情况的报告；区人民法院关于民事执行工作情况的报告；区人大法制委对区人民法院民事执行工作情况的调研报告；区人民检察院关于不批捕、不起诉案件备案审查工作情况的报告；区人大法制委对检察院不批捕、不起诉案件备案审查工作情况的调研报告；公立医院改革工作情况的报告；区人大人事科教文卫委对公立医院改革情况的调研报告；区政府关于行政许可“一法一例”实施优化经济发展环境情况的报告；2017年人大代表满意度测评工作方案；代表常委变动情况说明；优秀人大代表推荐说明；会议传达了全省推进县乡人大工作和建设经验交流会议精神传达提纲。会议进行预算联网监督培训。会议确定以上报告提交到人大常委会第六次会议审议通过。

7月17日，区第十六届人大常委会第四次主任会议召开

区第十六届人大常委会第八次主任会议于12月15日召开。会议确定区十六届人大常委会第七次会议召开时间；区十六届人民代表大会三次会议召开时间。会议审议区十六届人民代表大会三次会议筹备工作方案（草案），主席团、秘书长名单（草案），列席主席团名单（草案），常务主席和执行主席名单（草案），列席人员名单（草案），会议议程（草案），日程（草案），代表常委变动情况说明，议案截止时间决定（草案）、选举办法（草案），人大常委会工作报告说明；会议审议2016年度本级预算执行和其他财政收支审计查出问题整改情况报告；区十六届人大二次会议以来代表意见建议办理情况；关于推荐监察委主任建议名单的说明；监察委主任、人大常委候选人名单（草案）；会议确定十六届人大常委会八次会议召开时间。会议确定以上报告提交到人大常委会第七次会议审议通过。

## 主要工作

**【概　况】** 2017年，在区委的正确领导下，区人大常委会全面贯彻落实中共十九大精神、习近平新时代中国特色社会主义思想和习近平系列重要讲话精神，紧紧围绕区委十八届二次全会确定的目标任务，服务中心，紧贴民心，充分发扬民主，集体行使职权，严格依法履职，努力有所作为。2017年，共召开常委会议8次、主任办公会议8次，审议专项工作报告17次，开展“三查（察）”（调查、视察、检查）活动21次，提出合理化意见、建议60余条，做出决议2项，依法任免国家机关工作人员21人。区人大常委会职权范围是行使对梨树区重大事项的决定权和“一府（区政府）两院（区人民法院、区人民检察院）”的监督权、人事任免权；负责组织召开本级人民代表大会；组织梨树区域内的各级人大代表在闭会期间开展活动。区人大常委会是区委领导下的地方国家权力机关，正处级单位。处级领导编制5个（1个正处级、4个副处级），科级编制数7个。区人大常委会设立人事科教文卫委员会、城建农林委员会、区人民代表大会法制委员会和财政经济委员会。常委会内设办公室（信访办）。

**【代表建议、批评和意见办理情况】** 区第十六届人民代表大会第三次会议确定转交政府办理的建议、批评和意见35件。2017年在督办人大代表意见、建议办理过程中，3次听取政府专项汇报，副主任分别带队开展为期一个月的办理情况实地调研，推动政府承办部门与代表沟通协调，代表对建议意见答复的满意和基本满意率达到95%。

**【区人大常委会视察活动】** 2017年3月31日，梨树区人大常委会组织区十六届人大常委会部分常委、农村代表、特邀市代表一行18人对全区木耳、北药产业发展情况进行视察。人大代表先后深入梨树区厚生生物科技有限公司、木耳山产品大市场、双胜村、兴盛菌业实地查看木耳、北药产业发展情况。每到一处，人大代表都对木耳、北药的发展情况进行详细的了解，听取了相关负责人的介绍。视察结束后，召开了座谈会，会上，副区长钱启良做了梨树区木耳、北药产业发展情况的汇报。区人大代表在会上进行了发言，对全区木耳、北药产业的下一步发展提出了意见和建议。最后，人大常委会主任程显峰对全区木耳、北药种植产业发展给予了肯定并提出了四点建议：一是要制定出木耳、北药产业发展近期和长远规划；二要成立木耳、北药产业发展推进组或协会；三是要积极创立梨树自己的木耳、北药产业的品牌；四是区政府各部门要充分发挥各自职能作用，在技术指导、销售、资金、产业发展形成的废弃料的处理等方面给木耳、北药种植户和种植企业提供支持和帮助，为木耳、北药产业发展壮大奠定坚实基础。在下步工作中，希望村干部发挥带头作用，在木耳、北药产业发展上统一思想，形成共识，积极参与到木耳、北药种植产业发展上来，带领更多农民走上致富路，为全区木耳、北药产业的发展作出积极贡献。

2017年6月23日，梨树区人大常委会主任、副主任、部分常委及市区人大代表共17人，对穆棱学校网点布局调整、区第一党支部、俄式建筑保护情况进行视察。副区长崔仕臣、区教育局负责人陪同视察。视察组一行先后深入区第一党支部、俄式建筑、穆棱一中、第二十五中学实地察看了网点布局调整及区第一党支部、俄式建筑保护情况。在随后召开的座谈会上，首先听取了区政府常务副区长崔仕臣对穆棱学校网点布局调整、区第一党支部、俄式建筑保护情况的汇报；视察组成员就穆棱学校网点布局调整、区第一党

6月23日，区人大常委会主任、副主任、部分常委和市区人大代表对穆棱学校网点布局调整、区第一党支部和俄式建筑保护情况进行视察

支部、俄式建筑保护情况进行了讨论交流，对政府的工作和具体做法给予了充分肯定。同时，对教育网点调整，穆棱学校的学生合并到区内各校后对新环境的适应，学生通勤安全，区第一党支部、俄式建筑破损严重需加快修缮等问题提出意见和建议。

2017 年 7 月 4 日，梨树区人大常委会主任、副主任、部分常委及市区人大代表 16 人，对棚户区改造、沉陷区工程及配套工程建设进展情况进行了视察。在副区长袁树茂、区棚改办负责人陪同下，视察组一行先后深入锦绣华庭小区、文苑小区、鼎元小区、万方文苑小区及采沉区棚户区（征收现场）穆棱办事处胜利社区，详细了解棚户区改造、沉陷区工程的规划、建设、管理及工程建设进展情况。在随后召开的座谈会上，视察组成员听取了副区长袁树茂对全区工程项目及房屋拆迁进展情况的汇报，就工程建设及房屋拆迁情况进行了讨论交流。一致认为，区政府高度重视全区棚户区改造、沉陷区工程及配套基础设施工程和房屋拆迁工作，并针对存在的问题提出了意见、建议。

2017 年 9 月 12 日，梨树区人大常委会带领人大代表 14 人对全区立区产业项目建设情况进行了视察。视察组先后深入平岗风力发电场、新科洁净煤有限公司、凯威碳素有限公司、华糠有机肥厂实地察看了企业生产情况。在随后召开

7 月 4 日，区人大常委会主任、副主任、部分常委和市区人大代表对棚户区改造、沉陷区工程和配套工程建设进展情况进行视察

9 月 12 日，区人大常委会带领人大代表对全区立区产业项目建设情况进行视察

的座谈会上，视察组成员听取了政府关于立区产业项目建设进展情况汇报，就立区产业项目建设情况进行了讨论交流。与会常委及代表一致认为政府及相关部门在立区产业项目建设上取得了可喜的成绩，但也存在一些薄弱环节和问题。

2017 年 10 月 17 日，梨树区人大常委会带领人大代表共计 18 人对全区食品药品安全监管工作情况进行了视察。视察组先后深入梨树白酒厂、金晟屠宰场、卡麦琪蛋糕店、平岗综合贸易市场、华懿大药房、尚品仙居饭店、独一处熟食店、梨树区农贸综合市场实地察看了食品药品监管工作情况。在随后召开的座谈会上，视察组成员听取了政府关于全区食品药品安全监管工作情况的汇报，就全区食品药品安全监管工作情况进行了讨论交流。针对存在的问题，视察组提出政府及相关部门要加大食品安全监管力度，充分发挥社会共治监管工作职责作用；要加强和规范对食品加工领域内的食品添加剂和农药残留的管理，查摆问题，堵塞漏洞，把住食品安全关；要加强药品监督管理承接机制建设，完善与市食品药品监督管理局的相关职能的衔接工作，尽快落实药品监管机制；要加强食品安全监管信用体系建设，注重行业自律，自我约束，不断强化培训工作和规章，切实维护行业整体声誉，提高诚信建设水准。

10 月 17 日，区人大常委会带领人大代表对全区食品药品安全监管工作情况进行视察

2017 年 10 月 26 日，梨树区人大常委会带领人大代表共计 18 人对政府 10 件民生实事办理情况进行视察。视察组先后深入太阳升小学、锦绣华庭小区项目、交警队平改立工程项目、文苑小区项目、鼎元小区项目、向东地区、双合村稻田、四道崴子水库、梨树区医院实地察看民生实事办理情况。在随后召开的座谈会上，视察组成员听取政府关于 10 件民生实事办理情况汇报，就 10 件民生实事办理情况进行讨论交流。

**【区人大常委会检查活动】** 2017 年 5 月 25 日，区人大常委会主任、副主任，区人大专委会及市、区三位人大代表组成的执法检查组在副区长袁树茂的陪同下，深入碱场矸石电厂、梨树污水处理厂和垃圾填埋处理厂，对《中华人民共和国环境保护法》和《市容和环境卫生管理条例》贯彻实施情况进行执法检查。之后，执法检查组听取区政府关于全区贯彻执行《中华人民共和国环境保护法》和《市容和环境卫生管理条例》情况的汇报。通过检查及听取汇报，检查组全面了解掌握《中华人民共和国环境保护法》和《市容和环境卫生管理条例》在全区的贯彻执行情况，对区政府及相关部门所做的工作给予充分肯定，针对检查中发现的宣传深度不够、少数企业环保意识不强、城区内环境卫生存在的问题、环境监测监管力度不够等问题，提出意见、建议。

10 月 26 日，区人大常委会带领人大代表对政府 10 件民生实事办理情况进行视察

5 月 25 日，区人大常委会主任、副主任、区人大专委会和市、区三位人大代表组成的执法检查组到梨树污水处理厂对《中华人民共和国环境保护法》贯彻实施情况进行执法检查

2017 年 7 月 7 日，区人大法制委组成工作检查组，在区政府副区长钱启梁和梨树区公安交警大队有关领导陪同下，先后深入九道街西邮局门前、平岗至七井“黑点”S 弯道路段、平岗中学和平岗大市场鸡图公路路段、平岗矿山下企业路段和鸡西六中门前等重要路段进行实地考察。之后，检查组在区政府接待中心三楼会议室听取区政府和梨树区公安交警大队关于道路交通安全管理和执法工作情况汇报，检查组认为全区道路交通安全工作效果不断提高，交警形象有所提升，全区道路交通形势处于平稳态势，并对下一步工作提出意见、建议。

7月7日，区人大常委会法制委组成工作检查组，到鸡图公路平岗弯道路段检查《中华人民共和国道路交通安全法》贯彻实施情况

**【区人大常委会调研活动】** 2017年6月4日，区人大常委会主任、副主任，区人大专委会及市、区部分人大代表在副区长钱启良及相关部门负责人的陪同下，对全区农业产业结构调整工作进行调研。区人大常委和代表们实地察看了兴盛菌业园区、双合村富硒米示范田、猴石村北药示范田、仁帮禽业，与基地负责人进行了交流，询问了有关产业发展情况，在随后召开的座谈会上，听取了区政府关于农业产业结构调整工作情况汇报及各村村主任的发言。代表们就全区农业产业结构调整发展中加大宣传、政府帮扶扶持、技术指导、整体规划、打造品牌特色、网络销售等方面存在的困难和问题积极建言献策，助推全区农业产业结构调整。

6月4日，区人大常委会主任、副主任、区人大专委会及市、区部分人大代表对区农业产业结构调整工作进行调研

2017年8月11日，区人大常委会副主任王皓带领区人大法制委员会成员深入区人民法院开展民事执行工作调研。区人民法院从执行工作紧紧围绕地方经济发展、保护当事人合法权益为核心；执行干警努力转变工作作风，提高工作效率；狠抓案件执结率，确保案件质效等方面汇报院民事执行工作和信访工作情况。调研组一行对区人民法院所取得的成绩给予充分肯定，同时对区人民法院在严格执法、加强被执行人财产调查和财产控制及做好被执行人财产评估和财产拍卖等工作提出意见、建议。

8月11日，区人大常委会副主任王皓带领区人大法制委员会成员到区人民法院开展民事执行工作调研

2017年8月17日，区人大常委会副主任王皓带领区人大法制委员会成员、部分人大常委和代表，深入区人民检察院开展关于不批捕、不起诉案件工作调研。座谈会上，区人民检察院从坚持制度促规范、坚持评查促质效、坚持案件促释法、坚持公开促公正等方面汇报检察院关于不批捕、不起诉案件工作情况。调研组一行对区人民检察院所取得的成绩给予充分肯定，同时对区人民检察院不批捕、不起诉案件工作要加强公开听证、加大法律方面的宣传、加强沟通协调等方面提出意见、建议。

8月17日，区人大常委会副主任王皓带领区人大法制委员会成员、部分人大常委和区人大代表到区人民检察院开展关于不批捕、不起诉案件工作调研

2017年8月25日，梨树区人大常委会副主任闫树青带领区人大部分常委及市区人大代表11人，在区城建局、区棚改办、城市执法大队负责人陪同下，对区内公厕建设、整治主要街路私搭乱建、区矿基础设施建设情况进行调研。调研组一行先后深入平岗、穆棱、街里进行实地调研。调研组在座谈会上听取区城乡建设局负责人相关工作汇报，详细了解公厕建设、整治主要街路私搭乱建、区矿基础设施建设进展情况，并征求与会代表的意见、建议。座谈会后，调研组对区内公厕建设、整治主要街路私搭乱建、区矿基础设施建设情况进行实地检查。

8月25日，区人大常委会副主任闫树青带领区人大部分常委及市区人大代表对区内公厕建设、整治主要街路私搭乱建、区矿基础设施建设情况进行调研

2017年9月26日，区人大常委会副主任毛天新带领部分人大常委、区人大代表，在副区长崔仕臣及区卫生计生局相关人员的陪同下，对区级公立医院改革药品零差价开展情况进行专题调研。调研组先后到穆棱社区服务中心、乡镇卫生院、中心村卫生所、街里社区服务中心、区医院进行实地查看。在随后召开的座谈会上，调研组成员听取全区公立医院改革相关情况的汇报，就区级公立医院改革药品零差价开展情况进行讨论交流，针对存在的问题提出政府要积极做好推进公立医院改革的宣传工作、及时在公立医院改革中投入财政补贴、大力开展医疗卫生人才的培养、加大公立医院改革推进力度等意见、建议。

9月26日，区人大常委会副主任毛天新带领部分人大常委、区从大代表对区级公立医院改革药品零差价开展情况进行专题调研

**【负责人名单】**

主任：程显峰

副主任：毛天新　王　皓（兼区工会主席）

闫树青　杨　斌

（李玉友）

# 梨树区人民政府

## 重要会议

**【梨树区政府全体（扩大）会议暨廉政工作会议】** 2017年2月21日，在区政府接待中心四楼大会议室召开。常务副区长崔仕臣主持。区政府副区长分别做各战线2017年工作安排：常务、文教卫生战线工作安排（崔仕臣），农业、安全战线工作安排（钱启良），城建战线工作安排（袁树茂），工业战线工作安排（王海燕）。递交经济目标责任状、计生责任状和安全目标责任状三个责任状。会议下发区政府工作报告分解要点、人大代表建议和政协委员提案办理情况。

**【区政府常务会议】** 全年召开区政府常务会议12次。

第十六届二次常务会议于2月7日在接待中心三楼会议室召开，区长叶荣国主持。传达市政府十五届一次全体（扩大）会议暨廉政工作会议精神，研究关于《政府工作报告（讨论稿）》的汇报，关于2016年财政预算执行情况和2017年财政预算（草案）（讨论稿）的汇报，关于2016年国民经济、社会发展计划执行情况及2017年国民经济和社会发展计划（草案）（讨论稿）的汇报，关于区人大议案、建议、批评和意见的办理情况及政协委员提案办理情况（讨论稿）的汇报，关于2017年重点产业项目推进工作实施方案的汇报，关于2016年全民招商情况通报，2017年全民招商工作安排及招商引资到位资金考核认定办法的汇报，关于梨树区穆棱供热站房屋租赁合同相关情况的汇报和关于处理违纪案件的汇报等10项事宜。

第十六届三次常务会议于3月1日在接待中心三楼会议室召开。区长叶荣国主持。研究关于煤矿安全生产情况的汇报，关于全国两会信访稳控工作安排情况的汇报，关于对上争取工作情况的汇报，关于青沟岭水库项目前期工作进展情况的汇报，关于全民创业方案的汇报，关于民生10件实事推进安排意见的汇报和关于人大代表建议，政协委员提案办理任务情况分解7项事宜。

第十六届四次常务会议于4月10日召开。研究关于梨树区行政村综合考核办法和细则的汇报、全区一季度招商引资和项目建设情况汇报、关于全国“两会”期间区信访稳定工作情况及省十二次党代会期间工作安排的汇报和全区打非治违及煤矿复产验收情况汇报4项议题。

第十六届五次常务会议于5月3日召开。研究关于招商引资奖励办法起草情况的汇报、关于全省政府系统值守应急与突发事件信息报送工作会议精神的传达提纲及区贯彻落实意见、关于签订生态主题公园项目框架协议书事宜的汇报和关于采沉区征收工作的安排及方案的汇报4项议题。

第十六届六次常务会议于6月9日召开。研究讨论《区政府系统专业知识专题学习制度（讨论稿)》、关于近期煤矿安全生产工作情况的汇报、关于全区扶贫攻坚工作“回头看”情况的汇报、关于土地确权工作进展情况的汇报、关于垃圾填埋场工程结算价格认定情况的汇报、关于穆棱环卫站接收农村保洁事宜的汇报、关于棚改动迁回迁简装费情况的汇报、关于平安家园回迁户安置阳光新城有关情况的汇报和讨论《采沉区非住宅征收方案(讨论稿)》9项议题。

第十六届七次常务会议于6月27日召开。关于沈煤集团鸡西盛隆矿业有限责任公司煤矸石电厂、鸡西市阳光热力有限公司、梨树区人民政府三方热电联产协议有关事宜的汇报、关于签署《玄武岩连续纤维项目框架协议》情况的汇报、关于传达省、市关于进一步做好全面排查取缔“地条钢”工作精神及区贯彻意见的汇报、关于1—6月项目建设进展情况的汇报、关于1—6月招商引资完成情况的汇报、关于全民创业进展情况的汇报、关于穆棱学校撤并有关事宜的汇报、关于公立医院综合改革相关事宜的汇报、关于10件民生实事进展情况的汇报和关于行政处分有关问题的汇报10项议题。

第十六届八次常务会议于8月3日召开。研究关于2010年度土地环境治理项目遗留问题的汇报、关于石磷二道沟治理项目运行情况的汇报、关于电子商务科技孵化基地建设方案的汇报、关于穆棱矿向东地区房屋征收方案的汇报、关于碱场医院人员整合情况的汇报和关于近期信访工作情况的汇报6项议题。

第十六届九次常务会议于9月5日召开。研究关于教师节表彰活动准备工作的汇报、关于九十年代末未分配师范类毕业生安置工作的汇报、关于梨树区推进“河长制”工作情况的汇报、关于农村土地确权进展情况及下步安排意见的汇报、关于2017年度10件民生实事办理情况的汇报、关于安全生产大检查进展情况的汇报、关于回迁安置楼房不动产证办理情况的汇报、关于梨树区公共租赁住房配租方案的汇报(讨论稿)和关于梨树区各矿区出售公有住房平房房改实施方案的汇报等9项议题。

第十六届十次常务会议于9月30日召开。研究关于采沉区中心社区征收方案的汇报、关于采沉区回迁安置办法的汇报、关于穆棱矿和谐家园门市动迁纳入采沉区非住宅征收范围情况的汇报和以煤矿为重点安全大整治工作情况及下步安排汇报等4项议题。

第十六届十一次常务会议于10月25日召开。关于煤矿安全生产专项整治验收工作情况的汇报、关于工业谷成立国有独资公司有关情况的汇报和关于扶持新科洁净煤公司解困发展有关情况的汇报等3项议题。

第十六届十二次常务会议于11月24日召开。研究关于乔某某信访案件有关情况的汇报、关于“招商之冬”工作安排情况的汇报、关于民生10件实事进展情况的汇报和关于鼎利源公司资产有关事宜的汇报等4项议题。

第十六届十三次常务会议于12月18日召开。研究关于《政府工作报告(讨论稿)》的汇报,关于《2017年财政预算执行情况和2018年财政预算(草案)(讨论稿)》的汇报,关于《2017年国民经济、社会发展计划执行情况及2018年国民经济和社会发展计划(草案)(讨论稿)》的汇报,关于区人大议案、建议、批评和意见的办理情况及政协委员提案办理情况(讨论稿)的汇报和关于公务员及机关事业单位工作人员2016年度考核情况的汇报5项议题。

## 区政府办公室工作

**【概　况】** 2017年,区政府办公室紧紧围绕全区中心工作,深入践行“两学一做”常态化、制度化学习教育要求,认真履行上传下达、综合协调、督办检查等工作职能。全年起草区政府领导讲话、工作汇报、会议致辞、主持词等各类文稿300余篇，整理政府常务会议、专题会议纪要15篇。

**【督办检查】** 建立政府督办工作台账，完成《政府工作报告》任务分解并下发政府各部门。对政府门户网站政府工作报告工作任务专栏进行改版，定期发布工作进展情况，接受全社会监督。2017年，共督办事项200余件。完成人大代表建议、政协委员提案、10件民生实事等专项督察20次；完成对区政府决策事项、重要会议、领导批示件的督办检查。自觉接受人大、政协的法律监督和民主监督，定期向区人大常委会、政协常委会报告工作。全年，督办市人大议案建议21件，市政协提案32件，区人大议案1件、建议38件，办理区政协提案32件，答复率100%。

**【办文办会】** 健全规章制度，完善责任机制，不断提高政务服务水平。从文件起草、审签、用印、制发等关键环节入手，严格把关，规范程序，做到手续清、传阅快、把关严、无差错。2017年，制发区政府、区政府办公室文件253件次，审核制发区政府规范性文件12件次；传递上下来文961件次，完成各类会议通知的接收、登记、送签、分转和上报等工作170件次；分送报刊信函300余件；筹备召开区政府常务会议12次、区长办公会14次、区政府专业知识专题学习会议7次，完成电视电话会议会场布置10次。筹备召开区政府2017年全体（扩大）会议暨廉政和效能工作会议1次；完成国家、省、市重要领导到梨树区考察调研等政务接待工作29次。

**【政务公开工作】** 印发《2017年鸡西市政务公开工作要点》，推进财政预算决算、三公经费、保障性住房、环境保护、食品药品安全等重点领域信息公开。2017年，通过区政府门户网站发布重点领域信息480条、其他领域信息125条，公开各类动态信息892条。

**【应急管理】** 组织区政府职能部门及企事业单位开展应急演练3次，预警信息发布实战演练2次，审核修订区政府突发事件应急预案5个；对全区29处风险隐患点进行排查；坚持24小时值班值宿，在国庆、春节、"两会"等重要时段实行领导带班制度，严格落实突发事件信息报告制度，上报信息及时、准确。全年传达发布灾害性天气预警信息125次。

2017年9月8日，梨树区政府在鸡西市强盛经贸有限公司举行烟花爆竹生产安全事故政企联动应急演练

**【企业投诉服务中心】** 大力加强企业投诉服务中心宣传力度，开通梨树区企业投诉电话，受理投诉事项13件，全部办结。党纪处分6人，通报2人，组织谈话1人，责成作出书面检讨3人。

**【优化发展环境】** 认真落实《黑龙江省人民政府办公厅关于取消和规范46项证明事项的通知》，并通过区政府网站进行公布。各部门不得再要求基层群众提供已取消和规范的证明事项；切实转变工作作风，深入基层，积极为基层群众办事创业清障搭台、排忧解难；积极推进政府部门间信息共享，增强基层群众的幸福感和获得感；加强督促检查，强化落实责任，对工作落实不力，仍然推责，甚至刁难群众的进行处理，严肃问责；将已取消和规范的证明事项纳入建立公共服务事项目录和编制办事指南中。全面清理规范政府部门公共服务，重新清理规范内容及类别，2017年确认区级公共服务事项147项。

**【"智慧鸡西"建设】** 强化城市信息化网络化，

推进“智慧鸡西”建设。城市一号通系统、智慧政务办公系统、软件视频会商系统等应用稳定运行，共办结城市一号通工单47件，签收传阅智慧政务办公系统文件219个，通过软件视频会商系统参加市政府视频会议6次。

**【负责人名单】**

主任：王　鹏（代理）（2017.1—2017.4）

孙宏毅（2017.4—　）

副主任：马荟玲（女）（　—2017.4）

（卢彤彤）

# 中国人民政治协商会议梨树区委员会

## 重要会议

**【中国人民政治协商会议梨树区第九届委员会第二次会议】** 2017年2月15日，在区政府大会议室召开。会议共有8项议程：听取区委领导讲话；听取并审议区政协常委会工作报告；听取并审议《区政府工作报告》说明；听取政府提案办理情况的报告；协商讨论《政府工作报告》《梨树区2016年国民经济和社会发展计划执行情况与2017年国民经济和社会发展计划草案的报告》《2016年财政预算执行情况和2017年财政预算草案的报告》《区人民法院工作报告》《区人民检察院工作报告》；听取并通过提案审查情况的报告；对增补常委进行选举，共增补常委2人（王君莉、张海霞）；听取并通过大会政治决议。区政协九届委员会二次会议应参会委员137人，实际出席委员137人。

**【中国人民政治协商会议梨树区第九届委员会第三次会议】** 2017年12月23日，在区政府大会议室召开。会议共有9项议程：听取区委领导讲话；听取《政府工作报告》说明；听取并审议区政协常委会工作报告；听取政府提案办理情况的报告；听取部分政协委员作大会发言；讨论区委领导讲话，协商讨论《政府工作报告》，讨论政协常委会工作报告；协商讨论《梨树区2017年国民经济和社会发展计划执行情况与2018年国民经济和社会发展计划草案的报告》《2017年财政预算执行情况和2018年财政预算草案的报告》《法、检两院工作报告》；增补政协常委2人（王乐成、张振兴）；听取并通过提案审查情况的报告；听取并通过大会政治决议。区政协九届委员会三次会议应参会委员139人，因病事假缺席18人，实际出席委员121人。

12月23日，在区政府接待中心四楼会议室召开区政协第九届委员会第三次会议

**【政协梨树区第九届委员会第一次常委会会议】** 2017年2月10日召开。会议共有两项议题：研究部署《梨树区村志》编纂工作，成立梨树区村史村志编纂委员会；听取并审议政协梨树区第九届委员会第二次会议日程、议程、常委会工作报告及会议筹备情况。

**【政协梨树区第九届委员会第二次常委会会议】** 2017年8月10日，在区政府小会议室召开。会议共有5项议题：听取区政协上半年重点工作进展情况汇报；听取区政府关于委员提案办理情况的汇报；审议增补委员事宜；听取村史村志编纂工作进展情况；讨论政协委员书画摄影作品展工作筹备方案。

8月10日，在区政府三楼会议室召开区政协九届常委第二次会议

**【政协梨树区第九届委员会第三次常委会会议】** 2017年12月20日召开。会议有3项议题：听取区政府关于政协委员提案办理情况的汇报；审议增补常委、委员事宜；听取并审议政协梨树区第九届委员会第三次会议日程、议程、常委会工作报告及会议筹备情况。

**【区政协主席办公会议】**

2017年1月9日，召开区政协九届一次主席办公会议，研究领导班子成员分工，制订2017年工作计划和重点工作。

2017年2月8日，召开区政协九届二次主席办公会议，讨论确定召开政协梨树区第九届委员会第二次会议议程。

2017年4月11日，召开区政协九届三次主席办公会议。会议有3项议题：确定视察农业和农村工作事宜；村志编纂工作推进事宜，确定包村编写人员；研究组织区政协委员讲梨树故事活动。

2017年8月1日，召开区政协九届四次主席办公会议。会议有2项议题：确定对全区重点产业项目和工业经济运行情况进行视察；研究组织开展政协委员书画摄影作品展收集工作。

2017年12月5日，召开区政协九届五次主席办公会议，会议共有4项议题：生安国汇报书画摄影作品展汇编情况；生安国汇报《政协委员讲梨树故事》稿件收集情况；安排12月工作：王明林传达省市区委深入学习中共十九大精神部署，张久仁部署12月重点工作；确定与麻山区政协建立交流学习机制事宜。

2017年12月11日，召开九届六次主席办公（扩大）会议，研究政协梨树区第九届委员会第三次会议增加委员大会发言议程事宜，共拟定4个方面建议作为大会发言：经济发展方面由委员郭德文作题为《建言献策、助力发展，为梨树工业谷快速发展献计出力》的发言；民生方面由委员刘春梅作题为《量力而行、尽力而为，努力提升民众生活质量》的发言；农业方面由委员闫庆国作题为《发展优势特色产业，增加农民收入，壮大集体经济实力》的发言；文化产业发展方面由委员王乐成作题为《努力打造自然、历史文化名镇为区域经济发展助推加力》的发言。

## 主要工作

**【概　况】** 2017年，区政协深入贯彻落实中共十九大和区十八次党代会精神，以习近平中国特色社会主义思想为指导，聚焦区委、区政府中心工作，始终坚持紧跟区委决策、紧随政府节奏、紧贴民情民意、紧密联系群众的协商理念，聚焦“一条主线、一谷一带、四大产业”，开展多层次、多维度的协商献策。牢牢把握团结和民主两大主题，认真履行政协职能，推进协商民主、协调关系，增进团结、汇聚力量，建言献策、服务大局，认真开展考察调研和座谈论证，积极参与发展建设，提建议，出点子，担任务，积极参与经济社会发展，发挥重要作用。坚持在探索实践中创新委员建功立业路径，不断拓展和活跃委员履职活动。充分发挥委员有知识、有专长、有担当的优势，组织开展一系列对百年古镇、革命老区具有推介作用的活动。完成区政协九届二次会议确定的各项工作任务。

**【提案管理工作】** 提案委员会2017年提案共立案32件。将立案提案交给区政府办公室，由政府办落实提案承办单位。区政府将每件提案分别落实到各相关部门，并跟踪督办，责成责任部门与提案撰写人对接，及时反馈办理进展情况。区政协于2017年8月、12月分别听取区政府关于委员提案办理情况报告。

**【视察调研】** 2017年，政协委员会围绕区委中心工作开展调研活动，针对木耳、北药和黄菇娘等特色农业发展，分别到区中心村、凤山村、双胜村、猴石村、碱场村和河西村等村屯展开专题视察调研，并组织委员到中心村蔬菜基地、木耳园区、凤山村农机合作社，双胜村地摆木耳园区，山产品大市场和碱场村兴盛菌包厂等进行实地考察调研。针对重点产业项目和工业经济运行情况，分别到平岗恒山风电场、鸡西市新科洁净煤有限责任公司、鸡西市凯威碳素制品有限公司和黑龙江仁帮禽业有限公司，采取实地察看、走访、听取汇报和座谈交流等方式，对全区工业项目建设情况进行视察调研。委员们对全区工业战线工作给予充分肯定，对如何做好下一步工作提出意见、建议。

4月，区政协委员到中心村木耳园区调研

6月，区政协委员调研北药产业发展状况

区政协通过梳理总结委员提出的意见和建议，形成2个视察调研报告向区政府进行反馈，为区政府决策提供参考。

**【委员岗位建功】** 2017年，区政协各界委员把岗位建功作为参政议政的重要载体，结合自身工作特点，在岗位上争排头，在社会上当表率，在履职上有作为，在“一谷一带”“四大产业”主战场上涌现出一大批有贡献的政协委员。企业界委员立足岗位，主动把事业融入区委的发展思路中，围绕工业谷内大企业启动投产、招商引资和地域品牌等方面出谋划策、献计献智，在坚定焦化、镁合金企业启动投产决心，推介“梨树白”和“离不了”白酒品牌，引进石墨加工项目等方面发挥重要的推动作用。农业界委员围绕绿色产业发挥自身特长，有的在养鸡合作社里大显身手，有的利用食用菌技术为木耳种植户提供技术服务，有的成为农民致富的带头人，为推动区绿色富民产业发展做出重要贡献。社会民生界委员心系群众，在供水、供热、供电、棚户区改造和就业创业方面主动担当，积极作为，在实现大供水、大供热，分房摇号，物业服务上，既当监督员，又当运动员，推动工作的落实，化解矛盾纠纷。

**【文史调研】** 开展“政协委员讲梨树故事”活动，在区政协的倡议下，多名政协委员参与到活动中，创作出一批反映梨树历史文化、革命历程、发展变迁和神话传说等的文学作品。按照市政协的倡导，开展村志编纂工作，在区委的高度重视和区政府的大力支持下，由区政协牵头，部分委员参与，各村积极配合，历时9个多月，完成记述11个村、28万字、143张配图的《鸡西村志·梨树区分志》，已通过两次审核定稿，送交印刷企业进行印刷。

**【政协委员书画摄影活动】** 2017年10月，在中共十九大胜利召开之际，区政协组织文化艺术界委员参与，在九道街区政府门前举办“迎接党的十九大梨树区政协委员书画摄影作品展”。展览以“喜迎党的十九大召开，描绘百年古镇风情，展示政协委员风采，丰富全区人民文化生活”为主题，用委员心中的激情、手中的画笔、眼中的镜头，展示梨树大美风光、历史文化、社会生活和发展成果。展览结束后，区政协制作《梨树区政协委员书法绘画摄影作品汇编画册》，共收录展出

2017年12月，区政协印发《政协委员讲梨树故事汇编》

10月9—30日，区政协在九道街举办迎接党的十九大梨树区政协委员书画摄影作品展

2017年11月，区政协完成《鸡西村志·梨树区分志》初稿书影

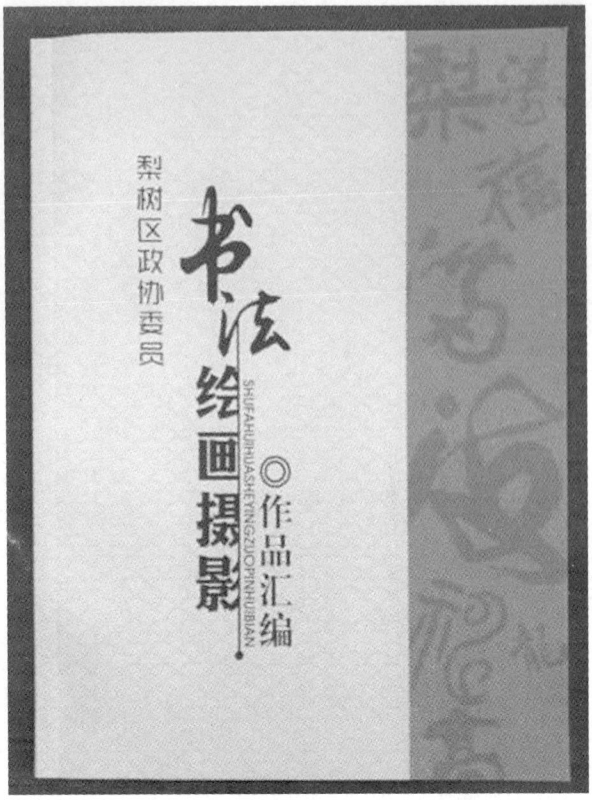


《梨树区政协委员书法绘画摄影作品汇编》书影

和入围作品 155 幅。

**【学习交流】** 2017 年 12 月 7 日上午，麻山区政协主席刘兆花带领委员 8 人到梨树区开展参观、视察和工作交流，两区委员们参观风力发电、百万只蛋鸡养殖和电商孵化基地等项目后，进行座谈交流，开启梨树区政协与麻山区政协工作交流机制。通过积极开展跨区视察调研、学习交流等活动，充分调动委员参政议政积极性，为助推经济发展献计出力，收到良好成效。

**【获得荣誉】** 政协鸡西市委员会授予王明林 2017 年度“优秀政协干部”称号。

**【负责人名单】**

主席：张久仁

副主席：王明林　姜振萍（女）　赵　武

办公室主任：生安国

（生安国　张国龙）

# 群众团体

## 梨树区工会

**【概　况】** 区工会是中国共产党领导的职工自愿结合的工人阶级群众组织，是党和政府联系职工群众的桥梁和纽带，是国家政权的重要社会支柱，是工会会员和职工利益的代表。它具有根据党的路线、方针政策和各个时期的中心任务以及区委、上级工会的部署，确定全区工会工作的方针和任务，指导全区工会工作等9项职能。全区基层工会组织22个，工会会员780人。区总工会设主席1人、副主席1人，人员编制2人。

**【建立企业联系制度】** 2017年，工会全体人员分5个片区，每月深入基层单位4次，了解单位及职工情况，听取职工诉求，对所反映情况能解决的马上解决，不能解决的上报有关部门，并在15个工作日内将结果反馈到基层单位。2017年，累计深入基层120多次，听取职工诉求18条，协同有关部门解决5条。

**【基层组织建设】** 针对基层工会干部交流频繁，缺乏工会工作知识和经验，区工会安排工作人员对基层工会干部进行培训和指导，提高工会干部的理论水平和业务素质，有26人参加培训。按照基层组织建设“六有”（有依法选举的工会主席、有独立健全的组织机构、有服务职工的活动载体、有健全完善的制度机制、有自主管理的工会经费、有会员满意的工作绩效）标准，对基层工会组织进行检查。全区104个基层单位，检查62个，65%的单位达到“六有”标准，没达标的单位通知限时整改。

**【职工创业】** 联系区劳动和社会保障局、黑龙江技师学院和技能培训基地等有关部门和团体，为下岗职工搭建创业平台。全区有40余人通过学技术、提技能、请专家等形式参加到职工创业活动中。工会协调有关部门成立评审小组，有10余人成功创业。

**【劳模表彰】** 2017年初，全区在职省市7名劳模共制定28项承诺，经检查全部兑现完成。严格按照上级文件精神，开展省十二届和市二十二届劳模推选工作。经区常委会审议通过，在上报的12人中，有1人获全国五一劳动奖章，1人获省第十二届劳动模范称号，6人获鸡西市第二十二届劳动模范称号。有5名省、市劳模先后到五大连池、北戴河疗（休）养。

**【劳动竞赛】** 在梨树区环卫处、穆棱供水公司、凯威碳素制品有限公司新结成师徒对子10对。4月，教育工会在教师中进行优质课大赛、课件设计大赛，有100多名教师参赛。在护士节到来之际，区医院工会举行护理专业的技能比赛，21人参加，前三名获得优秀护理技师称号。在全区非公企业中开展以“弘扬企业安全文化、加强班组安全管理”为主题的“安康杯”竞赛活动。全区有8家非公企业报名参加“安康杯”竞赛活动，非公企业参赛率在80%以上。

**【扶贫惠民】** 全面推进精准扶贫解困工程，通过找项目、帮资金、给政策和教技术对困难职工进行全方位、多角度的帮扶。2017年，有35户困难职工脱贫。2017年元旦、春节期间，区工会领导带领工作人员走访慰问困难职工和困难劳模326户，发放慰问金及慰问物资30余万元。同年7月，为5名困难职工子女发放1.5万元资金救助。区总工会制定完善《梨树区总工会困难职工帮扶中心专项资金使用管理办法》《梨树区总工会帮扶信息公示制度》《梨树区总工会帮扶救助制度》《梨树区总工会困难职工档案制度》等规章制度，对困难职工档案实行动态化管理。区总工会为近1000名职工办理惠民服务卡，为职工提供优质优惠产品。与教育部门联合解决外来务工家庭中50多名适龄儿童就近入学临时插班读书问题。建立区医疗机构为企业巡诊制度，全年巡诊15次，为40余名职工提供医疗服务。

**【文体活动】** 2017年，有1000多名职工参加“倡导科学家教·树立良好家风·培育家国情怀”读书活动，写读书笔记200余篇、读后感110余篇；有12人参加梨树区“庆‘五一’劳动美”职工摄影展，参展作品32幅；组织全区职工参加市总工会开展的全市职工乒乓球大赛和围棋大赛。

**【法律宣传】** 开展以“情系劳动者、法治与你行”“七五”普法系列宣传教育活动，以“安全生产活动月”为载体，大力开展法律宣传和安全生产宣传教育，强化对女职工特殊权益的有效维护。悬挂宣传标语4条，发放宣传册2000多册、宣传单3000多张。

**【义务劳动】** 全区有20多个单位500多人参加以“创建文明城市、净化城乡环境、共建美好家园”为主题的义务劳动，对梨树区鸡图公路30—46公里道路两旁树木进行粉刷及杂草清理。

**【负责人名单】**

主席：刘法刚（　—2017.9）

王　皓（兼人大常委会副主任）（2017.9—　）

副主席：孙　华（女）（2017.9—　）

（邓艳秋）

## 共青团梨树区委员会

**【概　况】** 共青团梨树区委员会（简称团区委）的主要职责是行使团市委和区委赋予的领导全区共青团工作和先锋队工作的职权，对全区青少年社团组织进行指导和管理；组织全区团员青年在经济建设中发挥主力军和突击队作用，完成区委、区政府和团市委部署的以青少年为主体的各项任务；参与全区青少年法律、法规的实施，负责区未成年人保护委员会的日常工作，协助党和政府处理协调与青少年利益相关的事务；调查青年思想动态和青年工作状况，研究青少年理论和思想教育问题，提出相应对策，开展各种活动；负责全区团的组织建设，协助党组织管理、选拔和培训团的干部；负责指导并组织全区青少年的文化活动和青少年活动阵地建设，培养、选拔、表彰并推荐优秀青年；协助政府教育部门做好中、小学生的教育管理工作，维护学校的稳定和社会安定团结；负责全区青年统战工作和区内外青少年友好交流工作；负责指导各级团组织办好协会和属企事业、募集青少年事业发展经费，承担实施全区“希望工程”的有关工作；参与社会治安综合治理工作，加强对后进劣迹青少年的帮助，促进全区精神文明建设；承办区委、区政府交办的有关事项等。2017年，团区委机关行政编制1人，实有机关正科级干部1人。

**【青少年思想引领】** 2017年，开展“18岁成人仪式”“与人生对话”活动3场；开展“红领巾心向党”“红领巾相约中国梦”等主题爱国主义教

5月4日，团区委在鸡西市第六中学举行"喜迎十九大，不忘初心跟党走"入团宣誓仪式

育活动5场；开展"喜迎十九大——我向习爷爷说句心里话"主题手抄报活动2场；开展"喜迎十九大，不忘初心跟党走"入团入队集中宣誓活动2场，覆盖青少年学生1000余人；组织6名团员青年参加团市委组织的"喜迎十九大·不忘初心跟党走"主题城市长跑比赛。

**【实施"网上共青团"工程】** 团区委制作以"打造基层共青团战斗堡垒　树立团员先锋模范作用"为主题的网络文化产品1个；基层团组织创新制作"践行新思想　拥抱新时代"组织生活会H5网络文化产品3个；开展以"新媒体时代""团员青年学习十九大精神"为主题的网络宣传培训班两期，培训网宣工作人员30人。

**【服务产业项目建设】** 开展"共青团助力产业项目·青年突击队在行动"活动。组织团员青年在鸡西厚生生物科技有限公司开展青年志愿服务，帮助完成清理建筑施工垃圾和打扫办公室内卫生等工作。在区国税局深入开展"优化发展环境·青年勇当先锋"主题实践活动，设计开展"三亮三比三评"亮牌践诺活动。

**【动员青年投身"创城"热潮】** 先后组织团员青年参与"助创文明城　爱心满梨树"志愿服务集中启动仪式、举办"爱家爱城爱鸡西"歌咏比赛、"献爱心　送温暖"帮扶困难群体等不同方式活动10余次。实施保护母亲河行动，组织团员青年20人，在小渔村公园内开展植绿护绿活动，种植青年林1片，栽种梨树50余棵。

**【助力脱贫】** 开展"金秋助学"圆梦行动，按照团市委总体部署和相关要求，团区委积极沟通一户爱心企业捐赠善款1万元整，完成助学资金任务。4月27日，团区委在太阳升小学开展以"情暖童心　爱心捐助"关爱贫困留守儿童为主题的捐助活动，向贫困留守学生发放衣服、鞋子等物资30余件。倡导树立"社会多一分关爱、孩子就多一份信心、未来就多一分希望"的理念，让全社会都来关心和爱护留守儿童，使学生们在温暖真诚的关爱下茁壮成长，激励他们自立自强、努力学习、做生活的强者，享受生活的幸福和快乐。9月14日，为精准帮扶农村贫困家庭学生、精准发放助学金，团区委严格按照发放程序，与扶贫、学校、各村等部门确认贫困学生信息，并进行前期张榜公示。确无异议后，在第六中学向5名被资助学生每人发放助学金2000元。

**【打造服务青年平台】** 团区委在区5个街道办事处均建立各具特色的青年综合服务平台，达到"青年之家"建设全覆盖标准；全面落实"1+100"等直接联系青年工作，主动融入青年，服务青年，所有专兼职团干均完成100分制要求；开展"共青团机关开放日"活动，分别邀请区委副书记、优秀青年代表、基层团干部共20余人参加，以共青团改革、学习中共十九大精神为主题，在增强团的凝聚力、发挥团的先进性等方面进行交流探讨。

**【关爱少年儿童】** 1月20日，团区委带领部分青年志愿者到穆棱前进社区、双合村看望贫困少年、留守儿童、残疾儿童，为他们送去米、面、油、春联和学生用品，并送上节日的祝福。

**【学雷锋活动】** 3月3日，集中开展以"青春志愿行，共筑中国梦"为主题的学雷锋志愿服务系列活动。团区委组织青年志愿者深入鸡西市厚生生物科技有限公司，帮助企业清理建筑和生活

3月3日，团区委组织团员青年到鸡西厚生生物科技有限公司开展“共青团助力产业项目·青年突击队在行动”青年志愿服务，帮助清理建筑施工垃圾

垃圾、擦拭办公室门窗玻璃及打扫室内卫生，从点滴之事做起，培育亲商爱商环境，助力企业发展。组织团干部、青年志愿者走访慰问生活困难的五保户，送去面、油等生活物资。

**【“共青团机关开放日”活动】** 12月6日，团区委开展“共青团机关开放日”活动两场次，分别邀请区委副书记、政法委书记李吉文、优秀青年代表、基层团干部等20余人参加。团区委向参加活动的优秀青年代表、基层团干部介绍共青团的发展历程、入团誓词及日常工作，并对团的组织建设、青年创业扶持等青年关心关注的事项进行交流研讨。

12月6日，团区委开展“共青团机关开放日”活动，邀请区委副书记李吉文（中）、优秀青年代表和基层团干部等20余人参加

**【负责人名单】**

书记：周　堃

（周　堃）

## 梨树区妇女联合会

**【概　况】** 梨树区妇女联合会（简称区妇联）主要职能职责是做好全区妇女宣传工作，表彰全区各行各业的典型妇女；开展农村妇女科技培训，全面提高全区妇女的工作能力及业务水平，促进女性人才的快速成长，指导和推动全区农村妇女的“双学双比”活动及城镇妇女的“巾帼建功”活动；组织动员全区妇女投身改革开放和社会主义现代化建设，为妇女儿童服务，加强与社会各界的联系，协调和推动社会各界为梨树区妇女儿童办好事、办实事。区妇联有行政编制1人，设主席1人。

**【表彰奖励】** 2017年3月8日，区妇联在区接待中心四楼召开梨树区纪念“三八”国际劳动妇女节107周年暨表彰大会，区委书记付明波，区人大常委会主任程显峰，区政协主席张久仁，区委副书记李吉文，区委常委、副区长崔仕臣，区委常委、纪检委书记李玉启和区委常委、组织部部长李炜出席会议。会上表彰先进集体、先进工作者、三八红旗手、巾帼建功标兵和最美家庭等获奖者。

**【爱心行动】** 7月初，区妇联按照省、市妇联统一部署，全力推进“春蕾助学·金秋圆梦”爱心行动，到8月初，通过广泛动员，精心组织，共募集市区级善款6.4万元，全部资助给区84名贫困女童。

3月8日，区妇联在区接待中心四楼召开梨树区纪念“三八”国际劳动妇女节107周年暨表彰大会

8月，区妇联在区接待中心四楼举行梨树区"春蕾助学·金秋圆梦"助学金发放仪式

**【宣传活动】** 为纪念建党96周年、建市60周年和迎接中共十九大胜利召开，展现梨树区广大妇女儿童积极向上的精神风貌，激发全区妇女儿童爱党、爱祖国、爱家乡的热情，2017年6月27日18:30，在区政府院内举行"妇儿心向党"文艺晚会，表演节目20个。

6月27日晚，为纪念建党96周年，在区政府院内举行"妇儿心向党"文艺晚会

**【负责人名单】**

主席：朱秀芳（女）

（王　辉）

## 梨树区工商业联合会

**【概　况】** 梨树区工商业联合会（简称区工商联）是具有统战性、经济性、民间性的全区工商界组织的人民团体和民间组织。主要职能是参政议政，发挥民主监督作用；做好代表人士政治安排的推荐工作；对有关政策、法规的制定提出建议并协助贯彻执行。发扬自我教育的优良传统，向会员宣传党和国家的方针政策；加强和改进思想政治工作，引导会员爱国、敬业、诚信、守法、贡献，提高会员素质，培养非公有制经济代表人士积极分子队伍。维护会员的合法权益，反映会员的意见、要求和建议；在会员与政府之间发挥桥梁的作用，当好政府管理非公有制经济的助手。为会员和社会提供市场、技术、商品等信息；为会员提供管理、法律、会计、审计、融资、咨询等项服务。负责工商专业培训，协助会员改善经营管理，提高生产技术和产品质量，改进财务、纳税工作。按照国家、省、市、区的有关规定和政策，组织会员举办和参加各种对内对外展销会、交易会；组织会员出国考察和访问，帮助会员开拓国内、国际市场。增进与国内外工商社团及工商经济界人士的联系友谊，促进经济、技术和贸易合作的发展，为梨树区引进资金、技术、人才做贡献。区工商联有正式在编职工1人，领导班子3人（1正2副）；设主席1人（政协副主席兼任）、副主席2人（统战部副部长兼任党组书记，副主席1人、专职副主席1人）。

**【教育实践活动】** 引导非公有制经济人士增强"四个意识"，不断巩固党和政府同非公有制经济人士的联系。组织40多位执委、会员集中开展中国特色社会主义主题教育活动、社会主义核心价值体系教育活动、"三同心"主题教育实践活动，组织学习《中共黑龙江省委黑龙江省政府关于支持民营经济发展的若干意见》等。制定《梨树区工商联开展"三同心"主题教育实践活动实施方案》。成立领导小组，扎实开展工作。组织全区工商联会员50多人召开"三同心"主题教育实践学习活动，会上传达市委书记康志文、市委统战部部长张行斌在"三同心"主题教育实践活动上的讲话精神，充分利用政府网、微博微信、社交网络和手机多媒体平台等新媒体平台进行研讨交流，在全区上下营造浓厚的学习宣传氛围。9月10日，区工商联主席姜振萍组织副主席及部分执委召开以“努力开创工商联工作新局面喜迎十九大”为主题的座谈会，学习习近平总书记“7·26”重要讲话精神，交流心得体会，统一思想认识，深入学习研讨。

**【精准扶贫工作】** 区工商联作为“百企帮百村”工作牵头单位，认真贯彻落实省、市相关会议精神，把结对子帮扶、精准扶贫工作列入重要议事日程，成立领导机构，积极推进落实工作进展，多次召开“百企帮百村”精确扶贫工作推进会，对全区贫困村情况分别就基础设施建设、产业发展、困难帮扶、就业等方面进行摸底。为有序推动区工商联“百企帮百村”工作的开展，区工商联主席姜振萍于2017年7月主持召开工作推进会，参与帮扶的10余家非公企业出席此次会议。区工商联共组织动员10个非公企业参与“百企帮百村”工作，参加帮扶工作，共捐款5万元，帮助2户贫困户建设鸡舍，组织会员企业仁邦禽业对养鸡贫困户提供技术支持，并提供相应的养鸡技术，定期开展免费技术讲座，培训农户科学地发展种养殖业；做好发展壮大村级集体经济结对子帮扶工作，组织会员企业厚生菌包厂、兴胜菌业、盛达菌业与碱场村、中心村、石场村结对扶贫，为这三个村送去食用种植技术，为村民增收做出积极贡献。

**【调查研究】** 区工商联深入非公经济企业开展调研工作，制作《全省工商联法律维权工作调查问卷》《民营经济营商环境调查问卷》20份，对30项问题进行调研。通过问卷、座谈等调研方式，找到区非公企业存在的问题和困难：一是中小微企业融资难、融资贵；二是人才缺乏，科技创新不足；三是营商环境不够宽松。

**【参政议政】** 为使全区工商联会员和非公有制经济人士及时解掌握区委、区政府各个时期的重点工作和重要举措，适时召开座谈会、交流会和恳谈会等。工商联届别的政协委员和非公有制经济中的人大代表围绕区委、区政府重点工作，开展调查研究，积极建言献策，组织政协委员和人大代表深入典型企业，面对面地沟通思想、交流信息、听取意见，对工商联工作提出的新要求。两会期间，共提交提案、建议十多件。

**【“两学一做”学习教育活动】** 按照全区“两学一做”学习教育活动总体部署，区工商联党支部认真制定学习教育活动方案及学习计划，认真开展集中学习和交流研讨，明确党员领导干部联系点，将学习教育落实到位，引导党员干部坚定理想信念、发挥模范带头作用，增强党组织的凝聚力。

**【负责人名单】**

主席：姜振萍（女）

副主席：王君莉（女）（党组书记）

彭　勇（专职副主席）

秘书长：彭　勇

（彭　勇）

## 梨树区残疾人联合会

**【概　况】** 梨树区残疾人联合会（简称区残联）为单独设置的正科级规格群团组织，负责全区残疾人事业。核定科级领导1人（理事长）。下设残疾人劳动就业服务管理所（事业单位），负责全区残疾人就业、培训工作，设所长1人。

**【组联工作】** 动态更新工作前，区残联组织召开会议，落实专人负责调查工作，同时举办一期培训；登记采集的信息，及时与扶贫、住建、教育等部门比对，所有信息都及时、准确地录入数据库，入户登记率为96.5%；办证流程及评定标准的牌匾上墙，办证谨遵法律法规；有残疾人公益性岗位人员73人、农村残疾人专职委员11人，档案完善，全部上岗，全年发放残疾人公益性岗位人员岗位补贴74.04万元；有5支志愿者服务队，为困难残疾人家庭提供力所能及帮助，2017年有82人次得到服务，以理发、家政服务为主。街里办事处残疾人义务服务队的刘志新、孙冬云经常上门为残疾人、孤寡老人免费理发。

**【教救工作】** 区残联积极与区教育局和特教学校联系，了解残疾儿童入学情况，为未入学残疾儿童建立学籍。剩余两名未入学残疾儿童，一个在外地居住，一个残疾程度重。为11名残疾大学生及残疾人家庭子女发放教育救助金1.5万元，为59名残疾中小学生及残疾人家庭中小学生发放教育救助金1.98万元。

**【康复工作】** 区残联在每个社区都配备一名残疾人康复协调员，从事残疾人精准康复服务工作。有3名残疾儿童有康复需求。为4名残疾人适配矫形器，为7名残疾人安装假肢8具，发放轮椅12台、助听器5个、拐杖10幅、(四脚)手杖26个、坐便椅1个、放大镜4个、助行器1个。

**【宣传文体工作】** 充分利用助残日、爱耳日、国际盲人日等节日进行宣传，接待残疾人咨询。2017年助残日，邀请林晓菊为残疾人作励志演讲。在11个社区居委会、11个行政村开辟残疾人宣传栏或板报。

**【维权工作】** 为51名残疾人发放2017年燃油补贴13260元；为53名残疾人申报2018年燃油补贴。在残疾人两项补贴工作中，对残疾人档案及时进

5月19日，全国助残日前夕，区残联邀请全国自强模范、感动龙江十大人物林晓菊作励志演讲

3月3日全国爱耳日，区残联工作人员到主要街道发放宣传单

行审核，保证准确无误。依托龙妹家政，为28名精神、智力及重度残疾人提供托养服务。为30户贫困残疾人家庭提供无障碍改造，其中15户已完成改造，其余15户由于已动迁，未实行改造。

**【就业工作】** 2017年新增培训残疾人66人，包括面点培训、农村实用技术培训等；新增就业35人（主要以灵活就业为主），已全部录入实名制系统。残疾人就业和职业技能培训实名制信息管理系统中有3人未录入就业情况，其中2人死亡，1人长期失联。

**【信息化建设】** 区残联配备专职人员1人，随时向市残联办公室报送信息，2017年报送信息12篇。

9月，区残联借用碱场矿职工食堂举办面点培训班

**【负责人名单】**

理事长：姜正秋（女）

（孟媛媛）

# 法 治

## 政法委及综治

**【概　况】** 中共梨树区委政法委员会（简称区政法委）既是区委的职能部门，也是政法部门。作为区委主管政法工作的重要部门和综合协调指导部门，主要按照市政法委的要求部署开展工作。区政法委内设综治办（即社会管理综合治理委员会办公室）、政法办、维稳办（即维护社会稳定办公室）、国安办等机构，办公业务经费来源主要依靠区财政按预算标准拨付。2017 年，设区委常委、政法委书记 1 人，副书记 1 人；工作人员 4 人。

**【维护稳定】** 区委政法委在 2—3 月集中开展影响社会稳定矛盾问题摸底排查，共排查出矛盾问题 6 件，其中历史遗留问题 3 件。对排查出的 9 个问题线索明确专人跟进，实时掌握人员动态情况。根据《梨树区关于实施重大事项社会稳定风险评估的工作实施意见》，进一步明确 12 个部门的重点风险领域，压实部门一把手第一风险责任人责任。2017 年，对梨树镇复建、平岗污水处理厂建设和区穆棱一中与二十五中两校合并事宜 3 件重大事项开展风险评估，均属于低风险，准予申请报批。

**【专项治理】** 对重度精神障碍患者监护人实施“以奖代补”工作制度，年终对 4 名监护成功的监护人每人予以 1200 元奖励；对区内快递物流行业进行专项整顿，未发现危险品、反宣品和毒品等物品在区流通；加大对辖区内流浪人员管理力度。

**【综治中心实体化、规范化建设】** 全面建成“综治办 + 综治信息系统 + 组团服务”上下贯通三级网络平台，建立 27 个综治中心，其中一级综治中心 1 个、二级综治中心 6 个、三级综治中心 20 个；社会综治网格化完成城镇 158 个小网格和农村 36 个小网格建设，配齐配强 194 名网格长；加强城乡技防设施建设，制定完成坐标图。

**【铁路护路】** 第一阶段，区综治办牵头组织区街里办事处综治员和铁路沿线各村综治员联合对铁路两旁的群众开展爱路护路安全宣传教育，切实营造广大群众爱路护路的浓厚氛围；第二阶段，区综治办联合区车站工务段、八面通铁路派出所，先后 3 次对铁路沿线水田侵线问题进行检查，确定 6 户村民存在水田侵线问题，督促全部整改完毕。

**【举办英模报告会】** 3 月 15 日，协助市委政法委举办英模报告会，全市政法英模报告团到区作“为一域争光，为全局添彩”政法先进事迹巡回报告，引导全区政法工作人员树立全心全意为人民服务的工作理念。

**【司法体制改革】** 全区政法各部门紧紧围绕司法责任制改革、以审判为中心的刑事诉讼制度改革、公安部门改革和司法行政改革等重要改革内容，进一步健全办案秩序和执法办案管理，对容易发生执法偏差、人民群众意见大的执法问题，做到细化执法标准，严密执法程序，从实体上、程序上、时效上体现出维护社会公平正义的要求。区委政法委统筹协调区政法各部门加快司法责任制改革，严格落实员额制度，建立新型办案团队，尽快实现新旧办案机制转换；推动以审判为中心的刑事诉讼制度改革，区人民法院改革经验在全市得到推广；推动区公安系统强化现代科技武装，加大常态化全天候动态武装巡逻力度，不断提升打击犯罪的能力和水平。推动司法行政改革，进一步健全法律服务体系，完善服务网络，强化法律援助，不断扩大公共法律服务覆盖面。

**【政法队伍建设】** 公安机关完善“四个严格”（严格思想教育，严格领导率带，严格制度建设，严格监督制约）的规定。检察机关加大对弱势群体的救济和保护力度。审判机关深入推进以审判为中心的庭审实质化改革。司法行政系统变过去坐等上门求助为主动咨询。建成22个服务网点，开展送法进社区、进农村、进学校、进企业等活动。发放与群众生活息息相关的法律书籍、宣传册800余份。2017年，通过全区各政法部门的共同努力，全区群体性矛盾调处率达到100%，没有发生影响全区大局稳定的群体性突发事件，人民群众公共安全感在97%以上，治安满意率在95%以上。

**【国家安全工作】** 制发《关于调整梨树区国安领导小组组织机构的通知》，对国安领导小组成员作出重新调整；建立服务地方工作卷、维稳调研卷、情报信息卷等11类卷盒，将区国安办职能和制度规范明示上墙，进一步加强国安工作制度保障和组织保障；以全民国家安全教育日为契机，紧密结合“七五”普法教育，区国安办联合区司法局开展大型国家安全宣传活动，下发《中华人民共和国国家安全法》《中华人民共和国反间谍法》《中华人民共和国反恐怖法》《反邪教知识手册》等共计200余份。

**【防范邪教工作】** 对全区所有涉邪教人员开展摸底排查。加强反邪教宣传，在7所中小学校开展反邪教警示教育，学生受教育面达到100%；在9个社区和11个行政村发放反邪教宣传册2000余份，粘贴宣传挂图300余张；积极清理反邪教宣传品，共清理各类反宣品300余份；建立反邪教微信公众号“百年古镇梨树”，发布信息40余篇；深入开展无邪教村（社区、单位）创建活动，老达社区、猴石村和凤山村获得全国“创建无邪教示范村（社区）”荣誉称号。

**【负责人名单】**

书记：李吉文

副书记：陈会民

（张兆丽）

## 公 安

**【概　况】** 鸡西市公安局梨树区公安分局（简称区公安局）位于区八道街和邮政街交会处，内设机构有政工科、纪检组、督察大队、办公室、刑警大队、经侦大队、治安大队、刑事科学技术大队、国保大队、法制大队、网络安全大队和信访科。下辖梨树街里、平岗、碱场、向东、梨树镇和新建（边防）6个派出所。2017年末，在编干警110人。

**【惩治犯罪】** 2017年，全区刑事案件累计发案159起，同比下降20.1%，破获82起，破案率52%。全区无爆炸、绑架等恶性案件发生。共刑事拘留38人，移送起诉56人，行政拘留109人。惩治“盗抢骗”专项行动中，全区共立“盗抢骗”案件58起，破获57起，破案率98.3%，移送起诉6人，抓获嫌疑人19人；“三打击一整治”专项行动中，共立“盗抢骗”案件82起，破获40起，破案率49%，抓获嫌疑人12人；惩治涉枪犯罪专项行动中，破获私藏枪支案1起，缴获火药枪1把，刑事拘留1人；追逃专项行动抓获逃犯2人；“打黑除恶、治安扶贫”专项行动中，摧毁4人盗窃团伙1个，破获刑事案件3起；惩治经济犯罪工作中，破获虚开增值税发票案件1起，抓获犯罪嫌疑人2人。

**【维护社会稳定】** 依法行政拘留5人，受理拖欠工程款案件1起，完成重大会议、敏感节点、大型活动的安全保卫工作。

**【安全监管】** 全区共处置填埋非法矿井39家，行政拘留43人。对重点部位开展全方位大检查，检查物流快递等涉危单位11处，下达整改通知书7份。检查安全隐患单位390家次，发现火灾隐患95处，限期整改95处，查封违规单位4家，停产停业商企4家。检查高层住宅1处，下整改通知书1份。检查农资商店9家。收缴各类子弹88发，缴获火药枪1把，处置日伪时期炮弹5枚。

**【治安管理】** 检查旅馆等重点场所32家，发现问题5个，限期整改。办理缉毒案件2起，移送起诉2人；查处吸食毒品5人，行政拘留3人，强制隔离戒毒2人。2017年，治安案件立案591起，查处579起，查处率98%；受理率比上年同期下降0.4%，查处违法人员713人。

**【公共安全】** 积极深化“护校安园”行动，督促各中小学校、幼儿园认真落实物防、人防、技防设施，配齐配强校园安保力量和必要的防护设

位于区八道街和邮政街交会处的区公安分局

6月5日，区公安分局打非治违填埋非法矿井

备，确保校园安全。强化医疗机构安全秩序整治，充实医院安全保卫力量，派驻治安保卫人员，提高医院安全保卫能力。深化矛盾纠纷排查调处，走访企事业单位20余家，收集群众意见建议7条、案件线索5条，化解矛盾纠纷13起。核查肇事肇祸精神病人22人、不稳定群体6个、不安全因素4条。排查全区反恐防暴风险点6处，其中学校3处，人员密集场所3处。对人员密集场所采取全天候常态化维稳处突巡逻。

**【户籍管理】** 开展出租房屋流动人口专项清理整顿。2017年，共录入“8·39”信息系统地址门牌信息12562条，人口32735人，境外居留人员1人；房屋15561户，出租房屋347户，空房信息6778条；各类单位93家，场所基本信息1892条。

**【街面管控】** 全面强化社会面防控，实行全时段、全区域武装巡逻，对党政机关等政治中心区、人员密集场所和重要基础设施等要害部位和部门增加定点武装执勤点位，扩展武装巡逻和动中备勤路线、范围。在学校设立警务室，配备警力专门值守，上下学高峰期巡警巡逻队开展常态防暴恐维稳护学；科学部署警力，开展定点常态化武装巡逻，分局巡警大队采取步巡车巡相结合的方式，巡逻面覆盖全区主要街道和小区。2017年，累计出动警力2800余人次、车辆1200余台次，处置各类案事件48件，救助群众35人，提

区公安分局加强街面管控武装巡逻

高街面见警率，全区发案率明显下降，群众满意率不断提高。

**【执法规范化建设】** 全面加强执法规范化建设，全力开展执法质量提高年活动，制定出台《梨树公安分局案件审核工作规范》，组织执法规范化建设考试3次。认真贯彻执行《鸡西市公安局110接处警工作规范》，使接处警工作做到规范化、科学化、制度化，有效规范民警现场执法行为，提升民警执法公信力和公众满意度。区公安分局成立案件管理中心，各派出所成立案件受理室，全面投入运行。

**【队伍建设】** 按照市局制定的《全市公安队伍正规化建设实施方案》《全市公安队伍正规化建设实施细则》的要求，多次召开队伍建设推进会，研究探讨队伍建设工作。2017年，顺利通过市局关于队伍正规化建设的达标验收。以推进“两学一做”学习教育常态化、制度化和开展“迎接十九大　忠诚保平安”主题教育实践活动为载体，狠抓党风廉政建设，结合观看警示教育片等形式认真开展作风整顿活动，组织党员积极参加“三会一课”党组织活动，加强党性原则教育。打造浓厚的学习氛围，充分利用公安内部网络平台，认真学习领会十九大精神，提升民警的政治理论水平。组织民警积极参加市局举办的喜迎十九大主题演讲活动、梨树区“喜迎十九大、助创文明城、爱心满梨树”志愿者服务活动、梨树区建党96周年拔河比赛等活动。

**【民警教育训练】** 深入推进队伍素质能力建设，抓好基本功教育训练平台每月一考、每月一通报。积极参加省厅、市局举办的各种培训班，积极参加市局组织的各项比武竞赛。先后组织开展警务技能、武器使用等实用性培训。对民警进行信息化教育培训；以入警不超过3年、年龄不超过35岁的民警为主体，开展各类业务知识培训5次，开展警备技能培训2期。同时，按照省厅、市局关于队伍素质能力建设相关部署要求，围绕教育训练任务，2017年共开展4期教育培训，全局有65名民警参加培训。重点对身份证查验、现场盘查、执法记录仪、法言法语、包括手枪在内的单警装备规范使用以及模拟现场处置等规定科目进行系统培训。培训期间还单独增设警仪科目。

1月10日，区公安分局新建成案件管理中心

9月11日，区公安局召开队伍建设工作会议

**【从优待警】** 针对梨树区经济转型、下岗分流人员增多、财政困难的实际，梨树区公安分局在解决民警福利待遇的问题上，积极向区委、区政府争取支持，加班补贴全部纳入财政预算，人民警察加班补贴、车补等待遇已发放至民警手中。新警衔津贴按标准足额发放。民警广泛关注的县级以下公安机关职务职级并行套改工作如期完成。在关心关爱民警工作上，严格落实省厅十条措施，认真落实年休假和体检制度。每逢重大节日，适时开展走访慰问英烈家属和因公伤残、困难及优秀民警代表，慰问离退休老干部等工作。对在十九大安保中表现突出的优秀单位和个人进行战时慰问表彰，给因病、因伤住院治疗的民警发放慰问金。

**【基层基础建设】** 全力推进基层基础建设，攻坚克难，改扩建3个基层派出所。争取区财政资金60余万元，按时完成梨树街派出所改扩建工作，新扩建面积220平方米，街里派出所已跨入标准化派出所行列；投入资金160余万元，完成平岗派出所改扩建工作，扩建用地1000余平方米，派出所总面积达到2000余平方米。区政府从原穆棱矿医院划拨1000余平方米办公面积，作为向东派出所新业务用房，装修完毕，投入使用。2017年11月25日，在全市公安系统“六大工程”建设拉练活动中，梨树区公安分局的亮点工程建设得到上级领导和其他县（市）分局的一致好评。

10月12日，分局领导看望慰问患病民警

10月25日，平岗派出所改扩建竣工

**【社会治安防控体系建设】** 全力推进全区技防建设，在市局网安支队的指导下，已完成平面图绘制，以有效覆盖和实用为目标，科学布点，在全区确定安装公益点视频监控400个。同时，对梨树区棚户区改造新建的楼房，建议区政府要求相关部门严格按照《黑龙江省技防建设条例》要求，对新建楼房技防安装进行严格把关验收，提前为小区技防建设打好基础。在自建点建设中，推进安装400余家650余个监控点。

**【反恐维稳工作】** 在步巡车巡结合，全力开展武装常态化巡逻防控的同时，组建反恐处突特战队，购置精良警用装备，分两个小分队，实行AB角备勤，全力开展反恐维稳工作。反恐处突特战队参加全省反恐演练1次。同时，配合全区反恐怖工作领导小组，梨树区分局牵头制定《梨树区反恐怖袭击工作预案》，下发到全区反恐成员单位，明确各单位职责，在全区形成反恐合力。

**【交通安全管理】** 鸡西市公安局交通警察支队梨树交警大队（简称区交警队）位于鸡图公路（省道S206线）45公里+500米处，担负全区道路交通安全管理工作。区交警队行政级别为正科级，内设办公室、事故处理中队、城镇中队、平岗中队和乡镇中队5个部门。2017年，有人员25人。其中，大队长1人、教导员1人、民警7人、辅警9人（支队招聘5人、区政府招聘2人、企业分流2人）。

区交警队担负着全区26条通车道路的交通

安全管理工作。其中，鸡图公路（省道 S206 线）梨树段北起 31 公里处，南至 64 公里处。梨树区段全长 33.5 公里。梨树区段还有平岗市场、七井事故黑点路段、梨树街里、铁路平交道口 2 处和猴石大岭等安全隐患路段。辖区共有 11 条通村道路，全长 165 公里。梨（树）麻（山）公路（X211）1 条，区内里程 7 公里。企业路 4 条，全长 35 公里。区街里还有由北向南排列的 11 条主要街道。

2017 年，区交警队先后组织开展“三车”“三驾”“三乱”大整治行动，集中治理毒驾、酒驾、醉驾、涉牌涉证专项治理等专项整治会战。确保“三个不发生”（不发生一次死亡 10 人以上的交通事故；不发生因管理不到位引发的交通堵塞；不发生公路“三乱”行为）和十九大期间无重大事故发生。每天保证 90% 以上警力投入路面，共出动警力 8900 多人次、警车 4500 多台次，检查车辆 25000 多台次，取缔各类交通违法行为 1246 起，处罚金额 226172 元。其中查处酒驾交通违法 30 人次。辖区全年共发生道路交通事故 94 起，比 2016 年上升 40%；死亡 11 人，比 2016 年上升 83%；受伤 39 人，比 2016 年下降 25%；财产损失约为 139000 元，比 2016 年下降 47%。

区交警队 3 个勤务中队对平岗市场路段、梨树街里和农村地区 3 个主要勤务责任区域分片包干，责任落实到中队和个人。在平岗市场设立平岗中队执勤点，解决交通拥堵问题。

2017 年，因为辖区内省道 S206 线 36.5 公里至 41.5 公里路段有长达 5 公里连续下坡，且有 6 个急弯、1 个 S 线急转弯和 1 个回头曲线弯，一个月内连续发生 7 起大车翻车事故，为全国闻名的“事故黑点路段”。

区交警队在“事故黑点路段”和平岗增设爆闪灯、缓行标示等警示标志，制作 15 块“危险慢行”提示标志。在“事故黑点路段”源头设置大型反光警示标志，提示过往车辆减速慢行，安全通过。

区交警队全年接待群众咨询 3000 多人次，办理摩托车牌照 62 台次，换证 460 本，车辆检验 350 台次。

区交警队在 11 个行政村建立农村交通安全劝导站，聘请 22 名农村村民担任义务交通安全劝导员。启动农村交通安全劝导员培训班，为 22 名劝导员配发红袖标，深入河西村、前进村等村屯开展针对摩托车、农机车辆的安全劝导工作。

区交警队院内全部铺成水泥地面，装修食堂，维修、改造办公楼暖气，重新粉刷破损墙面。

2017 年，认真贯彻市局支队“两学一做”“三学两做一提高”的安排部署，组织民警、辅警开展学习十九大精神、习近平总书记系列讲话精神和社会主义核心价值观学习教育活动。

2017 年度梨树区公安分局获区级以上先进集体、先进个人一览表

表 2

| 荣誉称号 | 单位（姓名） | 颁奖单位 |
|---|---|---|
| 全市公安系统教育训练工作先进集体 | 梨树区公安分局 | 鸡西市公安局 |
| 安康杯知识竞赛第二名 | 梨树区公安分局 | 梨树区政府 |
| “迎接十九大忠诚保平安”主题活动先进基层所队 | 梨树区公安分局<br>梨树街派出所 | 鸡西市公安局 |
| “两会”维稳先进个人、“迎接十九大忠诚保平安”主题活动先进个人 | 李鸿飞 | 鸡西市公安局 |

续表 2

| 荣誉称号 | 单位（姓名） | 颁奖单位 |
|---|---|---|
| 2015—2016 年度全省公安机关涉毒人员查收控系列专项行动先进个人标兵 | 王忠尧 | 黑龙江省公安厅 |
| “迎接十九大忠诚保平安”主题活动先进个人 | 高明文 | 鸡西市公安局 |
| 个人三等功 | 曹国锋 | 鸡西市公安局 |
| 个人嘉奖 | 王喜峰 | 鸡西市公安局 |
| 个人嘉奖 | 邹海军 | 鸡西市公安局 |
| 个人嘉奖 | 齐鹏 | 鸡西市公安局 |
| 2017 年全市公安系统优秀教官、黑龙江省公安机关武器等级训练教官资质认证书、2017 年公安机关警用枪支应用（92 式手枪分解组合）射击比武竞赛第一名、2017 年公安机关警用枪支应用（79 式微型冲锋枪应用射击）射击比武竞赛第三名、2017 年全市公安机关警用枪支应用射击比武竞赛射击能手 | 栾好连 | 鸡西市公安局 |
| 2017 年全市公安机关警用枪支应用射击比武竞赛射击能手 | 线明泽 | 鸡西市公安局 |
| 2017 年度全区三八红旗手 | 单景萍 | 梨树区政府 |

**【负责人名单】**

局长：王昌文（党委书记）

副局长：庞贵芳（常务副局长） 吴绍德 陈志泽

（刘善旭 李建友 李 响）

## 检 察

**【概 况】** 区人民检察院在区委和市人民检察院的领导下，对区人民代表大会及其常务委员会负责并报告工作，接受区人大、政府、政协及社会各界的监督。职责包括对于危害国家安全案、危害公共安全案、侵犯公民人身权利民主权利案和其他重大犯罪案件行使检察权；对公安机关侦查的案件进行审查，决定是否逮捕、起诉或者不起诉；对于刑事案件提起公诉、支持公诉；对公安机关、人民法院和监狱、看守所、劳动改造机关的活动是否合法实行监督，等等。内设机构有办公室（承担检察技术工作）、政工科（承担纪检、监察工作）、侦查监督科（承担监所检察工作）、公诉科、职务犯罪检察局、民事行政检察科、控告申诉检察科（与举报中心、刑事赔偿办公室一个机构三块牌子）、法律政策研究室（与检察委员会办公室合署办公并承担职务犯罪预防工作）和案件管理室 9 个科室。2017 年，编制数 28 个，实有人数 26 人。

**【执法工作】** 围绕民生权益保障，对扶贫、低保发放和大豆补贴等民生领域职务犯罪案件立案 4 件、4 人。密切关注弱势群体权益保护，创新司法救助方式，拓宽司法救助渠道，依法救助案件

2017 年 3 月，区人民检察院召开检察工作会议

11月，省院领导到梨树中心社区检察联络室对接工作

2件、3人。坚持立足服务矿区转型发展，在平岗矿建立驻矿检察室，把着力点放在公益诉讼案件线索的调查取证工作上，发现公益诉讼案件线索4条，发出检察建议书1份。深入开展破坏环境资源专项监督活动，立案监督盗伐林木刑事案件1件、1人。

**【平安建设】** 批准逮捕各类刑事案件12件、17人，提起公诉59件、74人。发挥独任检察官和检察官办案组的互补性，切实保证案件质量。严格把握社会危险性条件，坚持少捕慎捕，依法对12名犯罪嫌疑人作出无社会危险性不捕决定，捕后轻刑率同比下降9%。积极落实以审判为中心的诉讼制度改革，实行轻刑案件快速办理机制，提高诉讼效率。依法及时做好息诉息访、矛盾化解工作，推进涉法涉诉信访工作机制改革，完善多元化纠纷解决机制，妥善处理群众控告、申诉、举报23件次，办理司法救助2件，办理国家赔偿案件1件。

**【惩防职务犯罪】** 2017年，共立案侦查职务犯罪案件5件、6人，其中贪污贿赂案件4件、5人，渎职侵权案件1件、1人。针对职务犯罪易发多发行业领域，特别是城乡低保、拆迁安置、招标投标等领域实现预防全覆盖。全年开展警示教育讲座3次、法制宣传10次，预防介入1件，提出检察建议3件，开展预防调查工作1件，行贿档案查询35次。

**【诉讼监督】** 深化侦查审判监督，监督立案1件1人，追诉漏犯3人。强化对审判自由裁量权的有效监督，完善量刑建议工作机制，发出量刑建议书59份。推进刑事执行监督，积极开展社区服刑人员脱管、漏管专项检察活动，对监外执行情况开展逐一清理、核查，纠正违法2件、2人，办理羁押必要性审查案件2件。拓展民事行政检察，办理支持起诉案件1件、二审抗诉案件5件，发出检察建议5份。

**【监督管理】** 自觉接受人大及其常委会的监督，针对不批捕、不起诉工作情况向人大作专题报告。依托互联网打造阳光检务平台，在检察信息公开系统上公开案件程序性信息99条、法律文书56份，发布重要案件信息102条；通过“两微一端”、龙剑网推送检察信息717篇次。

**【负责人名单】**

检察长：于　军（党组书记）
副检察长：赵义坚（党组副书记）
　　　　　马建军（党组成员）
　　　　　孙　锐（党组成员）
反贪污贿赂局局长：陈少军（党组成员）
政工科科长：宋　军（　—2017.4.25）
　　　　　（党组成员）

（政工科人员）

## 法　院

**【概　况】** 梨树区人民法院位于区东大街北部。其前身是鸡西市人民法院梨树人民法庭，1979年梨树人民法庭更名为梨树区人民法院。它具有依法审判法律规定由本级人民法院管辖的第一审刑事、民事、行政案件；受理不服本院已经发生法律效力的判决、裁定的申诉和申请再审案件以及本院审判委员会讨论决定的再审案件等10项职能职责。2017年，全院下设刑庭、民一庭、民二庭、行政庭、执行庭、立案庭、审管办、办公室、政工科和法警队10个庭科室。

全院有政法专项编制干警39人，实有人数34人，占政法编制总数的85%。

2017年，全院受理各类案件1507件，审执结1442件，结案率95.6%，其中刑事收案62件，审结62件，结案率100%，判处罪犯88人。民商事收案963件，审结818件，结案率85%。行政收案8件，审结8件，结案率100%。执行收案222件，执结177件，执结标的额7162.8万元。

**【刑事审判】** 2017年，审结一审刑事案件62件，判处罪犯88人，分别同比上升59%和66%。依法严惩危害公共安全、严重暴力犯罪19件、20人。严惩贪污贿赂、渎职等职务犯罪12件、17人。

**【民商事审判】** 2017年2月16日，因为梨树区人民法院民事审判工作2016年度在收结案、上诉和发改三个方面名列前茅，各项指标均优于其他各院，被鸡西市中院领导表扬。2017年，审结一审民商事案件963件，同比上升50.7%。审结婚姻家庭、遗产继承、相邻关系、侵权等民事纠纷案件818件；审结买卖、租赁、借贷等合同纠纷案件145件。

**【行政审判】** 2017年4月17日，区人民法院和区政府联合召开由区政府、区人大、区政协领导和各行政机关负责人参加的行政机关负责人出庭应诉工作推进会议。全年行政机关负责人出庭应诉率达100%，位于全市第一；受理一审行政诉讼案件8件、行政非诉执行案件2件。

**【案件执行】** 2017年4月21日，区人民法院召开"基本解决执行难工作"和"被诉行政机关负责人出庭应诉工作"两个新闻发布会。区领导，鸡西市中院领导和《鸡西日报》、《鸡西晚报》、鸡西电视台、广播电台等媒体记者应邀参会。7月26日，区人民检察院、区公安分局参加区人民法院召开的以审判为中心的刑事诉讼改革、打击拒执犯罪新闻发布会。8月23日，为了贯彻落实市中院关于基本解决执行难"百日攻坚"专项执行活动会议精神，区人民法院召开推进解决执行难工作会议。区人民法院相继开展"百日攻坚""秋季攻坚"执行专项活动，全力破解执行难。11月15日开始，区人民法院按照市中院的统一部署，开展"冬季攻坚"专项执行活动。全年受理执行案件222件，执结177件，执结标的额7162.8万元。通过建立联合惩戒机制打击"老赖"，对16名有履行能力拒不履行的被执行人采取拘留罚措施，网络查询被执行人银行账户260次，通过网络进行司法拍卖，拍卖成交4件，成交金额122.75万元，溢价率37.5%，对80名失信被执行人在互联网等媒体上进行曝光；下发限高令限制失信被执行人高消费18人次。有8名被执行人慑于惩戒压力自动履行法律义务，执行攻坚战取得阶段性成果。按照"有案必立、有访必接、有疑必答、有事必办"原则，做到畅通入口、终结移交、程序衔接。

**【审判评查效率】** 2017年，全院案件平均审限28.5天，同比减少27.1天（2016年为55.6天）。全院办案最多的员额法官、民一庭庭长于广胜，办案724件，进入全省前3名，受到省人民法院院长石时态的接见。实行纸质卷宗与电子卷宗同步比对评查，评查结果每月通报。2017年，评查案件882件，通报员额法官13人，评查出共性问题40个、个性问题89个，全部限期补正。

9月1日，梨树区人民法院开展"秋季攻坚"专项执行行动

**【法官员额制改革】** 法官员额制改革后，全院员额法官14人，其中院领导和庭长11人。根据实际情况提高院领导和庭长办案指数，院领导带头深入审判一线办案，2017年，院领导和庭长结案1061件，占全院总数的83.35%。

**【信息化建设】** 区人民法院将信息技术涵盖到法院各项工作，从立案、审判、执行到归档，全程实现数字化管理，投入140万元，对信息管理中心进行升级改造。在全省法院中第一个实现干警使用带芯片工作证，当事人可以通过扫描工作证上的二维码查询法院工作人员执行公务时的工作任务和需要对方协助配合的事项。区人民法院还实现电子档案数据异地备份、WiFi全院覆盖，群众可以通过登陆法院微信公众号及时了解法院工作动态。

**【司法公开】** 加强审判流程、执行信息、裁判文书上网三大平台建设，裁判文书上网率达到100%；在诉讼过程中，将司法公开贯穿于审判工作的各个环节，做到审前、审中、审后三公开。

实行法官员额制改革后，院长王鹏举（左二）带头开庭审案

梨树区人民法院的审判法庭实现庭审全程数字化管理

**【队伍建设】** 通过参观鸡西地区第一个党支部、虎头要塞、北大荒王震纪念馆和梨树东山烈士陵园等革命历史纪念地，狠抓全院干警思想建设，牢记使命，不忘初心。认真开展“机关纪律作风整顿”活动，签订“一岗双责”责任状，制定院领导带班查岗、电子虹膜考勤、请销假OA办公系统审批、车辆管理GPS定位、使用电子签章、每月通报制度和约谈制度等制度措施，狠抓全院作风建设。充分发扬梨树区人民法院“爱学习”“会学习”的优良传统，鼓励干警参加在职教育和国家司法考试，区人民法院研究生学历占在编干警的12%；全院通过司法考试的有6人，占在编干警的18%。严格执行中央政法委“四个一律”和最高院“五个严禁”规定，教育广大干警恪守职业道德。

**【各项活动】** 2017年1月14日，区人民法院有35名干警参加在梨树区玉潭湖（猴石水库）举行的鸡西市首届“冰雪日”活动。3月5日开始，区人民法院参加“我最喜爱的好法官”推选投票活动。6月30日，区人民法院党总支组织全体干警到原穆棱煤矿多种经营公司院内，参观鸡西市第一个党支部旧址，宣誓并重温入党誓词。还邀请区五大班子领导到区人民法院观看由院党组、党总支和各支部轮流表演的红歌大合唱。7月10—14日，区人民法院以法警队开展“青年文明号”开放周等系列活动，在区六中以“送法普法进校园”为主题进行假期普法讲座，区六中组织学生到区人民法院进行参观学习。7月19日，区人民法院组织干警进行“金秋助学”捐款和“春蕾助学·金秋圆梦”捐款活动，干警共捐款4130元。7月28日，区人民法院组织干警参加梨树区“庆祝建区60周年、喜迎十九大文艺会演”大合唱比赛活动。9月12日，区人民法院举行“科技执行”主题开放日活动，邀请区人大代表、政协委员到院参观。10月18日上午，全院干警收看中共十九大开幕式和习近平总书记作的工作报告。12月4日，区人民法院在“国家宪法日”举行员额法官宣誓活动和公众开放日活动。

**【人员任命】** 2017年12月24日，区人民法院院长王鹏举在梨树区第十六届人民代表大会第三次会议上作梨树区人民法院工作报告。12月25日，在梨树区人大常委会第十六届第四次会议上，审议通过由区人民法院党组书记、院长王鹏举提请任命的区人民法院审判员1人和人民陪审员20人，区人大常委会副主任毛天新为新任命的人民陪审员颁发任命书。

**【获得荣誉】**

集体荣誉：区人民法院获得全市法院“优秀法院”荣誉称号；区人民法院司法警察大队被黑龙江省高级人民法院授予三星级警队荣誉称号；区人民法院政工科荣获集体三等功；区人民法院执行局被评为全市法院执行攻坚先进集体；区人民法院审管办被评为全市法院先进集体；区人民法院刑庭荣获全市青年文明号荣誉称号。

个人荣誉：曹旭被评为全省法院先进个人；于广胜被评为全省法院调解能手、全市优秀共产党员，荣获个人三等功；陈希文被评为全市法院办案标兵；王艳被评为全市法院调解能手；张伟才被评为全市法院“解决执行难”攻坚标兵；郭兰君、王宪红、郭微、魏美妮和魏营被评为全市法院优秀干警；徐成被评为个人三等功。

优秀公务员：朱富修、任希望、满江勇、齐晓晓、隋航。

**【负责人名单】**

院长：王鹏举（兼党组书记）

副院长：辛宝峰

（　—2017.5调入城子河区法院）

高　岐（2017.8—任常务副院长）

刘占忠

执行局长：刘俊峰

党组成员：郭兰君

政工科副科长：徐　成

（王振山）

## 司法行政

**【概　况】** 梨树区司法局是区政府的职能部门，主要担负着法治宣传、社区矫正和法律服务等工作。职能职责是贯彻执行国家司法行政工作方针、政策和法律、法规、规章，负责全区法制宣传教育工作，指导依法治区工作的对外法制宣传工作；管理法律服务机构和法律服务市场，指导监督法律工作者担任法律顾问工作；指导管理全区人民调解、司法助理员工作；会同有关部门加强社区矫正人员和刑满释放人员的衔接、安置和社会帮教工作，为社会治安综合治理提供依据；及时向区委、区政府及市司法局反映重大情况，并认真办理交办的其他事项。局机关内设依法治区办和基层工作科2个职能科室。全局现有工作人员6人，其中行政编3人，事业编1人，“三支一扶”大学生1人，编外工人1人。司法局下辖6个司法所。

**【法治宣传教育】** 2017年先后下发关于印发《在全区公民中开展法治宣传教育的第七个五年规划（2016—2020年）》的通知和《关于实行国家机关“谁执法谁普法”普法责任制的实施意见》的通知，多次组织开展有声势、有效果的法治宣传教育活动。2017年4月14日，区司法局与区政法委联合在区政府门前开展全民国家安全日《中华

10月23日，梨树区司法局工作人员在局长办公室学习十九大报告

12月4日，梨树区碱场派出所、社区工作人员及社区居民共同学习宪法

人民共和国保密法》宣传活动；5月24日，与区妇联联合在碱场社区开展“法律宣讲进社区 巾帼志愿走基层”活动，向社区居民宣讲《中华人民共和国婚姻法》《中华人民共和国继承法》《中华人民共和国反家庭暴力法》等法律常识；7月18日，梨树区太阳升小学举办“法治教育”专题书画比赛；10月23日，组织全局及辖区司法所工作人员在局长办公室深入学习十九大报告；11月10日，组织全区社区矫正人员在区政府侧楼二楼调解会议室集中学习消防安全知识。12月4日，区碱场司法所开展国家宪法日“百题百人答”宪法宣传活动。2017年10月上报的区“法治城市建设”案例入选省司法行政案例库。

**【社区矫正】** 2017年，区司法局充分发挥平岗矿老达社区培训基地作用，分批次对社矫人员进行集中培训学习和劳动实践。加强社区矫正日常监管，重点做好入矫衔接、外出管理、居住地变更等环节工作。局共接收社区矫正人员30人，其中被判缓刑24人，假释2人，保外就医3人，管制1人。无一脱管漏管，无一违法犯罪。

**【法律服务】** 2017年4月，经省厅和市局批准，重新组建梨树区法律服务所，隶属区政府，聘请2名法律工作者，为群众提供咨询、代写法律文书等法律服务。27日，在民政部门的协助下，对全区五保户发放法律援助卡，并逐步将低保户、残疾人、农民工纳入法律援助网格体系。累计为群众提供法律咨询80余人次，积极为各类公益事业和社会活动提供法律服务8次，办理民事法律援助案件2件，援助率100%。

**【基层司法管理】** 全区共有6个司法所，分别为街里、梨树、碱场、平岗、穆棱和石磷司法所。由司法局基层科负责监督、指导、管理司法所规范化建设、人民调解工作，检查全区刑释解教人员登记及过渡性安置帮教工作。

**【获得荣誉】** 梨树区平岗街道办事处老达社区人民调解委员会主任朱福珍被省司法厅评为“黑龙江省优秀人民调解员”。梨树区街里司法所所长李京哲的手机摄影作品《人民调解入户 家庭纠纷排除》获全市司法行政系统“聚焦美好瞬间讲述精彩故事”手机摄影大赛三等奖。梨树区碱场司法所所长闫雪洁在全区“从严治党从我做起”主题演讲比赛中获得优秀奖。梨树区猴石村、鸡西市新科洁净煤有限责任公司、鸡西市第六中学被评为市级民主法治单位。

**【负责人名单】**

局长：王玉香

副局长：苏显宝

（汪继磊）

# 军　事

## 人民武装

**【概　况】** 2017年，梨树区人民武装部（简称人武部）在鸡西军分区党委首长的正确领导下，在机关各部门的大力支持下，认真学习贯彻中共十九大精神和习近平总书记系列重要讲话精神，紧紧围绕“六部”职能定位和“5+2”使命任务，突出抓好思想政治建设、组织建设和党风廉政建设，扎实推进“两学一做”学习教育常态化制度化和人武部党组织标准化建设，实现党建和业务工作双促进、双提升，年度工作综合总评分居全区第六。

**【学习十九大精神】** 根据分区党委和政工处统一安排，积极组织开展各项十九大学习活动。组织广大党员干部收看中共十九大开幕式，部党委先后集中学习三次，开展研讨两次，党支部也通过“主题党日”“三会一课”等形式组织党员学习十九大报告、新党章、新“四风”等内容；组织广大党员收看国防动员部专题宣讲、省军区集中辅导、军分区首长专题辅导，并组织全体党员参加区委集中宣讲活动。按照分区政工处要求，在互联网上下载十九大知识网上答题软件，组织全体党员进行在线学习、竞赛答题，并参加分区统一组织的应知应会内容考核，以考促学，以学促做。

**【“两学一做”学习教育】** 把开展“两学一做”常态化制度化学习教育作为党建工作的重要抓手。4月，组织召开“两学一做”学习教育常态化制度化工作部署会，传达学习各级关于落实“两学一做”常态化制度化的要求和习主席重要批示精神，制定实施方案，要求全部迅速行动、深刻领会，精心实施、积极推进，各项工作扎实展开。党委中心组每月至少组织一次学习，学习习近平新时代中国特色社会主义思想等，坚持学在先、走在前。班子成员认真落实双重组织生活制度，主动以普通党员身份参加所在党小组的组织生活。认真落实主题党日制度，每月固定4天，开展学习教育、组织生活、观摩学习、军民融合等多种形式的活动。组织全体党员参观陈慕华故居、祭扫烈士陵园等活动，接受革命教育，增强党员意识和爱国情怀。

**【党建工作】** 引导每位党员牢记入党誓词，增强党性观念、责任意识，严格履行党章规定的党费缴纳义务。2017年，5名党员干部全部主动足额缴纳党费。按照分区要求，每名党员每月定期上交思想汇报，并且保证质量。认真落实“三学三讲两过两诺一改一劝”制度。围绕抓班子、带队伍、促发展的总体思路，按照落实党风廉政建设主体责任要求，结合“两学一做”教育活动，始终紧绷廉政建设之弦，在抓责任落实、抓制度建设、抓教育自律的同时，严格落实党风廉政建设“两个责任”（党委负主体责任，纪委负监督责任）的有关要求，努力营造风清气正的良好氛围。进一步修订完善财务、接待、车辆管理、请销假等15项管理制度，坚持用制度管权、管事、管人。积极组织党员干部进行述职述廉，严格落实党员干部重大事项报告制度，认真进行个人岗位廉政风险分析，联系思想、工作实际，深刻分析在形式主义、官僚主义、享乐主义和奢靡之风方面存在的问题，积极整改，切实推进全部的思想、组织、作风、制度和反腐倡廉建设。

**【领导调研】** 2017年8月31日晚，黑龙江省军区政委杨俊兴在秘书的陪同下，到区人武部进行实地调研，区人武部部长刘子军、政治委员都吉庆全程陪同。杨俊兴希望区人武部继续发扬野战部队能吃苦的品质和能战斗的精神，将区人武部进行整体规划建设，提升档次，抓好、抓实地方人武工作。

**【梨树区议军会议】** 2017年7月28日，区人武部第一书记、区委书记付明波主持召开梨树区议军会议。会议研究部署民兵训练和兵役征集工作。对于民兵训练工作，会议强调：切实提高认识；扎实推进工作落实；严肃追究工作责任。对于兵役征集工作，会议强调：思想要高度重视，兵役征集工作关系到军队的基础，也关系到区适龄青年个人的自身利益，要宣传到位、寻访到位、通知到位，任务要必须完成，征兵指标数作为年终考核的责任指标。

**【负责人名单】**

第一书记：付明波（区委书记）

部长：马长斌（　—2017.7）

　　　刘子军（2017.7—　）

副部长：王同领（　—2017.7）

　　　　李贺春（2017.7—　）

政治委员：都吉庆

　　　　（2017.10—任梨树区委常委）

政工科科长：姜继春（　—2017.7）

（都吉庆）

## 区消防大队

**【概　况】** 鸡西市公安消防支队梨树区大队（简称大队）隶属鸡西市公安消防支队，担负着梨树区公安消防安保任务和应急处突职能，承担着重大、灾害事故和其他以抢救人员生命为主的应急救援工作。大队有5名干部、10名专职消防队员。大队长和教导员为正营职。

**【政治教育】** 大队全体干部和专职队员全面系统深入学习贯彻习主席系列重要讲话精神、党的十九大精神。开展“坚定维护核心、坚决听党指挥”主题教育和“赞颂伟大成就、忠实履行使命”系列教育活动。同时，建立健全党组织，严格落实7项组织生活制度，定期开展党课、党日等学习活动。深化“两学一做”教育活动成果，深入学习贯彻《关于新形势下党内政治生活的若干准则》《中国共产党党内监督条例》，定期召开支部会议，研究部署各项工作。扎实做好党的十九大消防安保期间思想政治工作，发挥政治工作的服务保证作用。

**【专职消防队建设】** 大队统一制订队伍管理和执勤训练工作计划，建立健全奖惩考核机制。专职消防队实行准军事化管理和训练，24小时执勤备战，参照现役部队落实交接班制度、一日生活制度、请销假制度。大队还结合现役部队正规化管理的经验，将队伍管理、执勤训练和灭火救援作战经验移植到专职消防队的教育、管理中，确保专职消防队安全稳定，实现管理“零违纪、零事故”。大队严抓训练安全。狠抓安全思想教育。大队引导专职队员自我剖析安全工作，从根本上杜绝事故隐患和苗头。

**【灭火救援】** 2017年，开展“六熟悉”（熟悉消防队责任区的交通道路、水源情况，熟悉责任区内重点单位的分类、数量及分布情况，熟悉责任区内主要灾害事故处置的对策及基本程序，熟悉责任区内重点单位建筑物使用及重点部位情况，熟悉重点单位内部的消防设施情况，熟悉重点单位的消防组织及其灭火救援任务分工情况）17家重点单位，重点单位预案17份，开展实战演练重点单位17家。大队成功扑救火灾34起，抢险救援3起，出动消防车47辆次，出动人员220人次，全区未发生重特大火灾事故，火灾形势稳定。

**【后勤保障】** 大队每周一次对寝室、食堂、卫生间等场所进行彻底消毒。严格控制食品采购质量，确保食品安全。切实做好官兵卫生防疫工作，避免传染病在营区范围内传播，按季节变化、任务变更下发防病防疫通知，做好各类季节、重点时间段的卫生防疫工作，确保不因较大疾病造成战斗力减员。大队对执勤车辆进行全面检修，确保车辆油水电气充足，完整好用。大队组织官兵对辖区内的两处消防水鹤进行维护保养，确保完整好用。

**【防火工作】** 年初，大队共检查单位1287家次，发现火灾隐患1247处，督促整改火灾隐患1234处，下发责令改正通知书1232份，临时查封5家，“三停”（停止施工、停产停业、停止使用）5家。大队提请区政府与各行业主管部门、各街道办事处逐一签订消防工作责任状，明确工作责任，制定目标任务。按照“谁主管、谁负责”的原则，推动行业主管部门和各街道办事处火灾防控工作。严格落实已出台的各项优化发展环境举措，主动适应企业和群众的新期待、新要求，探索出台新的便民利企举措并加强宣传，加强“互联网＋公安政务服务”平台的应用。开展夏季消防检查和冬春火灾防控专项行动，开展电气火灾防范专项治理工作、疏散通道专项整治和常态化火灾隐患排查整治、十九大消防安全保卫行动，发挥综合执法救援服务队和错时专班作用，全面落实“每日一查”“每日必查”制度。落实巡逻防控、错时检查、抵近执勤、群防群治等措施，做好重大活动期间的消防安保工作。

**【宣传培训】** 推进消防宣传“进社区、进学校、进企业、进农村、进家庭、进机关”工作，开展“暑期消防安全宣传教育行动”，组织辖区各中小学开展以“上一节消防课、进行一次逃生演练、参观一次消防队（站）或消防科普基地、完成一次暑期家庭消防作业”为内容的“四个一”活动，实现对在校学生普训一遍。全区中小学校力求全部落实消防安全知识教材、师资、课时。督促机关、团体、企事业单位及社区开展消防培训及演练活动，督促消防安全重点单位落实消防安全“三提示”（提示公众所在场所火灾危险性，提示公众所在场所安全疏散路线，提示灭火、自救器材所在位置和使用方法）和员工“一懂三会”（懂得公众场所用火、用电、用油、用气火灾危险性，会扑救初期火灾、会自救逃生、会报警）。大队通过微信公众平台、社会单位LED屏宣传消防常识，提高全民消防安全意识。

**【负责人名单】**

大队长：于立强（少校）

教导员：袁炜航（少校）

参谋：郭　威（中校）　王　权（上尉）

杨泽伦（上尉）

（王　权）

# 工 业

## 工业经济

**【概　况】** 2017年，全区有规模以上企业4户，其中新增2户，规模以上工业增加值完成4269万元，增长3.4%；高新技术产业完成产值1.67亿元，占GDP的6.5%。按照国家行业分类标准结合梨树区实际，全区有生产加工型企业16户（煤矿、非煤矿山及个体企业除外）。其中，煤炭产业4户，石墨产业5户，木材加工3户，食品加工1户，酒类1户，新能源产业1户，其他1户。

**【招商引资】** 2017年，全力推进工业谷招商工作。在融资方面，先后三次组织企业参加银政企对接。通过帮助企业联系出售天盛公司，回笼资金以启动镁合金生产；区工信局先后两次陪同区政府领导外出招商，相关企业到梨树进行考察。接待新型保洁装饰材料项目江苏杰伟讯新材料科技有限公司总经理薄启恒等3人，就年产400万平方米新型保温装饰材料项目到区进行考察和洽谈；昆山市柏晟化工有限公司与投资商共同出资8000万元建设1500吨香料、1500吨特种树脂生产项目。

**【重点企业】** 天盛公司全年实现产量1.1万吨，产值2655万元，11月6日停产。新科公司实现产量25万吨，全年产值1亿元，纳税1075万元，创工业企业纳税历史新高。

**【规上企业】** 2017年，平岗风电有限公司和凯威碳素制品有限公司符合规上标准，被纳入区规上企业。其中平岗风电场有限公司实现产量7900万度，产值2900万元。全力帮助企业办理规划、用地等手续，协助免除城市配套费等规费。2017年，凯威碳素制品有限公司实现产量7500吨，产值5200万元。

**【临规企业】** 2017年，宏达煤矿产量26933吨，产值1200万元；鸿泰公司产量2万吨左右，产值2100万元。

## 工业信息与科学技术局

**【概　况】** 2017年，梨树区工业信息与科学技术局（简称区工信局）有行政编制5人，有工作人员5人，其中，3人在编、2人借调。

**【工业谷建设】** 2017年，区工信局对工业谷财务和各项工作进行全面承接。做好道路、供水、供电等基础情况的调整和掌握，企业和项目情况进行归类整理；开展工业谷整体规划编制。在工业谷规划方面，市经开区管委会委托黑龙江省城市规划勘测设计研究院编制并进行现场勘测。在基础设施方面，完成转盘道530米连接道路工程，实现碱场矿全线公路网正式闭合；推进工业污水处理厂项目，为产业项目落地打好基础。污水处理厂项目申报市融资项目，有晓清环保公司等多家企业进行洽谈，工业谷成立投资公司入股鸡西隆鑫投资公司，由鸡西公司进行融资，重点推进工业谷污水处理厂等基础设施建设，污水处理厂PPP项目可研在编制中。在手续方面上，协助天和、天诚镁业公司完成土地出让金返还政策的落实，均完成不动产证办理。

**【科技工作】** 2017年，今点食品公司被列为市新创办科技型企业；新科洁净煤有限公司作为一定规模科技型企业上报到省、市科技部门，为争取享受科技优惠政策，拓宽融资渠道奠定基础。与木耳山产品大市场、沃佳电子商务公司联合，建立电子商务·科技企业孵化基地，通过政府扶持，有8个科技企业入驻。2017年，向市科协推荐碱场村食用菌种植大户杜喜胜、通民养鸡大户王成民等8名科技能手为市科技特派员。邀请市科协科普部领导及市环保局专家到街里办中心社区进行环保知识科普宣传讲座。梨树喜胜养菌厂被列为全市科普示范基地并获奖牌。组织喜胜养菌厂参加第五届创新创业大赛黑龙江赛区暨黑龙江省第四届创新创业大赛，喜胜养菌厂获大赛优秀奖。

**【旅游工作】** 通过各种宣传媒介大力宣传旅游资源，并在全市“鸡西人游鸡西”活动中重点推介梨树青沟岭、玉潭湖、博物馆等旅游资源。通过招商，引进牡丹江龙腾房产地开发公司建设梨树生态主题公园项目，计划总投资3.43亿元。在中国哈尔滨国际经济贸易洽谈会签订梨树主题公园框架协议，完成地灾报告，进行地基稳定性评价的编制和现场打孔勘察工作。配合体育部门，在玉潭湖水库承接全市冰雪活动“冰上运动会”，并上报市级将其纳入青少年最喜爱的冰雪旅游景区，推动玉潭湖旅游资源提档升级。

**【安全监管】** 对重点企业进行定期安全隐患检查，并记录检查台账，督办及时整改，检查整改隐患20余处，均进行整改，梳理企业安全风险点，指导企业完善安全材料并归档留存。

**【创业工作】** 区工信局帮扶对象是中北村董喜发、毛振美，碱场村种植木耳专家杜喜胜为技术指导。通过帮扶，董喜发建设6个大棚，投资15万元，种植木耳8万袋，采摘干木耳1500千克；毛振美建设3个大棚，投资8万元，种植木耳3.6万袋，采摘干木耳1000千克。

**【争取资金工作】** 申报旅游服务中心项目资金1000万元；帮助新科公司申报洁净煤技术整合优化与推广应用资金200万元；帮助凯威公司、平岗风电公司申请规模以上奖励资金共100万元。

**【负责人名单】**

局长：王海欧（2017.1— ）

副局长：张鑫泽

（盖丽莉）

## 平岗煤矿

**【概　况】** 黑龙江省龙煤集团鸡西分公司平岗煤矿（简称平岗矿）矿井服务年限为50年。全矿分布4个采区：2个生产采区（东二采区、下延采区），2个开拓采区（东部采区、底部层采区）。矿井二水平主采煤层为14#煤层；矿井总入风量为141766立方米/分钟，总排风量为14466立方米/分钟；矿井开拓方式为斜立混合式开拓，2个立井为排风井，斜井为入风井及主运输皮带井。矿井生产系统两条主运皮带将煤仓的原煤运到地面煤仓，四条绞车道（新风井、副提斜井、下料斜井、排矸井）组成井下排矸、地面下料系统，拉运方式为皮带运煤、矿车排矸，全矿采掘队组采用“三、八”制作业方式，采煤面采用综采工艺。队组结构为2个综采队组和14个掘进队组。全矿拥有员工2768人，拥有直属单位18个、科室17个、副总以上干部17人。

**【年度指标】** 2017年，全矿各项工作保持总体平稳向好，呈现出“六增一降一平稳”的发展特点。“六增”：原煤产量、瓦斯抽采量、外销煤量、商品煤售价、经营利润、人均收入同比增

平岗煤矿文化广场与机关楼夜景

长。“一降”：资产负债率同比下降。“一平稳”：矿区局面和谐稳定，特殊重要时期实现“三个零”（员工零违章、生产零事故、矿井零死亡）的稳控目标。主要指标完成情况：原煤产量101.2万吨，同比增1.7万吨。掘进进尺15096米，同比增474米，其中开拓进尺完成5516米。瓦斯抽采量2432万立方米，比计划增32万立方米，同比增348万立方米。施工钻孔完成13.2万米。抽采率51%，比计划增11%。外销煤量101.5万吨，比计划增32.6万吨，同比增15.2万吨。其中精煤77.2万吨，比计划增26.9万吨，同比增8.4万吨；混煤24.3万吨，比计划增5.7万吨，同比增7万吨。财务利润32397万元，比计划增利4647万元，同比增33878万元。资产负债应付款项完成700万元。安全完成二级标准化矿井验收，安全生产标准化有序推进。员工月人均收入4082元，同比增851元。其中采煤人均7059元，掘进人均6453元，辅助人均收入4502元，管理人均6714元，地面人均2424元。

**【生产水平】** 原煤总量得到稳定。采煤战线全年安装工作面2个，回撤工作面4个，因接续紧张，2支综采队累计停产6次，始终在复杂的地质变化中保证总量规模。1202综采队克服东一采区矿压大、开帮拉底、连续过8条腰巷、超前支护单体柱1000余棵，东二采区对接外切眼、连续过2个断层、瓦斯治理、码袋墙挡风墙、温度高等困难，干群齐心协力、攻坚克难，有效保障总量规模。1207综采队面对下延采区工作面不等长，反复安装回撤支架，东一采区矿压大、巷道拉底工作量大，下延右二里改造面边回采边回撤支架、顶板压力大，破碎严重等困难，干群树立起大局意识、责任意识、担当意识，从抓准备、抓检修、抓现场管理入手，积极组织，稳定产量规模，保证安全生产。

**【掘进工作】** 全矿掘进战线面临地质条件复杂、瓦斯制约严重、战线过长等多种不利因素影响，坚持矿包井区、井区包段队、段队包班组的包保机制，形成全矿全员抓掘进的氛围，最大限度地为各掘进队组进尺创造空间和时间。为保证接续工程，矿组织机关及辅助单位劳动70余次，累计3000余人次参加，运送各种物料，有效保证工程整体进度。重点队组坚持正规循环，标准化作业，超前组织生产，严格执行包机制，落实安全生产责任。在新工艺使用上，针对断层破碎带区域，采用马丽散树脂加固顶板技术，提高巷道岩体强度，确保掘进施工安全；在排矸井使用高压可控注浆技术，注浆处理后，大大降低井口、井壁的淋水量。组织开展活动竞赛，激发员工劳动热情，全年队组创水平17次，501综掘队月份最高进尺351米，全年总进尺同比提升3.2%。6月、8月分别召开公司掘进系统安全生产标准化和注浆现场会，得到公司领导和兄弟单位的认可。

**【安全质量】** 全矿紧紧围绕“一个核心、两个提升、三个实现”安全理念，牢固树立“安全第一、生命至上”的思想，以“一反两检”专项行动常态化为契机，坚决做到不安全不生产。一是针对国家、省委、省政府、龙煤集团和公司召开的安全会议，坚持第一时间层层召开专题会议传达贯彻，全年组织召开矿级专题传达会议42次。二是强化“一反两检”专项行动。矿组织召开4次专题民主生活会，在9月召开各层级的干部反思会议，深刻反思各级干部在工作标准、责任落实、思想作风、工作能力上存在的问题，共反思问题近400条，逐一落实整改。三是强化瓦斯治理。坚持多措并举的方式综合治理瓦斯，严格执行“双四位一体”瓦斯综合治理和防突措施；制定《平岗煤矿瓦斯治理实施方案》，经过龙煤集团审批，该矿成为公司瓦斯治理示范矿，实践推广囊带带压封孔技术、“两堵一注”封孔技术和钻孔全程下筛管等瓦斯治理先进措施，有效提升瓦斯治理效果。四是全年制定下发《平岗煤矿关于全员安全风险抵押金管理制度》、安全三级包保制度、值带班制度、安全考核奖罚办法、各项会议制度、工伤考核办法等安全规章制度54项。各专业按月制定工作规划书，挂表督办，逐一销号，提高工作执行力。落实龙煤集团“两个严禁、八个必须”硬性规定等制度，健全安全管理体系，推进安全生产整体工作。五是强化安全生产标准化矿井建设。围绕安全生产标准化、文明生产、运转环境、隐患排查等重点项目，安监系统坚持每旬对井下全方位检查验收，出现不合格区域，严肃问责处罚包保责任人。在公司安全生产标准化验收中，分数呈逐月上升态势，顺利通过国家局二级标准化矿井验收。六是针对上级各项安全检查问题，坚持按“五落实”的原则，逐条销号闭合整改。每天早会通报安全重点整改问题，白班严格验收考核，收工会对问题整改情况进行通报，2017年排查各类隐患13517条，整改率在98%以上，通过国家局煤矿安全“体检”。七是强化安全教育培训。积极组织开展“三程一标”学习活动，完善班前“七必做”工作流程，常态化监督班前安全宣誓，建立基层全员网络考试系统，推进网络化教育进班前，增强班前教育的实效性。注重全员瓦斯治理、防突知识、新技术、新工艺、新装备的教育培训，提高全员安全素质，确保矿井安全稳定生产。

**【经济运行】** 严格物资管理。持之以恒开展各种修旧利废、回收复用活动，全年材料费实际发生4402万元，同比下降1482万元；严格控制租赁费指标，严格闲置设备返厂制度，降低检修费和租赁费，设备租金实际发生4270万元，同比降低200万元；严格控制原煤电费指标，严格按峰、谷、平比例控制用电，电费实际发生5576万元，与计划持平。加大节支创效、平衡调剂力度，修旧制新实现创效1727万元，同比增长416万元；严格指标分解、责任落实、仲裁考核等运行机制，不断强化成本控制，堵塞漏洞，深挖内潜，控制非生产性支出等工作，有效地控制总成本。通过学习华丰煤矿、龙湖煤矿、东山煤矿的先进市场化管理经验，推行以量计资政策，完善内部市场化机构，实施全面预算管理，完善内部劳务价格体系1800余种。组建内部市场化结算中心，由山上迁至山下；建全网络连接平台，提升数据传送效率，建立岗位、班组、段队、井区、专业、矿六级市场，形成市场化网络；虹膜考勤入网管理，制定预算、定额、价格、计量、验收、结算、劳务、以量计资等管理办法，各单位结合实际分别制定市场化管理方案，以及小班验收、劳务结算等管理办法。井区材料消耗、三产劳务费日清日结，有效提升企业经济运行质量。强化煤质管理。严格井下和地面煤质管控措施，井下通过严防大块石头入仓，加大采掘生产过程中监察考核力度，主焦煤和1/3焦煤井下分仓存储，单独提运，保证洗选加工产品的成分稳定。地面通过加大手选力度，批批采样调控分选密度，在装车过程中严把质量关，严防因煤质问题影响销售。调整产品结构。新建存储3000吨外来精煤场地，根据市场需要，适时调整产品结构，对原料煤进行合理掺配，实现分煤种配洗，增加煤种保住用户。利用本矿主焦、强1/3焦与外来精煤挥发成分的差异，通过合理控制指标，掺配成主焦精煤外发。主焦、强1/3焦原煤分仓储存配洗时，规范员工操作，严格指标考核，实现效益最佳化，产率同比提高0.15%。全年精煤回收率比计划提高1%，实现创效1916万元。

**【党建工作】** 一是推进“两学一做”常态化制度化。按要求制定下发《“两学一做”常态化制度化工作实施方案》，以党员“六做六当”为载体，及时更新“学”的内容，突出“学”的及时性，组织党员干部认真学习中共十九大报告、习近平新时代中国特色社会主义思想、《人民日报》评论员文章等。为全矿副科级干部统一订购《用心去工作》、“三程一标”等学习资料，引导党员干部提振精神、担当作为。不断增强看齐意识，组织全矿管理干部学习内部市场化“12685”管理体系和管理经验，提升自身管理效能。印发《党员“五带头”活动的通知》，党员带头反思和检讨安全问题，带头检查安全隐患，带头签订安全承诺，不断向“五零”（操作标准零失误、工作质量零缺陷、管辖区域零死角、走动式管理零缝隙、现场管理零盲区）目标迈进。二是重新制定下发《加强基层党组织建设实施方案》《平岗煤矿党建重点工作制度及流程》，坚持每季度召开党建工作会，提升党建工作标准化水平。坚持抓班子带队伍，以打造“四好班子”为目标，对基层井科进行年度考评整顿，全矿“四好”班子、标准化党支部、优秀干部占90%以上。坚持推进基础工作上水平，整理规范全矿党组织关系、干部档案，选树安装队、洗煤厂等6个单位作为“三会一课”、组织生活会标准化建设试点，以点带面，推动全矿党建工作提档升级。三是按公司作风整顿工作的整体要求，结合平岗矿实际制定《干部作风整顿实施方案》，明确提出增强“六种意识”、树立“六种思想”、解决“六个问题”、做到“六个确保”的“四个六”工作目标。补充完善《平岗煤矿管理人员请销假制度》《关于强化管理人员值（带）班管理的规定》等规章制度，坚持不定期地对工作纪律执行情况进行检查抽查。全年组织抽查42次，追责处理干部26人，并对典型问题进行通报曝光。四是坚持不定期地开展各种廉政教育，签订廉洁自律承诺书150份，组织收看《永远在路上》警示教育专题片，组织35人参观公司反腐倡廉警示教育基地，积极运用“四种形态”（开展批评与自我批评，让红红脸、出出汗成为常态；党纪轻处分、组织调整成为违纪处理的大多数；党纪重处分、重大职务调整的成为少数；严重违纪涉嫌违法立案审查的成为极少数），坚持日常从严的原则，小过即问、小错即纠，全年矿副总以上领导累计谈话65人次，做到管党治党无例外。五是发挥先锋模范作用。全年组织党员上岗49次，排查隐患712条，现场整改661条，限期整改51条。围绕采掘生产，组织党员参加安装回撤等支前劳动70余次，累计3000余人次参加，清理巷道水沟1000余米，运送锚杆等物料2000余件，铺设电缆6000余米。全矿共创建党员责任区38个、先锋岗42个，掘进区511队获公司模范党员先锋岗区称号，涌现出谢胜选、马凤权等一大批公司优秀共产党员和劳模标兵。

**【和谐矿区建设】** 一是通过上级拨款、走访慰问、日常救助等方式，对工伤、遗属、麻痹等困难员工进行现金、物资救助，累计发放救济款和物资价值132.4万元。借助煤炭市场好转，深化推进企业内部管理，分配政策向一线倾斜，让企业发展成果福惠员工，全年增加工资支出1500多万元，人均增收851元。截至12月末，全矿在岗困难户中95%实现脱贫。重点关注困难弱势特殊群体，及时送去组织关怀，副总以上领导累计为特殊困难职工捐款3万余元。二是与平岗医院合作，为全矿2000余名员工进行常规性的健康体检；为全矿入井员工更新发放工作服、胶靴等劳动保护。社会化服务与保洁公司合作效果良好，同比减少费用支出50%；与天润供热公司签署协议，供热委托经营管理，同比减少费用支出45%。为基层单位班前会议室，更换桌椅，粉刷墙壁，安设视频会议系统；改造工业广场、新风井及下料井供热管网；粉刷职工公寓和生产单位办公楼，全面改善员工的住宿和办公环境。三是组织安全生产月咨询日一条街活动，进行安全生产知识有奖考问。在公司职工技术比武中，2人获一等奖，3人获二等奖，1人获三等奖，7人获优秀奖，矿获优胜单位称号。四是在全国“两会”、省十二次党代会、中共十九大等特殊时期，实现“三个零”（员工零违章、生产零事故、矿井零死亡）的稳控目标。

岗上矿区风貌

**【负责人名单】**

行政矿长：鞠　超

生产矿长：张景龙

安全矿长：冯殿刚

通风矿长：李金峰

掘进矿长：代利君

机电矿长：郭文波

福利矿长：付　志

党委书记：潘桂林

党委副书记（兼工会主席）：吴金刚

总工程师：宫胜利

总会计师：刘志军

（马岳明）

## 碱场煤矿

**【概　况】** 沈阳焦煤鸡西盛隆矿业有限责任公司碱场煤矿（简称碱场矿）是沈阳煤业（集团）公司鸡西盛隆公司所属国有煤矿，始建于2005年12月（并购鸡西市碱场煤矿），位于梨树区西南9公里，2017年初，在册职工1157人。煤种为1/3焦煤。直属单位有综采队、综采准备队、安装队、掘进一至二队、掘进五至七队、掘进准备队、运转队、运输队、通风队、瓦斯科、皮带队、维修队、选煤厂、机电厂、综合科、供应科和煤质科。机关科室有纪委、工会、组织部、宣传部、办公室、生产技术科、地测科、调度室、机电科、安全监察部、人力资源科、财务科和企管科。

**【经济指标】** 2017年，商品煤产量计划90万吨，完成86.3万吨；掘进进尺计划11200米，完成11200米；开拓进尺计划4300米，完成4160米；洗精煤计划15万吨，完成17万吨；瓦斯抽放计划960万立方米，完成1315万立方米；打钻进尺计划71000米，实际完成74763米；瓦斯发电计划840万度，完成829万度；单位制造成本计划200.09元/吨，完成192.09元/吨；利润预算2000万元，完成2820万元，比预算增加820万元。

**【安全生产】** 重新修订和完善各项安全管理规章制度，编印下发《碱场煤矿制度汇编》。坚持逢四安全隐患排查、逢十标准化检查和每周六安全例会制度。特别是十九大期间，制定《安全生产大整治工作方案》《领导干部安全生产包保工作方案》来强化安全责任的落实。还制定举报“三违”行为和重大安全隐患奖励办法。强化以“一通三防”和水患治理为重点的安全监管。重点加强掘进局部通风和采煤面转角瓦斯管理。通过使用瞬变电磁仪，采用物探、钻探和化探相结合的措施，实施超前打夹角钻孔和平行钻孔，确保南一区回风巷、机轨运输巷重点区域的施工安全。–400水仓和–355水仓及南翼下山区水仓的投入使用，形成完整的排水系统。加强对2208、2210

工作面过断层期间顶板支护及安全监管。严抓小绞车的运输安全监管，坚决执行“行车不行人，行人不行车”制度。严抓人身事故防范，采取针对性措施防控工伤事故的发生。强化落实“一炮三检”“三人连锁”和放炮汇报制度及放炮牌制度。新安装投用火工品末端管控系统。2017 年，共组织各类安全检查 92 次，对查出的各类隐患全部落实整改。2017 年，开展培训 45 期，培训 1830 人次。组织全矿干部职工学习新版《煤矿安全规程》和新版《煤矿安全生产标准化基本要求及评分方法》。公司先后在 2207、1207 综采面召开现场会，组织相关人员到集团公司、鸡东煤矿参观学习。从地面变电所至南翼变电所新铺设一条 7000 米 $\phi 150mm^2$ 高压电源电缆，分解井下集中负荷。–355 水仓、–400 水仓水泵专线供电，解决矿井应急排水能力不足问题。南风井瓦斯发电上网由原来地面变电所上网改到南风井配电所上网，减少上网供电距离及供电线路的线损。

**【生产管理】** 对 2208、2210 综采面遇到地质构造带和遇断层，制定实施科学有效的解决办法，稳定原煤产量。年初组建安装队，提高安拆速度，确保接续面及时安装和生产。下半年，在公司指导下，对矿接续工作进行重新调整。9 月，1207 综采面单产 5.97 万吨；7 月，1211 运顺单进 414.5 米。对 1211 运回顺掘进施工过程中多次遇断层等问题，进行巷道工程改造，增加可采原煤 5 万吨。

**【煤质管理】** 采面控制采高，煤水分流，杜绝水流入系统。对风选设备进行技术改造，风选沫煤热值提高 700 卡以上，并由过去只风选单一品种实现生产多品种风选沫煤。选煤厂提高精煤回收率，多生产 4300 卡以上风选沫煤和 5000 卡以上风选精煤品种。11 月对选煤厂进行系统改造，新安装一台二级滚筒式洗选机，对洗石进行二次洗选，每日可多洗选出中煤 200 多吨，月可增加经济效益 80 多万元。对火车衡、汽车衡进行维修改造。

**【经营改革】** 出台下发《碱场煤矿制度汇编》《碱场煤矿绩效考核管理办法》，对原有的各项管理制度重新进行修订和完善。根据生产需要，成立安装队，将掘进三队人员合并到综采准备队。清理私病长旷人员，杜绝养闲人现象。严格规范考勤管理，杜绝虚报工现象。对工分、工资及时公开，严明工程定额、定价、验收、结算、考核、分配和奖罚考核管理。

**【降本增效管控】** 制定材料消耗定额和节奖超罚措施，并将指标分解到各系统、各区队，实行材料费与工资挂钩，严格跟踪、审批、发放和使用过程管理。同时，充分利用去产能矿物资材料，调剂使用，以节省材料费用。在加强用电管理方面，严格执行躲峰填谷制度，对大中型机电设备严格控制运行时间，避免空转现象，对总电费和吨煤电费进行对比考核，确保消耗不超计划指标。全年电费发生 2886 万元，比预算减少 8 万元。最大限度地提高旧品修复和使用。全年修旧利废完成 342 万元，比预算增加 42 万元。

**【获得荣誉】** 碱场煤矿获沈阳煤业（集团）公司文明矿称号

**【负责人名单】**

矿长（兼公司副总经理）：
姜永宝（ —2017.6）
白守明（2017.6— ）

党委书记（兼纪委书记、工会主席）：
白庆波（ —2017.3）
赵武斌（2017.3— ）

副矿长：周建堂（ —2017.3）
白守明（2017.3—2017.6）
李东华（2017.3— ）
王海滨　陈凤辉
王金岐（ —2017.12）
塔怀德（2017.5— ）

安监处处长：白守明（ —2017.3）
张清华（2017.3—2017.9）

李耀东（2017.9— ）

总工程师：李 杰

总会计师：陈盛琦

（吕良政）

## 梨树供电所

**【概 况】** 国网黑龙江省电力有限公司鸡西供电公司恒山客服分中心梨树供电所（简称供电所）成立于1983年7月。2017年，有职工13人，其中男职工9人，女职工4人；中共党员4人。供电所负责梨树区2条高压线路、72台公变、90台专变及12000户用户的电力保障工作。

**【安全生产】** 树立全员安全理念，明确提升本质安全30项工作要求和96项重点措施。开展安全月、安全生产万里行活动，完成各项春秋检作业任务。发布停电信息12条，积极应对大风、雨雪等恶劣天气考验，完成重要时段保供电任务。至2017年12月31日，实现设备安全5365天、人身安全6560天，未发生生产人身伤亡事故，未发生有人员责任重大电网、设备事故，保障全区安全稳定供电。

**【优质服务】** 落实优化发展环境要求，帮助用户解决用电难问题。全面推行费控协议的签订，重新认定重要客户78户，开展高危及重要电力客户用电检查，下发整改通知书35份。供电所坚持以“预防为主，强化责任，提高管理，确保安全”的指导方针，完成线路改造、隐患排查和高损台区治理等各项生产及营业目标。2017年春检期间，区碱场村农业灌溉水泵线路被春季冰排损坏4基水泥杆，供电所立即组织人员及车辆进入现场处理，缩小故障停电时间，保证碱场村春季灌溉电力供应；夏季，梨树地区降雨较多，医院线路15基杆出现杆塔倾斜，供电所第一时间组织力量帮助用户解决和处理隐患，保证梨树地区医院线路安全供电。

**【获得荣誉】** 2017年，梨树供电所被评为国家电网公司先进班组。

**【负责人名单】**

恒山客服分中心副主管：孙延震

梨树供电所副所长：宋 洋

（宋 洋）

## 好酒酒业股份有限公司

**【概 况】** 鸡西市好酒酒业股份有限公司（原梨树白酒厂）位于梨树区西大街与十一道街交会处。梨树白酒是梨树区有名的特产之一。梨树白酒是鸡西老字号，市级非物质文化遗产，酿酒工艺可追溯到1928年。白酒由玉米、高粱、大米、小麦、曲子和酵母等为原料，经过发酵蒸馏而成。酒坛不染杂质，密封不漏气。酿成的酒醇香可口，酒精度在40度之上。

**【白酒展销】** 梨树白酒多次进行展销。2017年3月15日，“3 · 15”消费者权益日展销；5月19日，鸡西市电商启动大会展销；5月，市食药局展销；6月，父亲节展销；9月，哈洽会展销；10月，国庆、中秋双节展销。

**【负责人名单】**

经理：王秀琴

副经理：牟喜文

（牟喜文）

# 农　业

## 农业经济

【概　况】2017年，全区粮食产量2200万千克，有耕地面积6.8万亩；农业人口1.18万人，占全区人口的14%；畜牧业年产值实现11666万元；退耕还林181.4亩，义务植树15万株，森林覆盖率达到64.5%。按照农业两个战略转变，因地制宜、合理布局，大力发展“两牛一猪一禽”，提高畜牧养殖规模化标准化水平。

【近郊农业】2017年，梨树区减种玉米5700亩，增种黄菇娘、杂粮等11200亩。建成双胜村大豆、前进村水稻等5个高效农业示范园区，总面积2610亩。发挥100万元风险基金拉动作用，为59户农民发放木耳创业贷款654万元，建成兴盛菌业、厚生生物菌包厂以及中心村、碱场村等木耳种植园区5个，木耳种植量增加到1562万袋。组建润峰、天利等北药种植合作社3个，赤芍、党参等北药增加到1500亩。引入黑龙江丰瑞农、惠农两家信息公司，投资77万元，在各村建设大数据综合服务云平台、全省农产品信息平台。全区规模化养殖场达到20个，其中千头以上猪场5个、万只以上鸡场9个、百只以上羊场6个，猪、鸡、牛、羊饲养量分别达到2.1万头、80万只、3800头、1.15万只，其中鸿昌羊业的羊出栏量达到8000只，全区蛋鸡规模化养殖比重达到75%。

【农业品牌】有金森、健之尚林、兴凯湖、河西盛达、鑫梨树和猴石沟等农业品牌以及中心村茄子、番茄、黄瓜、西葫芦4种蔬菜无公害认证标识。

【农业龙头企业】有农业龙头企业3家。厚生生物科技发展股份有限公司，位于梨树区中心村，注册资金3000万元。规划占地面积20000平方米，厂房建设面积6300平方米，办公室300平方米，配备供电供水系统。总投资1200万元。其中用于购置设备300万元，用于建设厂房900万元。公司主要经营范围为食用菌开发与研究、生产刺五加木耳菌、废菌包利用。建设标准化、工厂化制菌厂1个，生产300万袋。兴盛食用菌生产专业合作社，碱场村20户村民众筹，筹集150万元，盘活原东富粮油有限公司资产，建设年产500万袋菌包厂。规划总投资1400万元，占地面积30000平方米，建筑面积5000平方米，日产3万—5万袋标准化生产、养菌车间，200亩的地摆木耳种植基地。一期工程，共投资460余万元，建成2600平方米的生产车间、接菌室、养菌房和大型蒸汽锅炉，日产3万袋菌包生产能力，首批订单80万袋，其中外销40万袋。安排就业50余人，其中下岗职工24人。采用聘请专家常年提供技术指导、基地统一管理等措施，引导和带动其他村民种植木耳200万袋，村民人均增加收入1000多元。鸡西市天吉达生物科技有限公司柞蚕养殖及深加工项目：规划总投资5000万元，累计完成投资2413万元，2017年底前建成投产。项目一期建成后，年产多肽蛾粉及雄蚕蛾酒100吨，实现年产值5000万元，缴税300万元。

**【合作社】** 全年新增合作社3个、区级规范合作社5个，新增注册商标新型经营主体1家。规模在200亩以上的种地大户32个、家庭农场12家、专业合作社24个、有注册商标的新型经营主体3家。各类新型农业经营主体流转耕地面积12536亩。

**【调整农作物种植结构】** 落实省市春耕生产现场会议和全省农业标准化生产现场推进会会议精神及“一减六增”要求。“减玉米”0.57万亩，总种植面积1.7万亩；“增水稻”0.03万亩，总种植面积0.66万亩；“增大豆”0.51万亩，总种植面积2.9万亩；“增经济作物”0.5万亩，总种植面积2.1万亩；“增饲料作物”0.03万亩，总种植面积0.035万亩；“增杂粮杂豆”0.05万亩，总种植面积0.73万亩。“粮经饲”比例5.3：2.8：0.1。推进农业“三减”行动：双胜村大豆示范园区，面积750亩；猴石村玉米示范园区，面积730亩；前进村水稻示范园区，面积1000亩。施用农家肥5000余吨。

**【退耕还林】** 2017年，市下达给区退耕还林计划100亩，实际完成185.4亩，主要在前进村、河西村和中心村。义务植树15万株，绿化梨麻公路2.3公里，补植紫穗槐1.5万株。

**【木耳北药产业】** 2017年，梨树区培育出特产“兴凯湖牌”白木耳，又称毛木耳。该木耳质地柔软，味道鲜美，营养丰富，被称为“素中之荤”。同年，种植木耳1562万袋，产量624吨；建设木耳示范基地5个。举办木耳种植技术骨干培训班，培训学员60人。组织2批次200多人，到东宁绥阳学习木耳、北药种植和加工技术。发挥100万元风险金拉动作用，为农民解决木耳种植贷款360万元，建成菌包厂3个。突出绿色、特色、高效的特点，建设中心村50栋吊袋木耳园区和碱场村40万袋地摆木耳园区。扩大北药种植规模，组建梨树区润种草药种植农民专业合作社、天利农民专业合作社、威虎山五味子农民专业合作社，种植赤芍、党参和白鲜皮，种植面积1500亩。

**【规模化养殖】** 规模养殖场有20个以上，鸿昌羊业肉羊存栏2000只。有3万只以上蛋鸡场3个。仁邦禽业建设鸡舍10栋、办公食宿楼、蛋品库、饲料加工车间和有机肥加工场等基础设施，存栏鸡20万只，2017年末养殖50万只蛋鸡，蛋鸡规模化养殖比重在75%以上。

## 农村工作

**【乡村建设】** 按照《全省美丽乡村建设三年计划》，确定前进村为美丽乡村示范村，栽种梨树、绿化树160多棵。割路边草2000余延米，清理柴草垛11处，清运垃圾500余吨。凤山村争取70万元，维修水泥路2公里；前进村争取50万元，修建穆棱河护岸200延米。市下达50套分布式太阳能卫浴一体安装任务，安装在前进村、双胜村。

**【土地确权】** 完成11个村的土地测量工作，实测面积79155亩。其中耕地面积65602亩（课税面积23362亩）、林地面积13114亩、水面439亩，涉及农户数为3724户。

**【精准脱贫】** 按照省委脱贫攻坚会议精神，再次进行核实，确定区没有新增贫困户，5户10人皆为因病致贫。其中，无房1户1人，住危房2户7人，无劳动能力致贫2户2人。安全饮水不达标、因学致贫、因灾致贫等情况为零。落实脱贫措施，免除贫困户儿童就读幼儿园的全部费用，帮助贫困户安排工作；提供免费住房、将危房翻建为砖瓦房；帮助贫困户申请办理残疾证、低保，免费为贫困户培训木耳种植技术。

## 农林水牧局

**【概　况】** 梨树区农林水牧局（简称区农牧局）于2010年7月由区农业委员会更名后成立。它是主管全区农业农村工作的区政府工作部门，负责贯彻国家有关农业和农村经济发展的方针政策、法规、法律和规章，并监督检查执行情况；参与和制定全区十二个五年计划和远景规划，并组织实施农业重大建设项目，农产品生产、基础建设项目，名优新特产品开发项目和农产品出口创汇及外向型开发项目以及绿色食品基地开发项目；参与和研究制定全区农业发展战略、方针政策和农民致富规划，并组织实施；负责农业新技术、新品种的推广和培训工作，负责农业生产资料、农用机具、农田水利工程、山林资源的监督管理工作；指导农村体制改革，组织实施农村产业化和农业结构调整，组织建设农村社会化服务体系，为农业生产提供产前、产中、产后的过程服务；监督检查农业生态环境，指导作物检疫及农作物病虫害防治；组织指导全区植树造林、四旁绿化和重点工程项目建设等22项工作任务。区农牧局设综合办公室、农机站、林业站、水利站、畜牧综合服务站、农业技术综合服务中心和农村经济管理中心（一办、四站、两中心）；设行政编制5人，局长兼书记1人、副局长2人、副书记兼纪检书记1人。

**【农机站】** 梨树区农机站是具有行政职能的参公管理事业单位，是全区农业机械化工程、设施农业工程的行业管理机构。农机站核定编制2人，在岗1人，空编1人。

**【林业站】** 2001年10月末，鸡西市机构编制委员会批准成立梨树区林业局（鸡编〔2001〕99号），机构为区政府直属全额拨款正科级事业单位，正式编制人员6人。2010年8月，根据梨编〔2010〕18号文件精神，梨树区林业局更名为梨树区林业站。区林业站职能包括负责贯彻执行《中华人民共和国森林法》《〈中华人民共和国森林法〉实施细则》《中华人民共和国森林病虫害防治条例》《森林防火条例》《森林和野生动物类型自然保护区管理办法》《木材运输检查监督办法》《黑龙江省森林管理条例》等林业法律、法规和各项林业方针、政策；负责制定林业发展规划和年度计划，组织指导农村集体、个人开展林业生产经营活动；开展森林资源调查、造林检查验收、林业统计和森林资源档案管理工作；负责配合做好林木采伐的伐区调查设计，监督伐区作业和伐区验收工作；负责做好森林防火、森林病虫害防治工作；依法保护管理林地、森林和野生动植物资源；负责处理山林权属纠纷，查处破坏森林和野生动植物资源案件；负责建立健全村级护林网络，负责村级护林队伍的管理；负责推广林业科学技术，开展林业技术培训、技术咨询和技术服务等，为林农提供产前、产中、产后服务；负责辖区内生态公益林的保护和管理，做好森林生态效益补助资金的发放和护林员的管理工作；负责辖区内木材加工企业用材管理；指导、协调集体林产权制度改革工作等任务；承办市林业局及区委、区政府交办的其他事项等职能。

**【水利站】** 梨树区水利站主要职责是负责国家、省、市、区各级政府涉水法律和方针政策的贯彻实施，实行依法治水、依法管水；协助制定区范围的水利建设中长期规划、年度实施计划，组织制定水资源开发、配置和保护以及农田水利基本建设、水土保持、防洪等相关专业规划，并监督实施；负责区农业用水的计划制定与节水、水环境保护、水污染防治等涉水事务管理；组织、指导区水利工程建设、管理，协助做好辖区内各类水利工程设施管理体制改革；承担区防汛抗旱日常工作，做好防汛抗旱物资的筹集、调拨；组织指导区范围内的水土保持；承担节水新技术、新措施的推广运用，发展节水灌溉，解决人畜饮水，推进实现人饮安全战略；完成上级水行政主管部门和区政府交办的其他工作。它是隶属区政府的副科级单位，编制数5人。

**【畜牧兽医站】** 2001年10月末，鸡西市机构编制委员会批准成立梨树区畜牧局，为区政府直属全额拨款正科级事业单位，正式编制人员3人。2010年8月，梨树区畜牧局更名为梨树区畜牧兽医站。该站具有贯彻落实国家、省、市有关畜牧业发展的方针政策和法律法规等7项职能。

**【品牌化营销】** 组织农业企业参加全国绿色食品博览会，积极推介区“金森”“健之尚林”“兴凯湖”“河西盛达”“鑫梨树”“猴石沟”等品牌。引导河口、碱场、双合和猴石等村种植黄菇娘1200亩。推动中心村村民与鸡西厚生科技有限公司签订刺五加耳回收订单，回收价80.00元/千克；石场村村民与全国连锁鸡西汇美味签订谷子收购订单，收购价12.00元/千克；猴石、双合和河口等村村民与穆棱市农民之家合作社签订黑小豆收购订单，收购价4.00元/千克。

**【负责人名单】**

局长：柳勤国

副局长：任　伟（2017.4—2017.12）

副书记：李庆茹（2017.1—2017.4）

李作程（2017.4—2017.12）

（柳勤国）

## 水　利

**【概　况】** 2017年，梨树区水利站承担着全区防汛抗旱日常工作，做好防汛抗旱物资的筹集、调拨等7项职责。52干渠和猴石水库干渠清淤4公里，52干渠和猴石水库干渠清淤完成土方量0.7万立方米。鸡西市水务局同意梨树区农村开工建设人畜饮水引泉工程。按照黑龙江省政府、鸡西市政府要求，制定防汛预案，召开全区防汛抗旱会议，落实防汛值班工作，发放宣传单，悬挂宣传横幅，设立警示牌。全区推行“河长制”工作，出台实施方案，成立工作领导小组，设立区、村两级“河长”，增设办公室，发放宣传单、横幅，竖立公示牌。

**【农田灌溉】** 由于区52渠首橡胶坝破损，大坝无法正常运行。为保水田灌溉，购置8台水泵架设线路，从穆棱河提水，保证52灌区正常用水。

**【干渠清淤】** 为保证全区水田正常灌溉，对52干渠、猴石水库干渠进行清淤，保证干渠正常输水。52干渠清淤2.5公里，完成土方量0.5万立方米；猴石水库干渠清淤1.5公里，完成土方量0.2万立方米。

**【人畜饮水工程】** 双合村二组60人饮水困难，经请示市水务局，批准实施引泉工程，进入施工实施阶段。

**【防汛工作】** 面对汛情，做到预案早制定、人员早落实、防汛早启动。按照省、市防指要求，召开以区长为防汛抗旱总指挥、主管副区长为副总指挥的全区防汛抗旱工作会议。领导靠前指挥，提前进入防汛工作。落实防汛值班值宿工作，加强各地巡查；发放宣传单3000份，悬挂宣传横幅60条，重点防灾地段专人看守，设立警示牌；对石场村二组清沟500多延米，修建石场村一组水毁桥一座。确保全区安全度汛。

**【“河长制”工作】** 成立梨树区推行“河长制”工作领导小组。由区委书记、区长任区推行“河长制”工作领导小组组长，其他有关区领导任副组长，全面领导全区推行“河长制”工作。根据“河长制”工作需要，各成员单位确定主要领导为责任人，1名主管领导为联络人。出台梨树区“河长制”工作实施方案，成立梨树区“河长制”工作领导小组，设立梨树区区、村两级“河长”，出台梨树区“河长制”六项制度。梨树区机构编制委员会印发梨编〔2017〕12号文件《关于梨树区农林水牧局增设河长制办公室的通知》，区农林水牧局水利站增设河长制办公室。发放“河长制”宣传单3000份；制作宣传横幅60条，并悬挂在区、村醒目位置。积极提示区级“河长”、区级“河段长”巡查河流，提出治理意见。全区25块“河长制”公示牌在10月28日全部竖立完毕。公示牌竖立在河湖岸边显著位置，以方便群众观看。公示牌标明“河长”职责、姓名、监督电话和河湖概况等相关信息。公示牌设立专人管护，以确保其完好与整洁。

**【负责人名单】**

站长：刘科鹏

（刘科鹏）

## 林 业

**【概 况】** 在宣传森林防火工作的同时，加大对林业法律、法规及政策的宣传力度。

**【造林绿化】** 2017年，市下达给区退耕还林计划100亩，实际完成181.4亩，经市局造林检查验收小组检查、验收后，确定合格面积为181.4亩，为计划的181%。全面贯彻落实省、市关于建设美丽乡村的要求，2017年，前进村绿化面积3亩，完成市下达1个村屯的绿化任务。绿化梨麻公路2.3公里，补植紫穗槐1.5万株，绿化面积2亩。市下达义务植树任务14万株，区全面完成义务植树15万株。2017年，全区森林覆盖率达64.5%。

**【森林防火】** 认真参加国家、省、市森林草原防火（电视、电话）会议，组织召开春、秋季森林草原防火会议和清明节、“五一”、“十一”以及森林高火险期森防会战等工作会议。与各有林单位签订责任状，下发一系列森防文件，安排、部署区不同时段的森林防火工作，通过发放森林防火承诺书、张贴布告、发放宣传单、悬挂条幅、防火旗等多种宣传方式，提高全民防火意识。确保“三个不发生”（不发生重特大森林火灾，不发生群死群伤事件，不发生烧毁林场、村屯现象）。2017年，全年森林受害率控制在1‰以内。

**【病虫害防治】** 设立专职病虫害档案员，建立病虫害档案，设立病虫害固定样地和临时样地，全面开展日调查工作。为全区森林病虫害防治工作提供翔实数据，确保森林资源安全。

**【负责人名单】**

站长：陈 相

（陈相 张世涛）

## 前进林场

**【概 况】** 前进林场始建于1959年，地理坐标为北纬45° 8′ 11″，东经130° 46′ 46″。施业区东与市林业局胜利林场相邻，南与八面通林业局清沟岭林场相接，北与平岗矿林场相对，西与穆棱林场相交。林场隶属于鸡西市林业局，行政区归属鸡西市梨树区。2017年，林场施业区有3个行政村、6个自然屯，有居民220人，全场职工总人数121人，其中离退休73人，在职48人。固定资产总值227万元。施业区内有省道S206鸡图公路贯穿于南北，有用于森林防火和经营的林道62公里，公路网密度达4米/亩。有防火指挥车1辆、防火运兵车1辆、风力灭火机20台、对讲机15台。前进林场具有年造林面积1000亩、年生产木材3000立方米、年产造林苗木200万株的生产能力。属完达山系，施业区内山势连绵，纵横交错，地势东高西低，平均海拔410米。温带大陆性季风气候，平均气温3.6℃，年平均降水量为550毫米，无霜期125天，年日照时数为2748小时。植被属完达山植物群系，共有植物45科1000多种。土壤共分4个土类、8个亚类。施业区内以典型暗棕壤为主，主要分布在施业区山丘的中顶部。

**【林业资源】** 2017年，林场林业经营总面积为15270.8公顷，林业用地面积13908公顷，森林活立木总蓄积量1830836立方米。总经营面积中有林地面积13908公顷，疏林地11.2公顷，灌木林地 83.8 公顷，未成林造林地 190.1 公顷，苗圃地 61.3 公顷，无林地 18.3 公顷，林辅用地 965.9 公顷，宜林地 32.2 公顷，森林覆盖率 91%。

**【主要工作】** 2017 年，林场采伐迹地更新造林 150 亩，补植造林 300 亩。换床 90 亩，生产苗木 200 万株。完成采伐生产 170 公顷，生产木材 3473 立方米。完成新植林繁育 150 亩，完成刀育 525 亩次。森林有害生物防治完成 12000 亩。实现林场连续 34 年无重特大森林火灾发生的目标。完成公益林管护 156934 亩。扶持林场职工发展地栽木耳 80 万袋，北药种植基地栽植沙党参 200 亩，养蜂 50 箱，林内养鱼 6 亩。红松兼果林承包 3980 亩。

**【获得荣誉】** 2017 年，林场获得鸡西市林业局“五好领导班子”荣誉称号。

**【负责人名单】**

书记：刘强德

场长：李　伟

副场长：杜继鑫

（迟玉林）

## 穆棱林场

**【概　况】** 穆棱林场隶属鸡西绿海林业公司。林场场址建于 1965 年，施业区内有 9 个村、18 个居民屯，地理坐标为北纬 45° 4′ 15″，东经 130° 42′ 49″。林场东与梨树区农业区、鸡西市林业局前进林场接壤，南与鸡西市林业局前进林场以山脊为界，西与鸡西市林业局麻山林场、碱场矿、梨树区农业区和牡丹江市穆棱林业局志平林场接壤，北部以山脊和公路为界与鸡西市柳毛林场和鸡西绿海林业公司平岗林场毗邻。东西长 19 公里，南北长 13 公里，经营面积 8745 公顷。管护手段采用区域负责制，主要是管护森林，预防森林火灾，保护森林资源，实现森林资源可持续发展，达到人林平安的目的。林场在绿海林业公司领导下认真贯彻“以营林为基础、采育结合”的经营方针，实现“青山常在、永续利用”的经营目标。

**【造　林】** 2017 年，计划春季造林 2003 亩，实际完成 2144 亩，完成计划的 107%。其中义务造林 16.5 亩，荒山荒地造林 105 亩，采伐迹地更新造林 873 亩，抚育试点补植 697.5 亩，落叶松补植 353 亩，参地补植 90 亩；退耕还林地造林面积为 13.5 亩，并对新造林地苗木进行镐抚扩穴培土工作。秋季红松补植 467 亩。幼林抚育 3015.4 亩；秋季抚育清林伐 760.5 亩。春季皆伐作业面积 34.5 亩，出材 231.1 立方米，全部完成采伐任务。

**【林政资源安全】** 春秋两季防火期间，做到早准备、早发动、早进入戒备状态的原则，筹备召开春秋两季护林防火联防动员会议，对清明节、“五一”和“十一”及戒严期工作做详尽安排，加大春秋两季护林防火重要性的宣传，张贴 200 多幅宣传标语，共发放防火宣传单 1000 份，出动宣传车走街串巷，深入村屯进行宣传，使春秋两季防火工作做到家喻户晓。

加强防、扑火设备及人员力量。林场新建两座防火瞭望塔，新增 25 台灭火机，高压气体喷式水枪 1 套，7 辆摩托车，对讲机、肩咪各 8 部，60 把防火锹等扑火设备，并对扑火机具库进行改造。秋防前夕，林业公司领导对林场新增扑火队员进行扑火知识讲座、扑火演练、着装出警等多种形式的训练，并发放军训服和扑火训练服，提高扑火队员的自身素质和战斗士气。秋防期间，扑火队分成两个中队，轮流驻守穆棱和桦木林场两地，确保森林资源的安全。加大值班、日常巡护和扑火的力度，举行防火扑火演练。在植树造林、割灌抚育和采伐生产等各项工作前，有针对性地对员工进行安全教育、业务知识以及扑救森林火灾安全培训，全年没有发生大的火灾，确保人林平安。抓好林政管理，排查安全隐患，重点打击盗伐森林的不法分子及非法侵占林地现象。

秋季新设3处封山育林固定标语警示牌。

**【安全质量达标工作】**8—9月，公司为安置新员工，重新改造场办公楼，对锅炉房暖气、渗水井、车棚、林政队后院内墙体、外栅栏、花园、司炉工休息室和楼内墙壁等进行改建。10月，经公司领导批准，在林场办公楼前新铺设986平方米沥青路面训练场地，规划停车位，使扑火队员训练基础设施及员工出行安全得到保障。林场严格按照《安全生产事故隐患排查治理条例》规定，经常性组织开展安全生产隐患排查治理活动，对用火用电安全、消防设施、办公区域等进行安全隐患排查，以防范重大事故为重点，发现问题及时处理，全方位开展各类事故隐患的自查自纠。在安全生产检查中发现的安全隐患问题，及时落实整改措施，及时整改到位。

**【转岗人员安置】** 根据省林业厅及林业公司安排部署，穆棱林场对转岗人员安置如下：接收人参种植基地安置员工75人、穆棱扑火队46人、护林队8人、后勤队21人。

**【党建工作】** 年初，开展“两学一做”学习教育活动，提升党员个人综合素质。根据林业公司党委安排，在穆棱林场全体党员中开展以“两学一做”为主要内容的学习教育活动，每月根据林场实际情况，采取重点集中学习，并坚持自学，全场每名党员都写心得体会。坚持党内组织生活制度化，以“三会一课”为内容，有计划地开展学习教育活动，结合不同时期、不同阶段的形势任务搞好学习，提高学习、培训的质量，增强“三会一课”的针对性、灵活性、实效性。建立健全民主生活会制度，发扬党内民主，勇于开展批评与自我批评。8月，在林场成立培训基地，对132名转岗人员进行林业生产及防火等业务理论知识培训。

**【队伍建设】** 建立健全员工学习培训制度，每名员工都有学习笔记；结合地面业务质量达标工作，对全体员工开展安全形势任务教育，内容为《中华人民共和国森林法》《中华人民共和国安全生产法》《中华人民共和国森林病虫害防治条例》等，受教育面达100%；广泛开展练兵比武活动，对新增扑火队员进行准军事化训练和快速扑火练兵、体能等训练，提高员工的岗位技能和业务水平。7月，组织开展党建全面提升年活动和建党96周年“党的生日”活动，认真贯彻落实公司党委关于深化“两学一做”学习教育常态化、制度化的要求。

**【安全自检】** 穆棱林场按照《安全生产事故隐患排查治理条例》规定，经常性组织开展安全生产隐患排查治理活动，由组长带头检查，分别对办公区、厨房、餐厅、锅炉房、防火设备库及林场周边的供配电线路、设备、设施等进行供电、用电安全检查；对单位车辆进行安全检查，加强对外出人员、车辆驾驶人员的安全教育和安全提示，特别是对林场护林人员进行安全驾驶培训。对于用火用电安全、消防设施、办公区域等进行安全隐患排查，以防范重大事故为重点，发现问题及时处理，全方位开展各类事故隐患的自查自纠。在安全生产检查中发现安全隐患问题，制订整改计划，落实整改措施，及时整改到位。

**【获得荣誉】**2017年，闵兴臣、马立国获得林业公司“优秀共产党员”称号；河西管护站关立新获林业公司“党员先锋岗”称号。

**【负责人名单】**

书记：王洪立

场长：朱步斌

副场长：马长顺

（马立国）

## 畜牧业

**【概　况】**2017年，梨树区的畜禽存栏都达到一定规模。有蛋鸡规模场、生猪规模场和种羊场。开展能繁母猪系统保险业务。开展动物免疫工作，监测非洲猪瘟。服务重点企业，帮助仁邦禽业建设养殖区，引导企业发展深加工项目。

**【畜牧业生产】** 按照农业“两个战略转变”和区重点工作任务的要求，截至2017年末，梨树区鸡、猪、牛、羊存栏分别达到41.4万只、8900头、1100头和6500只。有蛋鸡规模养殖场10个、生猪规模养殖场7个、千只种羊场1个。通过农业部标准化示范场验收2家，通过农业部畜产品无公害认证养殖场1家。新建3处畜禽有机肥生产加工厂，开展能繁母猪系统政策性保险业务，全区保险能繁母猪508头，统计上报农业部、省系统报表。

**【动物防疫】** 开展以高致病性禽流感、口蹄疫为重点的动物免疫大会战，召开专门会议，发放各种疫苗，建立免疫档案，完善应急预案，对高致病性禽流感、非洲猪瘟进行监测普查，对牛、羊“布病”进行场群入户调查450份。针对宝清县发生禽流感的情况，全区免疫注射H5+H7二价苗，确保全区重大动物疫病稳定。

**【重点企业服务】** 按照区政府的要求，全身心为重点企业服务，了解企业需要帮助解决的事项，帮助仁邦禽业谋划建设第二养殖区，使其养殖规模达到100万只，引导企业发展深加工项目，仁邦禽业蛋鸡存栏20万只，完成建设鸡舍10栋，配套建设办公食宿楼、饲料加工车间、蛋品库、化验室、有机肥生产加工车间等设施，通过农业部标准化示范场验收。

**【负责人名单】**

站长：孙　前

（孙　前　历艳平）

## 农　机

**【概　况】** 2017年，全区农机总动力达2万千瓦，同比增加1200千瓦。拖拉机保有量865辆，增加57辆；配套农具达到1534台套，同比增加57台套。全区农业综合机械化程度达到90.2%，同比增加0.2个百分点。全区农机深入贯彻落实中央、省、市“三农”工作新精神，坚持用新理念指导行业发展，把适应和引领农机新常态贯穿农机化发展全局和全过程，将农机工作精准地融入全区农业“两个战略转变”发展战略中，用新思路和新方法不断破解农机化发展瓶颈和拓展农机化应用领域，凸显农机化在全区农业生产、种植结构调整、供给侧结构改革中的保障作用。在全区农业实现粮食产能建设中，农机化的贡献率在30%以上。

**【机械化生产】** 2017年，全区农机部门认真组织开展农机田间生产作业，科学制订轮耕计划，主攻农机生产薄弱环节，检修机具665台套，通过农机指挥组织合理调配机械作业，提高机具使用效率，实现农机生产水平与作业标准进一步提高。全区完成深松整地1700亩，农机田间作业标准化率在86%以上。全区完成机耕整地面积5.6万亩，整地机械化程度达99.8%；完成机播面积5.8万亩，播种机械化程度达98.47%（其中水稻插秧机械化程度达到99.7%）；完成机械中耕面积5.7万亩，中耕机械化程度达99.6%；完成机械收获面积3.5万亩，收获机械化程度达88.8%。全区农业综合机械化程度达到86.2%，同比增加0.2个百分点。

**【装备结构】** 全区农机总动力达1.95万千瓦，同比增加0.12万千瓦。插秧机48台，收获机39台。更新大中型农机具179台套（其中拖拉机57台，农具122台套），大中型拖拉机占比59%，大中型机具配套比为1∶1.75。

**【农机补贴】** 各地分别成立以主管区长为组长的专项工作领导小组，纪检、财政和农机等多部门共同参与，提高政策落实的执行力和透明度，确保农民充分享用政策。市郊区将审核、审批权下放到区、乡，让农民就近办理。严格落实责任监督机制，完善补贴工作纪律和相关制度，开展公开服务承诺，加强从业人员警示教育，增强其责任意识和廉洁意识。围绕全区农业“两个战略转变”战略部署和农业种植结构调整需求，调整农机补贴重点，引导农民购置适应农业结构调整要求和农业生产作业薄弱环节的机械。全区落实购机补贴资金5.21万元，补贴机具9台套，受益农户9户，拉动人均购机消费近百元，全区农机装备结构进一步优化。

**【技术推广】** 坚持粮食作物全程机械化和农机生产作业薄弱环节技术推广应用，重点推广水稻等离子体种子处理、钵体育苗机械插秧、玉米机收、粮食烘干、水稻全程机械化、保护性耕作、秸秆还田等7项农机化新技术，应用面积4.6万亩；试验、示范玉米大垄双行通透栽培、水稻旱直播、秸秆收打捆3项农机化新技术，应用面积2.6万亩，积极探索区域畜牧饲料青贮加工、粉碎打捆、收获打包和水产养殖加工技术应用模式；围绕全区现代农业示范基地科技示范园区建设，建立并完善2个农机化新技术示范基地，将农机新技术、新装备有效融入其中，充分发挥其示范引领带动作用。

**【安全生产】** 严格执行安全生产“三个必须”原则（管行业必须管安全、管业务必须管安全、管生产必须管安全）和“党政同责、一岗双责、失职追责”安全生产责任制。进一步规范行业执法，依法取消5项收费、制作流程图，并在区行政权力信息管理平台上进行公示。深入开展农机安全源头治理、宣传教育、动态检验与隐患排查整治活动，完善农机事故应急救援预案并定期进行演练，农村道路安全管理委托工作全面完成，警监联合执法步入正轨，全区农机安全管控指标均达省定标准，无重特大农机事故发生。

**【行业监管】** 区农机站有效开展农机市场经营秩序监管，联合工商、质检和公安等相关部门，对2家农机配件销售企业的售后服务与三包期内义务履行情况进行检查，对2家农机维修企业资质进行审验，农机市场经营秩序进一步规范，农民合法权益得到有效保护。

**【负责人名单】**

站长：房忠岭

（房忠岭）

# 商　业

## 商业经济

**【概　况】** 2017年，招商引资到位资金11.0383亿元，增长30.05%；实际利用国外资金1210万美元，实现历史性突破；社会消费品零售总额85172万元，增长8.5%；进出口总额完成91万美元。

（闫雪辉）

**【中联商城】** 鸡西市梨树区中联商城（简称商城）建于2014年，总投资6000万元，建筑面积6000余平方米，共计两层，是梨树区内面积最大、客流最多、位置最好的综合商场。2015年2月1日正式营业，入驻商户50余户，年租赁收入200万元。商城有超市、服装区、箱包区、鞋帽区、药店、餐饮区及儿童乐园等。年交易额1.2亿元，日客流超过千人。商城建成后，一直是区政府发放困难群众救济的固定场所，赢得梨树区各界人士及广大群众的认可与好评。

（孙天文）

**【群星商场】** 鸡西市梨树区群星商场（简称商场）成立于2004年。2013年，为了响应国家号召，商场拆迁，参与棚改。2015年9月，回迁后的商场以崭新面貌重新营业，是一家以摊位租赁为主的综合性商场，租赁业户100余户，是梨树区商业密集区域的代表性企业。商场开业后，以安全生产和文明经营为第一要素，未发生任何安全类及相关事故。商场自有面积4000余平方米，分上下两层。设有商场办公室、安全小组、防火小组、保卫小组和业户代表等，有比较完善的组织机构。商场架设安全通道5处、防火安全梯3处，还有多处应急救援设备设施，最大限度地预防人员密集情况下的拥堵、踩踏等严重安全事故发生。商场定期组织员工、业户进行安全方面的教育、学习，提高各层面的安全意识以及应急处置能力。制定完善各种紧急情况下的处置预案，完善各项记录。2017年3月，组织召开全体业户大会，就经营商品质量和售后服务等方面做研讨，确保商品质量，落实售后制度，更新服务理念。消费者服务满意度较高。

（丰　峰）

## 商务局

**【概　况】** 梨树区商务局的主要职责包括贯彻实施国家有关国内外贸易及国际经济技术合作的发展战略、方针、政策；研究全球化、区域经济合作，现代流通方式的发展趋势和流通制改革并提出建议；负责国内外经贸信息的收集、整理、分析、发布以及标准化、电子化建设工作；负责为区内经贸企业和工商业户提供政策、商务和市场信息咨询服务；推进流通产业结构调整，指导流通企业改革、商贸服务业和社区商业发展，促进商贸中小企业发展，推动流通标准化和连锁经营，商业特许经营、物流配送、电子商务等现代流通方式的发展等职责。行政编制3人，科级职数局长1人、副局长1人、科员1人。

**【招商引资】** 按照2017年全市招商引资工作要点，制定下发梨树区2017年全民招商引资工作实施方案、任务分解表、到位资金认定考核办法和奖励办法，确定全民招商工作要求和招商方向，明确全区22名处级干部和48个单位招商引资任务。招商项目办还按照突出一条主线，建设“一谷一带”，发展四大产业的发展思路，收集整理37个重点招商项目编入招商手册，进行项目用地调查，对企业盘活项目进行梳理，在鹤大高速跨路桥设立名为“梨树工业谷，投资新热土”的招商广告牌。

**【全民招商】** 收集招商线索70余条，梳理有价值线索63条，接待客商40余批次。其中燎盛石墨密封材料加工项目、北京普泰公司有机肥加工项目和吉林华机公司有机肥加工项目等7个项目签约开工。焕金玄武岩纤维、青岛华东石墨公司碳纳米管等一批财源项目稳步推进。

**【精准招商】** 组织10次小分队精准招商，分别到珍宝岛药业哈珍宝公司洽谈大市场提档升级项目两次；到青岛进行石墨产业招商活动；到深圳参加文化产业招商活动；到东宁进行木耳产业项目考察；到湖南郴州、上海等地进行石墨产业招商推介活动；到山西和北京推进农光互补项目和北药加工项目；到四川考察玄武岩项目；到江苏洽谈保温材料项目。

**【冬季招商】** 2017年11月至12月，开展小分队招商3次，开展项目集中推介活动2次，发放招商手册700余份，与大连鸡西商会签订招商合作协议，与大连嫩江商会建立招商联系；开展驻点招商，选派优秀干部到上海、深圳、北京三个城市开展为期一个月的驻点招商，拜访企业80余家，收集有价值线索24条。普泰有机肥加工、丰瑞农电商平台和天吉达雄蝉蛾加工等项目落地开工。

**【服务企业】** 着力实施领办代办制，先后为7家企业办理工商注册业务。为鸡西市新科洁净煤有限责任公司、鸡西市燎盛石墨科技技术有限公司、鸡西市瀚鹏石墨有限公司、鸡西柏运生物质燃料有限责任公司和梨树深林木材加工厂5家企业办理货物进出口权。

**【参加省级展会】** 参加哈洽会和绿博会期间，参展“梨树白”系列白酒产品和区特色农副产品，发放产品宣传单500余份，发放宣传册1000余份。哈洽会上，签订总投资3.43亿元的梨树生态主题公园旅游开发项目框架协议；与山东烟台燎盛石墨科技有限公司签订总投资5250万元的石墨密封材料加工项目框架协议，项目已开工建设。特邀500强企业晋能集团的晋能新能源科技有限公司董事长白雷参会，并与市长会见。双方就下一步如何推进总投资8亿元的农光互补项目进行详细洽谈。展会期间，招商引进青岛华东石墨公司碳纳米管项目。

**【负责人名单】**

局长：孙宇良

副局长：卢宏丽（女）

（闫雪辉）

# 城建　环保

## 环境保护

**【环境监察】** 区环境保护局组织监察人员60余人次对辖区内重点工业企业检查36次，每月对重点工业企业监察2次，在监察过程中未发现污染防治设施不正常运行的情况。根据《中华人民共和国环境保护法》出台的“四个配套办法”（实施按日连续处罚办法，实施查封、扣押办法，实施限制生产、停产整治办法，实施企业事业单位环境信息公开办法），查封微型石墨加工点1个，关停白灰窑2个，查封小造纸厂1个，取缔小洗煤厂2个并现场拆除。检查规模化畜禽养殖场7家，建设污染防治设施并正常使用。加强饮用水源保护，开展饮用水水源保护区隐患排查。梨树区辖区内有大河水源、平岗水源2处饮用水水源地。经过局监察人员排查，未发现违规项目、违法排污口，水源周边1000米内无工业企业，都是基本农田。居民生活区、商业区的生活污水直接进入污水管网。水源基础设施完善，维护良好，并设有安全防护设施和警示标牌。对辖区穆棱河干流及主要支流环境进行检查，未发现污染排放企业。在凤山河及碱场河流域侧重推进农村环境连片整治工作及工业废水排放整治工作，控制农村面源及工业点源排放。通过优化水资源调度、河道疏浚等措施，保证河道最小生态流量，充分发挥水体自我修复作用，降低污染物负荷。区环境保护局组织人员收集相关数据和资料，聘请有资质部门编制完成梨树区凤山河和碱场河流域水体达标工作方案。

**【大气污染防治】** 为确保早日改善区大气环境质量，减少雾霾天气发生，编制印发《梨树区大气污染防治行动计划实施方案》《梨树区淘汰建成区内10蒸吨小时及以下燃煤（含型煤）锅炉实施方案》，结合区实际，积极开展大气污染防治工作。

**【扬尘污染治理】** 建设工程施工现场设置全封闭围挡墙，严禁敞开式作业。建筑施工长期堆放的废弃物，采取硬化、定期喷洒抑尘剂或稳定剂等措施，有效控制扬尘污染。沈煤碱场矿、煤矸石电厂和新科洁净煤等企业治理设施建设完成。阳光热力建设脱硫脱硝塔。

**【油气污染治理】** 区有中石油黑龙江鸡西销售分公司平岗加油站、中石油黑龙江鸡西销售分公司梨树加油站2家加油站，地下油罐8个。区环境保护局对平岗加油站、梨树加油站下达油罐防渗改造工作的督办函，要求加油站务必于2017年12月底前完成地下油罐防渗改造工作。

**【淘汰锅炉】** 区环境保护局对区建成区内10蒸吨及以下燃煤小锅炉等商服锅炉下达通知，建成区内有商服锅炉（浴池锅炉）5台，淘汰3台。

**【应对重污染天气】** 区环境保护局在重污染天气情况下，根据预警等级，通知重点排污单位停产、供热企业限产。出动监察执法人员 12 人次、执法车辆 4 台次，检查企业 24 家。经局监察人员监察，沈阳焦煤鸡西盛隆矿业有限责任公司煤矸石电厂按照鸡西市发布启动大气重污染天气四级应急响应的通知，于 10 月 19 日 8 时起减少每小时用煤量，降低发电负荷（负荷由原来 6000 千瓦时降低为 4600 千瓦时）；鸡西市阳光热力有限公司燃用高质燃煤降低负荷；平岗煤矿、碱场矿一井和鸡西天盛非金属矿业有限公司污染防治设施正常运行。平岗煤矿煤堆货场建设防风抑尘网、鸡西市阳光热力有限公司煤堆用苫布覆盖。区环境保护局开展“治霾卫蓝”行动，对电厂企业进行监测，开展重点行业大气污染治理专项执法检查。

**【水污染防治】** 制定《禁养区划分设施方案》《禁养区划定及搬迁方案》。协调区城建局外聘专业人员对区内全部下水系统进行清掏，对小南河进行全面清淤。区凤山村等 11 个村屯生活垃圾集中收运站项目被列入鸡西市良好湖泊项目。

**【负责人名单】**

局长：王　鹏

（姜　帆）

## 城乡建设

**【概　况】** 梨树区城乡建设局（简称区城建局）具有拟定全区城乡规划、指导监督全区供热、供水和贯彻执行人民防空工作的方针等 9 项职责。区城建局内设 3 个机构：城乡建设办公室、人民防空办公室和环境保护局。区城建局行政编制 8 人，其中局长兼党委书记 1 人，副局长 2 人。

**【城区绿化】** 区街路绿化完成梨树种植 818 棵，区居民楼房小区绿化完成种植梨树 714 棵，小渔村公园、城区出入口绿化完成种植梨树 1800 余棵，全年总计完成 3300 余棵。全年完成新植树木集中浇水 3 遍、树木修剪 3 遍、驱虫打药 2 遍、喷施叶面肥 1 遍，树木涂白 3300 棵，移除病死树、风刮倒树木 50 余棵。

**【城区基础设施维护维修】** 完成下水疏通 26 处；维修更换下水井盖、雨排水篦子 54 处；维修路灯 35 盏，处置路灯地埋损坏线路 9 次；更换维修步行街人行道板 300 余平方米，新建树控石 400 余延米。

**【城乡道路建设】** 完成梨树煤矿（乡）路、东大街、七道街、六道街、阳光新城和鑫御景等街路 3.3 公里（24000 平方米）沥青路面铺设，凤山村 2 公里水泥路面铺设，双胜村、凤山村 5 公里砂石路面维修；完成丹（东）阿（勒泰）公路梨树区段勘查测量和可研报审工作；完成乡村路 6 座危桥检测及维修改造设计并上报省交通厅列入 2018 年项目计划；完成全区 60 余公里乡村道路安全警示标示设置 51 处。

**【城区污水处理及垃圾填埋工作】** 完成处理生活污水 60 余万吨，日均处理量约为 0.24 万吨，最高日处理量为 0.4 万吨，平均进水 COD198.09 毫克 / 升，出水 COD 35.28 毫克 / 升；平均进水氨氮 26.2 毫克 / 升，出水氨氮 3.82 毫克 / 升。各项污染物指标均控制达标排放。6 月，通过省建设厅水协会检查评比验收；8 月，污水处理厂及垃圾填埋场接受省环保督察组检查。2017 年 1 月，垃圾填埋场投入使用，完成进场道路维修 600 米，确保城区及农村垃圾进场无害化卫生填埋。

**【安全排查整治工作】** 认真开展建筑工地安全排查大整治工作，下发和转发省、市、区安全工作方案 16 个，召开安全工作会议 16 次，专项检查安全隐患排查 59 项并全部整改完成，与建筑工程施工单位、监理单位签订安全主体责任书；开展对建筑工地、锅炉、给排水和燃气等安全工作检查 90 余次；完成国家安全督导组安全大检查及“回头看”工作；及时、果断处置水患、风灾等各类突发安全事件 6 起；出动钩机 13 台次，配合区公安机关填埋非法井。

**【信　访】** 2017年，共接待群众来信来访62次，接待群众500余人次，其中集体访19次，个体访43次，案件受理100%，矛盾问题化解率在87%以上。

**【城区防汛】** 制定防汛应急预案，由机关、环卫和供水等城建系统100人组建应急抢险队伍，储备编织袋1500条；完成小南河清淤6.5公里及城堤闸门提升系统检修；出动钩机10余台次，为石场村、前进村和凤山村等村疏通河道、涵洞清淤2公里；聘请市政设施管理处特种车辆清掏七道街与鸡图公路淤堵雨排管道2次。

**【精准扶贫工作】** 完成碱场村、石场村2户精准扶贫户新房建设任务，2017年10月迁新居。

碱场村、石场村精准扶贫户新房建设完成，村民入住新房

**【区矿环境卫生工作】** 对区、矿中心街路扬尘治理采取人机配合方式，实行“12243”作业模式，面源污染得到有效控制，大气污染得到有效防治。生活垃圾（含餐厨垃圾）每天清运处理200吨左右，年生活垃圾清运处理总量为5万吨（含旱公厕粪便污物2000吨和餐厨垃圾1000吨）。各环卫部门采取叉箱和压缩车桶装两种形式，餐厨车专门对餐饮业户餐厨垃圾进行单独收集。生活垃圾清运日产日清，密闭运输，卫生填埋。2017年1—4月，总计清运雪总量2万立方米。

**【供水节水工作】** 对凤山水源地、穆棱河水源地更新维修电机、水泵等设备，投入60万元；恢复凤山水源地三口深水井，对穆棱河水源地进行清淤、消毒处理。维修主干网四区段约600米，处理漏点30多处，新建闸门井8处，维修6处。改造一中住宅楼上水系统，惠及170户；改造穆棱矿一号楼、四号楼上水系统，惠及80户；改造中心委70户居民上水系统。

**【“三供一业”工作】** 完成梨树煤矿一级供热管网项目2.87公里（全市“三供一业”大供热工程项目一期）土地勘察、测量、设计、审批和招标，8月末开标进场开工，建设完成总工程量的80%以上。平岗煤矿锅炉房改扩建工程800平方米（全市“三供一业”大供热工程项目一期），原设计锅炉房（2500平方米）取消，9月，市“三供一业”指挥部最后决定采用钢结构建设方案，完成锅炉房基础建设、锅炉房立柱钢结构建设、上煤房及上煤长廊建设、旧锅炉房维修和20吨新锅炉安装等工程，完成80%左右。梨树矿、平岗矿二级供热、供水管网和小区物业维修改造项目（全市“三供一业”梨树区维修改造工程项目二期、三期）完成勘查、测量。10月25日，市“三供一业”指挥部建经组完成梨树区物业维修改造项目招标控制价。9月末，开标进场碱场矿至梨树区大供热管网项目8.5公里（全市“三供一业”大供热工程项目一期），截至2017年末，完成总工程量的85%以上；10月26日开标鸡西市至梨树区大供水项目，途经恒山区柳毛二水厂进入区至285水源地，施工单位于10月27日进场放坐标点，11月1日开始测量临时占用土地、林地，截至2017年末，完成总工程量的70%以上。

9月，采用钢结构建设方案建设的平岗煤矿锅炉房800平方米改扩建工程

9 月末开工建设的梨树区至碱场矿 8.5 公里大供热管网项目

**【平改立项目】** 开工建设城鸡线 K62 + 530 区交警队铁路道口“平改立”工程，完成桥桩浇筑、主桥面板梁铺设和引桥填方等任务，完成主体工程的 80% 以上；完成城鸡线 K61 + 644 区菜站铁路道口“平改立”工程施工图纸的可研设计及二次修改；初步设计完成 K60B 区八道街跨铁路人行天桥和 K60A 连通梨树矿立交桥。

**【平岗污水处理项目】** 平岗 3000 吨污水处理项目是全市唯一列入国家 PPP 项目库的项目，完成可研报告、规划选址、能源评价、土地预审、PPP 咨询机构遴选、场地房屋征收、网上申报、可研批复和“两评一方案”评审工作，通过全省统一招标开始进入社会资本遴选，2018 年开工建设。

**【城乡总体规划】** 2017 年 4 月中旬，区城建局完成与哈尔滨工业大学对接，编制梨树区城乡总体规划，确定修编合同框架协议；6—8 月，分别召开 4 次全区各部门工作推进会议，落实规划范围和内容，会同设计单位制订工作计划，初步完成前期调研和城区规划地形图收集工作。8 月，与设计院签订总价款 60 万元的 1 ：500 地形图设计合同。

2017 年开工建设的区交警队南侧铁路道口立交桥

**【负责人名单】**

局长（兼党委书记）：

刘兴懿（2017.1— ）

副局长：朱先锋（2017.10— ）

姜振萍（女）（2016.6— ）

李会群（兼房产局负责人）（2013.12— ）

（杨　利）

## 城市管理综合执法

**【概　况】** 2010 年 4 月，原梨树区城管监察中队更名为区城市管理行政执法大队；2017 年，更名为鸡西市梨树区城市管理综合执法局（简称区城管局），为隶属区政府的科级事业单位，经费由区财政全额补助。有副科级干部（执法局长）1 人，科员 1 人，其他人员（包括政府考入、借调、破产矿分流和公益性岗位）33 人。区城管局职能包括城市管理工作，在区城乡建设局委托下行使以下城市执法工作：行使无城乡规划审批管理方面法律、法规、规章规定的城乡违法、违章行为的执法权；行使公用事业管理方面法律、法规、规章规定的执法权；负责临时占用道路许可证、挖掘道路许可证的审批和城市道路占用费、城市道路挖掘修复费的征收；负责城乡广告的审批及法定收费；履行法律、法规、规章规定及国务院、省、市、区政府规定的其他职责等。

**【房屋征收】** 碱场工业谷四六区征收工作全部完成。2017 年 6 月 5 日，依法对锦绣华庭姜某依法强制征收。“平改立”项目征收工作：前进村火车道口修高架桥，共计征收 2 户和 9 处大棚。共征地 1.1087 公顷。菜站道口“平改立”项目，共计征收 9 本房照。中心村交警队对面“平改立”征收工作完成 50%。与铁路局共同确认征收补偿。鼎元新增修路共计征收 17 本房照，征收率 100%。九至十道街采沉区建设用地完成前期入户调查走访工作，对房屋进行评估，此建设用地涉及 28 户、46 本房照。万方文苑建设用地共计征收 13 本房照，征收率为 100%。碱场转盘道修路，征收 23 本房照，征收率 100%。文苑小区新增修路征收 1 户 1 本房照，征收率为 100%。七道街延伸到早市修路，征收地面附属物 1 处，顺利完成修路工作。

**【城市执法】** 2017 年 3 月 24 日，清理非法小广告及临街门市房上的对联，共计 600 处。确保校园周边 50 米内无从事非法经营活动的游商和无证照摊点，实施全天候动态管理。每天都对动迁敏感地进行巡查，共查处违章建筑 10 处，下达责令改正通知书 15 份。2017 年 9 月 21 日，启动全面清理违法建筑专项行动。对全区管辖内的碱场工业谷、居民小区、穆棱办事处、平岗办事处、街里办事处、石磷办事处、主要街道等重点区域的私搭乱建进行全面清查。根据梨树区"河长制"重点工作实施方案要求，城管局对区管辖范围内的河道区域内违法建筑进行全面清理，下达责令改正通知书 7 份。拆除不规范牌匾 1 块，取缔落地牌匾 11 处，拆除陈旧破损及非法条幅 40 余处。清理违规占道 200 余起。规范大排档管理，取缔露天烧烤 5 处。城管局所有人员周日大集不休息，维持秩序。

**【信　访】** 城管局完成省级网上信访案件 3 起、区级网上信访案件 4 起。为采煤沉陷区棚户区改造动迁户 84 岁的毕某解决上访问题。2017 年，共处理来电来访信访案件 80 多起，全年信访案件结案率 100%。

**【完成代表议案】** 完成人大代表王某和政协代表孙某提出的提案，提案完成率 100%。

**【负责人名单】**

书记：任明刚

负责人：李　辉

（胡乃庆）

## 房地产管理

**【概　况】** 梨树区房产管理处（简称区房产处）是梨树区政府的职能部门，事业单位，负责全区房屋交易、产权产籍管理、住房制度改革、廉租住房补贴发放、物业行业监管和房产市场管理等职责工作。2017 年，共有正式职工 31 人，班子成员 4 人（主任 1 人，副主任 3 人）。

**【保障性住房建设】** 2017 年，梨树区申请住房租赁补贴家庭 2831 户。其中年审 2536 户，新增 295 户，共发放补贴资金 624.096 万元。制定《梨树区公共租赁住房配租方案》，对区政府承建的现有房源进行分配。

**【"两学一做"学习教育】** 继续认真开展"两学一做"学习教育活动，全面贯彻落实中共十九大和市十三次党代会精神，领导班子成员带头参加理论中心组学习，全年组织中心组学习 10 次、班子成员讲党课 9 次，班子成员结合分管业务撰写心得体会 10 篇，开展谈心活动 19 人次。

**【房地产去库存】** 2017 年，房地产去库存作为推动房地产业健康发展的重要工作被国家、省、市纳入重要工作日程，区房产处积极落实市委、市政府安排部署，认真贯彻落实《黑龙江省人民政府办公厅关于全省房地产去库存的指导意见》。根据《鸡西市房地产去库存实施意见》及相关会议纪要精神，积极协调各市规划、土地等相关部门开展 11 个项目，其中 5 个项目推进办照工作。

**【物业管理】** 加强小区环境整治，制定《梨树区物业管理服务提升年活动工作方案》《梨树区物业管理服务提升年活动考核方案》，各社区和物业服务部门积极配合，对所辖区域内小区路面、绿化、环境卫生等进行综合整治，住宅小区居住环境有效改善。健全完善配套制度，夯实物业管理法制基础，根据相继出台的《鸡西市物业管理办法》及《鸡西市物业管理暂行办法》等文件规定，推动物业管理市场化进程，积极指导物业企业开展整治工作，物业企业的服务意识得到进一步增强，推动区物业管理水平整体实现提高。

**【市场监管】** 加强二手房交易市场管理，强化系统调控和市场运行监督。2017年，共受理不动产登记570笔，出具查档证明1260份，测量组现场勘查测量房屋1357户，核对、接收棚改办移交灭籍房照809本，查证棚改办提交磷矿及规划区内住户房屋信息1340笔。

**【负责人名单】**

主任：李会群

副主任：赵　佳（女）　李晓红（女）

（高继业）

## 环境卫生

**【概　况】** 梨树区环境卫生管理处（简称区环卫处）是区政府财政全额拨款的公益性事业单位，负责区中心、车站、碱场煤矿及两条边缘公路、合计51万平方米的街路清扫保洁除冰雪，沿途179个生活垃圾点的清运以及16座卫生公厕的清扫保洁清掏清运工作。年生活垃圾清运总量3.8万吨，年积雪清运平均总量1.3万立方米。夏季一般地段清扫保洁12小时，区中心主街主路每日清扫保洁15小时以上。区环卫处有垃圾清运自卸车、特种作业车辆（铲车、扫道车、洒水车、吸污车、雪刷、雪铲等）共计22台。新建办公用房面积600多平方米，新建库房面积900多平方米。有干部职工154人，其中管理人员7人，一线生产工人102人，二线辅助工人45人。

**【环卫“三清”日常管理工作】** 进一步完善升级区环卫处“三清”工作绩效考核制度，特别是绩效考核监督检查、奖惩和责任追究制度。执行《区环卫处在岗人员病、事假暂行管理规定》《区环卫处防汛抢险紧急预案》《区环卫处大到暴雪应急处置预案》《区环卫车辆驾驶员安全管理制度》等规章制度。具体落实并执行《车辆维修保养制度》《垃圾清运车驾驶员责任书》等制度规定。同时，加强环卫“三清”网格化管理，区中心街路网格化管理清扫保洁清运面积总体变化较小，几处新建小区交付使用后，网格化管理A区面积增加到15万平方米，B区调整为4.5万平方米，C区调整为31.5万平方米，合计51万平方米。区中心街路清扫保洁执行［路面净，沟、井口净，墙根净，电线根净，树穴净，路边石牙净，绿化带净，果皮箱净；无堆积物，无垃圾（包），无果皮纸屑，无砖瓦土石，无污泥积水，无痰迹污渍，无乱涂乱写乱张贴］作业标准，夏季区中心主要街路清扫保洁三班轮岗，人机配合实行“12243”街路冲洗保洁降尘作业模式；生活垃圾清运实行日产日清、密闭运输；旱公厕清掏保洁清运实行“五净六无三完好”作业标准，1座水冲公厕软硬件设施全部达到行业标准。

**【环卫“四季”行动】** 在春风行动中，区环卫处作为创城重点成员单位，充分发挥专业队伍和机械化优势，对不属于区环卫包保责任范围内的环境卫生问题，如内河、铁路、公路沿线，未纳入

区环卫处办公楼

区环卫处洒水车洒水降尘

物业管理的新建小区，城乡接合部“三不管”地带等，主动开展集中整治20多次。冬季除冰雪工作，区环卫处作为专业清雪部门，以快速顺畅交通和方便出行为工作目标，迅速组织清运雪工作。

**【“两学一做”专题教育活动】** 按照“两学一做”学习教育工作安排，区环卫处采取“班前十分钟”“周末学习日”集中方式组织单位党员开展集中学习。支部书记带头讲党课2次，专题研讨6次。组织党员参加党章知识答题，教育引导党员关注中国共产党新闻网、“党员学习微平台”，认真阅读《党的生活》刊物，随时、随身获取学习资源。组织学习《廉政准则》，经常对党员进行廉政方面教育和提醒。

**【表彰大会】** 2017年10月25日，梨树区第21届环卫工人节庆祝表彰大会召开。区环卫处、穆棱保洁公司和平岗环卫共200多人参加会议。城市优秀美容师标兵10人和城市优秀美容师20人受到表彰和奖励。区委书记付明波等区委、区政府领导参加会议并讲话。

2017年1月，环卫工人清理西大街冰雪

2017年度梨树区环境卫生管理处获区级以上表彰人员一览表

表3

| 获奖单位（人） | 荣誉称号 | 颁发部门 | 颁发时间 |
|---|---|---|---|
| 朱秀芹 | 全国五一劳动奖章 | 全国总工会 | 2017.5.1 |
| 朱先瑞 | 全省五一劳动模范 | 省总工会 | 2017.5.1 |
| 孙桂芹　于忠军<br>白玉财　朱先瑞<br>王树军　王金成<br>刘海涛　芦凤军<br>何忠远　韩建生 | 城市优秀美容师标兵 | 区政府 | 2017.10.25 |
| 戴立梅　袁凤芹<br>陈明美　李玉芝<br>丁祖广　闫春凤<br>宋相梅　李春花<br>赵宜林　杨春义<br>孔祥菊　王立君<br>崔永政　王丽霞<br>彭喜顺　王世宾<br>谢丛亮　张绪海<br>龙　江　刘文君 | 城市优秀美容师 | 区政府 | 2017.10.25 |

**【负责人名单】**

书记：鲍　勇（　—2017.4）

主任：朱秀芹

副主任：华　川　石　强（2017.4—　）

（华　川）

# 交通　通信

## 道路运输管理

【概　况】2017年，梨树区道路运输管理站（简称区运管站）在市局、市处的正确领导下，全面推进“两学一做”学习教育常态化、制度化主题教育活动，深入贯彻学习中共十九大精神，以习近平新时代中国特色社会主义思想为指导，进一步增强“四个意识”，努力转变工作作风，扎实工作，做到执法严明、作风严谨、为民服务，认真做好辖区内道路运输市场建设工作。

【基层党建工作】认真落实“三会一课”制度，认真查找党员在党性修养、思想作风领域存在的问题，支部定期召开党员教育专题会、讨论会、谈心会、组织生活会。学习贯彻中共十九大精神，牢记习近平新时代中国特色社会主义思想，坚持党对一切工作的领导，坚持以人民为中心。推进“两学一做”学习教育常态化、制度化。狠抓廉政教育，遵守党政党纪。

【道路运输市场管理】运管站对辖区158台客运车辆进行安全包保，具体落实到人，包保人定期对包保车辆进行安全隐患排查。深入开展2017“平安交通”专项整治和道路运输行业领域安全生产“大整治、大排查”活动。2017年，督促26辆次车辆按时缴纳承运人责任险，未按时缴纳的3辆车暂扣营运证，停止营运，强制其缴纳保险后上线营运。强制5辆黄标车退出客运市场，更新9辆老旧车辆，另有9辆车况不佳的车辆放弃经营。与158名客运经营者签订年度安全责任状。给158名客运经营者下发安全告知书，告知安全驾驶常识，告知严禁“三品”（易燃品、易爆品、有毒品）上车，告知不准串线、下线、不包车旅游，必须缴纳承运人责任险等。要求158名客运经营者签署安全承诺书，承诺不下线、串线、不包车旅游、不疲劳驾驶，做到“五不两确保”，按时缴纳承运人责任险。严把市场监督关。全区有农村客运线路12条，158辆营运小客车都是微型面包车，安全隐患较高，特别是农忙季节，有的从业人员不出车，让无从业资格证的人代替，区运管站对这些隐患进行严格排查。

【道路、旅客运输专项整治】运管站与市处稽查队、恒山站、小型车站等多次联合，在鸡冠区、恒山区等查处非法营运车辆；与梨树区交警队联合查处梨树非法营运车辆，配合市处稽查队查扣鸡东跑线、农垦跑线的车辆；对残疾人车辆进行检查，摘除其车顶灯，并对其规劝，责令其停止运营，摸清辖区残疾人从事运输的底数，利用交警队抓违章停车的办法，对黑车进行查处；与鸡冠站、恒山站等联合查处货运车辆超载超限。每月四天在火车站查处密山跑线车。2017年，共检查车辆650辆次，立案13件，其中无从业资格证3辆，未系安全带3辆，未携带营运证1辆，不按批准的客运站点停靠6辆。

【负责人名单】

站长兼书记：王志繁

（王志繁）

## 梨树镇站

【概　况】梨树镇站位于黑龙江省鸡西市梨树区，中心里程位于城鸡线59公里、551米处，隶属哈尔滨公司牡丹江车务段管辖。技术作业性质为中间站，业务性质为营业站（客货运站）。

主要办理摘挂列车甩挂、客运、货运、军运、装卸和列车到发、会让等工作。2017年4月27日，梨树镇站为三等站。同年，装车完成27069车，发送吨数完成1744046吨，卸车完成458车，到达吨数22438吨，旅客发送人数36415人，运输总收入20889.5万元。车站设有站长、党总支书记、货运主任和客运主任各1人，副站长2人，职工105人。

位于（下）城（子）鸡（西）线上的梨树镇站

车站与区间分界线及相邻车站的距离

表4

| 线别 | 方向 | 邻站 | 站间距离（公里） | 区间正线数 | 站界名称 | 站界里程 | 进站信号机外制动距离内进站方向换算坡度（‰） |
|---|---|---|---|---|---|---|---|
| | | | | | | | 800米 |
| 城鸡 | 上行 | 石　磷 | 11.006 | 单 | S进站信号机 | 60公里123米 | 1.48下坡 |
| 城鸡 | 下行 | 54公里线路所 | 4.441 | 单 | X进站信号机 | 58公里846米 | 2.32下坡 |
| 梨树矿 | 上行 | 新　风 | 2.393 | 单 | SK进站信号机 | 60公里123米 | 5.0下坡 |

54公里线路所

表5

| 线别 | 方向 | 邻站 | 站间距离（公里） | 区间正线数 | 站界名称 | 站界里程 | 进站信号机外制动距离内进站方向换算坡度（‰） |
|---|---|---|---|---|---|---|---|
| | | | | | | | 800米 |
| 城鸡 | 上行 | 梨树镇 | 4.441 | 单 | TS | 55公里320米 | — |
| 城鸡 | 下行 | 八面通 | 20.595 | 单 | TX | 55公里112米 | — |
| | 上行 | 碱场矿 | — | 单 | TXJ | 0公里081米 | — |

车站工作量

表6

| 旅客乘降 | | | 行包到发 | | 货　运 | | | | 运　转 | | 接发列车（列） | | | 附记 |
|---|---|---|---|---|---|---|---|---|---|---|---|---|---|---|
| 到达（人） | 发送（人） | 合计（人） | 行李件数 | 包裹件数 | 合计 | 发送（吨） | 装车数 | 卸车数 | 办理（辆） | 改编（辆） | 中转（辆） | 旅客列车 | 货物列车 | |
| 121 | 124 | 245 | — | — | — | 6095 | 91 | 9 | 273 | — | 6 | 6 | 8 | |

专用铁路货运量

表7

| 专用铁路名称 | 发送（吨） | 装车数 | 卸车数 | 附记 |
|---|---|---|---|---|
| 碱场矿 | 1699 | 25 | — | |
| 梨树矿 | 3581 | 54 | — | |

**【运输生产】** 强化运输组织，做到快取快送、快编，矿机送重坐编，车站调车区长与货运值班员、龙煤驻站调度人员、沈煤驻站调度人员商量配车，与龙煤平岗矿、沈煤碱场矿铁运科密切协作，充分利用好到发线接发车作业，与前进洗煤厂、大德公司、建新站台等较大企业密切沟通，合理请车，组织安排装卸机具，做到及时装卸、挂运，保证机车（矿机）合理运用，尽量避开“天窗修”、施工、交接班、设备故障（维修）、洗煤、矿机过轨限制等各种因素影响，与鸡西编组站加强联系，组织机车及时挂运，较好地完成运输生产任务。

**【安全工作】** 执行调车作业标准和接发列车作业标准不走样。培训新人新岗13人并送培，有针对性地进行“传帮带”并签订师徒合同，实现细致安排学习计划。强化安全装载，定期由车站组织立方米比重测试，并对初次装车单位由车站货运人员到现场指导装卸车，对国矿龙煤、沈煤（有衡单位）进行每日抽衡，不少于20%，对其他企业100%过衡。2017年，车站共处理不良装载车700多辆，扣坏敞车900多辆。对超载车辆进行卸超处理并二次复衡。加强防火管理，对食堂、货场、装卸油库和客运站等人员多、易起火处所进行经常性检查。抓好职工上线作业（冬季道岔除雪，夏季道岔保洁、除草）横越线路、调车作业、装载机械作业防护。下中到大雪时，全站29组道岔均需除雪。车站配置多部货运电台，做到车站值班员、调车区长能及时与货运检查人员联系。新修筑全站围栏护网2000多米，实现全站封闭。

**【营销工作】** 2017年，到达的俄煤30万吨，解决因关井压产外运煤源问题。理顺大德专用线的使用，协助解决天和焦化专用线一期设计施工工作；理顺碱场矿内部产、运、销环节不协调问题，达到快装快运的目的，增强矿装车能力。理顺货运改革，与多家签订物流协议，并不定时与路局协调装车。对回归的装卸、轨道衡、抑尘、物流，理顺人员设备基础作业标准，分配制度，完善安全管理，制定营销人员作业分工、合理操作流程，制定营销策略。车站营销工作全面开展，顺畅运行。

**【后勤工作】** 除草、清理积雪，栽种1000余盆花卉，用自制花架摆放，购置2个太阳雨伞放在工作场所中，用于职工休息。组织职工郊游和“安康杯”活动，增加凝聚能力。建设小菜园，职工四季能吃上车站的自种蔬菜，增加车站一景。为食堂补助2万余元，增加菜品、肉类、面食，夏季有绿豆水解暑，冬季有热开水，保证职工及时吃上可口饭菜。对门窗封口胶条进行更换，防止漏风。建立文化墙和安全宣传栏，建立企业文化，及时上传车站文化建设图像，展示梨树镇站风采。做好奖励分配，合理给予激励。

**【获得荣誉】** 2017年，梨树镇站获五好党支部、先进工会小组、先进班组标兵和先进班组等称号。

**【负责人名单】**

书记：刘建华

站长：闫庆明

副站长：季静涛

（闫庆明）

## 邮 政

**【概 况】** 中国邮政集团公司鸡西市梨树区分公司（简称梨树邮政公司）位于梨树区西大街，内设综合办公室，辖梨树区局营业所、街里营业所和平岗营业所3个营业网点以及分公司投递班。经营服务范围有函件、包裹、汇兑、发行、电商、特快、集邮和金融等业务。全公司有干部职工53人，其中大专以上学历50人。全区有投递段9条，投递里程323.4公里，其中乡邮投递段3条。全区有信箱、信筒3个，ATM机3台。服务面积396.30平方公里，服务人口近7万人。

**【重点业务创新发展】** 2017年，梨树邮政积极应对不断变化的形势和巨大的发展压力，始终按照市分公司和区委、区政府的工作思路，积极融入地方经济发展，通过拓展"一体两翼"和邮务类业务的深度开发，培育新的增长点，使各项业务持续保持逆势上扬、快中向好的良好发展态势。代理金融全年以储蓄增额工作为核心，以"一点一策"为抓手，从政策导向上引导网点加大储蓄增额开发力度，全力促进网点产能提升。以提升大理财收入为目标，调整产品结构，全力推进基金、理财业务稳步发展，确保增效创收。包裹快递业务注重树立员工寄递业务转型意识，将包裹业务与电子商务有效结合，突出协议客户、微商客户、电商客户开发。深入一线市场开展调研分析，掌握客户用邮需求，明确发展方向。

函件业务。顺应市场变化趋势，强化新形势下创新发展函件业务的理念，全面做大个人市场，采取积极措施，转变经营发展方式。报刊发行业务。围绕"重点发展、效益优先、合作共赢、创新引领、能力驱动、服务制胜"的六大发展战略方针，突出抓好常年收订、校园市场、商务期刊、文化礼盒专项营销，实现报刊流转额由低效向高效转型。集邮业务。注重创新思维，转型发展。抓住鸡年热销邮品，开展"生肖贺岁""本命年""微营销"等主题专项营销活动，实现线上线下新突破。电子商务业务。依托便民服务站和集团客户开发，提升代收代缴项目、机票业务的市场占有率。结合便民服务站、超市，加快"邮掌柜"的发展。

2017年9月15日，区邮政局党支部书记带领部分党员在木耳大市场协助投递班装车

**【提升服务质量】** 2017年，梨树邮政公司创新服务方式，强化服务民生建设，全力服务地方经济发展。根据客户用邮需求的多样性创新开展灵活多样的服务方式。全面推行首问负责制，为做好服务工作，起到制度上的保证，加大服务监督检查力度，增加检查频次。对各类用户投诉做到认真对待，妥善处理，努力将用户投诉解决在"第一站"，确保用户投诉渠道的畅通和投诉处理的高效与用户满意。

**【综合管理】** 加强资金安全、消防安全、生产安全、邮件收寄安全和邮运车辆安全管理等工作，层层签订责任状。加强防火、防盗安全检查频次，重点加强舆情监控、新闻宣传、信访、维稳等工作。

【企业文化建设】关心员工生活，推进职工小家建设，完善营业网点职工小家建设，平岗所、街里所等网点建立起小食堂，解决营业员中午吃饭的问题。为小食堂配备电磁炉、微波炉和电饭煲等厨房用品。组织职工参加市分公司开展的篮排球比赛、员工徒步走、书画比赛和邮政好声音等各项文体活动。

【企业党建】坚持全面从严治党，按照“两学一做”学习教育活动常态化、制度化要求，认真组织、扎实推进，开展集中学习34次。坚持“三会一课”和组织生活会制度，全年召开支委会12次、党员大会5次，开展支部书记讲党课5次，召开组织生活会2次。7月开始，每月组织一次特色主题党日。12月开始，开展面向党旗重温入党誓词活动，并把活动作为“三会一课”的重要环节固化下来。组织党员参加“学习十九大答百题”活动、“学习报告一句话，说出我的心里话微感言”和“新时代新邮政　一起学习十九大”微信平台答题活动。为有效地发挥基层党组织在生产经营工作中的战斗堡垒作用，以班组为单位成立5个党员业务发展先锋队，把党建工作与生产经营活动有机地结合起来，发挥党员的模范带头作用的同时，增强党组织的凝聚力、战斗力和号召力。

【获得荣誉】2017年6月，荣获中共中国邮政集团公司鸡西市分公司委员会“2016—2017年度先进党支部”荣誉称号。

【负责人名单】

总经理兼党支部书记：张立杰

（张永刚）

## 区联通公司

【概　况】中国联合网络通信有限公司鸡西市分公司梨树分局（简称区联通公司）隶属鸡西市联通公司，负责梨树区域内党政军及重要企事业单位、居民的移网和固网通信服务。2017年，有员工20人，公司内设综合班组、营业班组、营销班组和维护班组。

【市场经营】主要经营固定通信业务、移动通信业务、通信设施服务业务、数据通信业务、网络接入业务和各类电信增值业务以及与通信信息业务相关的系统集成业务等。联通公司响应国家提速降费号召，实施互联网化运营，针对不同用户率先推出流量不限量的“冰激凌”套餐和免流量使用腾讯旗下APP的“腾讯大王卡”。在宽带业务上，结合市场情况实行高带宽引领，将50M速率宽带产品定位为宽带基础速率，100M速率作为重点推广速率。对宽带老用户实行免费提速。

【网络建设】联通公司加快移动通信网络建设步伐，加大固定宽带网络建设力度，积极推进固定和移动网络的宽带化，为用户提供全方位、高品质的宽带通信和信息服务。

【服务工作】强化重大服务问题问责机制，从网络、产品和服务全面提升用户感知。

【队伍建设】区联通公司作为首批国企混改试点单位，2017年共有中国人寿、腾讯、百度、京东和阿里巴巴等14家企业参与混改，标志着区联通公司开启互联网化运营之路。

【获得荣誉】2017年，获鸡西市联通公司“双文明建设先进集体和服务工作先进集体”称号。

【负责人名单】

局长：陈　浩（2017.1—10）

李国福（2017.11—　）

（李国福）

## 区移动公司

【概　况】2017年，中国移动通信鸡西分公司梨树区营销部（简称区移动公司）共有在岗员工13人，其中合同制员工12人、社会化员工1人，女员工10人、男员工3人，本科学历6人、专科学历5人，平均年龄30岁。服务区域为平岗煤矿、梨树煤矿、碱场煤矿和石磷非金属矿以及前进村、中心村、河口村、河西村、双胜村、双合村、猴石村、碱场村、凤山村、石场村和新进村11个行政村。全区共有自办营业厅2个、合作营业厅13个、村屯服务站1个，“空中充值”30家。

**【业务发展】** 2017年，区移动公司累计目标收入完成96.04%，总话务量完成–4.10%，日均通信市场份额为82.68%；新增引商入柜3家、社区服务站1家、“空中充值”3家、指定专营店1家，清理零业务量零售店网点9家。至2017年末，新增4G客户7000户，4G用户数已达到11411户，销售4G终端5248部。校讯通付费客户数达到2549户，完成集团全年信息化收入58.08万元，信息化收入占比为3.79%。

**【员工培训】** 区移动公司组织员工培训28次，培训内容包括业务技能提升、服务礼仪、质量提升、营销技能提升和重点营销案。

**【营销活动】** 2017年9月，区移动公司在区重点集团、区政府、5所中小学校、幼教中心学校、农业银行、农村信用社、碱场村和凤山村等20余家单位、村屯开展全面更换4G卡活动，同时全员营销4G特价终端400余部；推广公司小号集团、校讯通业务。

**【捐资助学】** 向区内多所小学捐助教学用白板和健身器材等教具；为家校共建搭建平台，被评为捐资助学先进集体。

**【负责人名单】**

经理：刘雪冰

（吴冬颖）

## 梨树电信

**【概　况】** 梨树区电信营销中心（简称梨树电信）隶属中国电信鸡西分公司。2017年，梨树电信完成收入106.29万元，其中固网收入11.29万元、移动网收入95万元，累计新增宽带用户408户、移动用户886户。

**【主要工作】** 坚持早例会制度。梳理、布置当天主要工作，并通过促销技巧交流、新政策的培训，使员工能够面对用户时快速切入用户需求；对前一天的工作进行小结，对用户信息咨询表检查，确定可回访预约用户的范围，并梳理用户投诉和提出的问题，找到合理的解决办法。持续对渠道进行走访，讲解最新的政策，解决渠道发展中遇到的问题，了解客户需求，建立长期稳定的客情关系，收集用户的需求，做成走访档案，定期查看、寻找客户需求的切入点。

**【营销活动】** 利用节假日，开展“进店送豪礼”活动，结合翼支付和红包卡，持续举行活动，拉动新老用户定期及不定期的进店参与，宣传最新政策，增加厅店人气。夏季户外宣传，开展“扫街”“扫楼”活动，在广场及人员聚集地讲解电信政策。组织人员上门宣传，做深做透市场。

**【负责人名单】**

经理：李红军

（李红军）

# 财税　金融

## 财　政

【概　况】梨树区财政局为区政府工作部门。主要职能是贯彻执行国家的财政税收方针、政策，财务会计方面的法令、条例及其他有关政策；根据地方经济发展计划，制定地方财政发展规划，制定年度预算和编制年度决算，执行地方人大批准的年度预算，综合平衡地方财力；管理地方各行政部门、政法部门、文化、教育、卫生、科学技术、广播电视等单位经费支出，监督指导行政、团体、企业事业单位严格执行财务制度等。局机关共有工作人员16人，其中行政编制9人。区财政局有预算股、综合股、区政府采购管理办公室、农财股、收付核算中心和企财股6个内设机构。区国有资产管理委员会办公室内设综合业务、资本运营管理业务和产权交易管理业务3个职能部门。2017年，区财政局以保工资、保运转、保民生为工作重心，将增收节支、有保有压、监管并重贯穿财政工作始终，完成各项财政工作任务。全区一般公共预算收入完成5078万元，同比增长8%，其中税收收入2529万元，占一般公共预算收入的50%，比上年提高7个百分点。

【班子建设】以深入开展“两学一做”教育主题实践活动为契机，以理论中心组学习为载体，认真学习中共十九大会议精神及省、市财政工作会议精神。坚持“三个提倡”，严格执行“三会一课”制度。强化廉政制度建设。

【挖潜清欠】协同国地税，分重点企业、重要税种，深度挖掘潜在税源，并将可用税源及时落实、落靠，对重点纳税企业从税收形成、纳税申报、税款入库实行全程跟踪，确保既有税源及时转化成财政收入。通过深入企业调研了解企业现状，积极帮助企业解决生产经营中存在的问题，帮助企业提升产能、提高竞争力，最终实现企业获利、财政增收的双赢局面。通过走访欠税企业，了解企业运营情况，督促企业制订切实可行的偿还计划，争取在短期内足额缴纳所欠税款。2017年共清收欠税399万元，缓解增收压力，提升收入质量。

【收入征管】积极培植和壮大税源，增强经济发展后劲。涉煤行业低迷状态持续多年，2017年开始阶段性回暖。局抓住这一有利时机，依赖煤矿产量监控系统和驻矿测产相结合，较为准确地掌握煤矿产量，并通过市场调研确定煤炭的参考价格，为国地税强化煤炭税收的征管提供强有力的佐证。新科洁净煤有限公司纳税突破1000万元。在非税征管方面，通过定期核查的方式及时掌握非税收入进度，确保非税收入及时足额入库。

【财经纪律】严格预算执行，杜绝预算调整的随意性；按照中央八项规定及省、市的要求，严格执行接待费、差旅费、会议费标准，严格控制“三公经费”的使用；严格规范预算单位项目经费使用并实施绩效目标评价，加强预算投资评审，严肃查处各种违反财经纪律的行为，确保财政资金安全高效。

**【改善民生】** 继续优化支出结构，切实发挥财政重要支柱作用，紧紧围绕“稳增长、促转型、惠民生”重点任务，保障各项事业的发展，重点保障和改善民生。2017 年，教育、文化、社保和医疗等民生支出 26041 万元，占一般公共预算支出的 82%。通过加强税收征管和积极对上争取政策性补助收入，保证全年工资足额发放，全额兑现行政事业单位 2017 年各项增资、供热补贴及十三月工资。继续支持“三农”发展，发放耕地力保护补贴、大豆目标价格补贴、农户购置农机补贴和玉米生产补贴等，共计 624 万元，不断增加农民收入，促进粮食生产丰收。投入教育经费 4628 万元，为学前教育发展、义务教育薄弱学校改造提供资金支持，推动以基础教育为核心的各级各类教育高标准、高质量均衡发展。大力推进公共卫生体系建设，区匹配基本公卫经费 55 万元，促进区卫生事业稳步发展。城镇职工医疗保险参保率达到 100%，区匹配城镇居民医疗保险和新型农村合作医疗 149 万元，确保城乡居民医疗保障工作稳步推进。筹集资金支持社会保障事业。区级安排城乡低保资金 55 万元，保障城乡低保的足额发放。发放农村五保户生活补贴 20 万元、贫困残疾人护理补贴 73 万元、孤儿生活补助 15 万元，为各类低收入群体提供生活保障。新增政府债券 2324 万元，用于铁路道口平改立项目和防火通道建设。

**【深化改革】** 继续推进公务用车制度改革工作，拍卖资金 27 万元，车改回收车辆及超标车辆已按规定统一处置，进行公开拍卖。根据财政部印发的《政府财务报告编制办法》（财库〔2015〕212 号），推进权责发生制政府财务报告制度改革，构建统一、科学、规范的政府会计准则体系，全面、清晰地反映政府财务信息和预算执行信息。进一步推进国库集中支付改革。统发工资及车补的发放已全部应用国库集中支付系统。

**【负责人名单】**

局长：杜振全

副局长：李亚红（女） 赵 昆（女）

（王旭涛）

## 国家税务

**【概 况】** 梨树区国税局隶属鸡西市国家税务局，成立于 1994 年，为正科级单位，内设 6 个职能科室，下设 1 个直属机构（区局稽查局）、1 个派出机构和 1 个事业单位，担负着梨树区 1307 户纳税人的税收征管工作。有干部职工 22 人，平均年龄 36 岁，党员 17 人。

**【组织收入】** 2017 年，局完成税收收入 3742 万元，完成市局年计划的 178%，同比上年实收数 2053 万元增加 82%，增收 1689 万元。扣除“四大行业”“营改增”收入 634 万元因素，同比上年“四大行业”“营改增”收入 513 万增长 102%，增收 1568 万元。“四大行业”组织收入中，建筑业 502 万元，金融业 81 万元，生活服务业 14 万元，房地产业 8 万元，商务辅助服务和其他现代服务业合计 29 万元。“四大行业”税收占局税收的 17%。

**【党建工作】** 局制定 2017 年基层党建规划和中心组学习计划，完成专题组织生活会和民主评议党员工作。2017 年，局认真贯彻落实市局党组决策部署，把开展“两学一做”学习教育常态化、制度化作为重要的政治任务，作为党建工作的重中之重，坚持全覆盖、常态化、重创新、求实效，紧扣“学”的内容、“做”的标准、“改”的要求，发挥领导干部表率作用，发挥党支部主体作用，突出问题导向，注重学做结合，推动学习教育取得积极扎实成效。以中共十八届五中全会、六中全会精神和习近平总书记一系列重要讲话精神为指导，全面落实中央“五位一体”总体布局和“四个全面”战略布局，以创建基层先进党组织为目标，努力提高基层党组织建设的整体水平，进一步推动局税收工作全面发展，较好地完成2017年党建工作任务。

**【队伍建设】** 局坚持中心组学习制度。每月党组班子成员集中学习不少于1次，每次不少于60分钟，通过常抓不懈的学习方式，班子成员的政治理论水平和税收业务水平都有进一步提高。按照“三会一课”制度要求，班子成员都要过双重组织生活会，认真开展批评和自我批评，使民主生活会成为交心会、团结会和鼓劲会，进一步增强班子的整体合力。成立抓党建工作领导小组，不定时召开党政联席会议，班子成员共同商讨重大事宜，为抓好党建工作奠定基础。在“两学一做”教育实践活动中，局制定学习教育组织示意图，党员领导干部、局领导班子和普通党员都制定学习教育台账。不断深化党课学习制度，把开展道德模范人物学习活动与党的路线、方针、政策和形势教育、法律知识、税收专业知识学习有机地结合起来，局领导班子驾驭工作全局和应对复杂局面的能力到得进一步增强。精心制订培训计划、完善教育培训管理制度，开展岗位大练兵、企业所得税法、税收应用软件、综合办公软件、计算机技能等培训和干部职工更新知识培训，提高国税人员的工作能力和业务素质。2017年，局共计参与培训人数15人次，培训覆盖面达75%，其中2人在省局“领军人才培养计划”中成功考取研究生学位，1人进入省局领军人才库。

**【绩效管理】** 绩效办对2017年绩效考核系统进行维护，指标导入、定责等各项工作顺利完成。局党组多次召开绩效考核分析会议、绩效讲评会议等专题会议。研究制定局个性指标50条、共性指标18条，承接市局考核指标50条，以党组文件形式制定下发梨树区国税局绩效考评规则等3项规章制度，确保指标落实到位、责任落实到位。2017年，局绩效考核成绩位列全市第五名，为局获得0.9分的绩效考核成绩加分，使绩效成绩较上年同期有较大幅度的提升。

**【“放管服”改革】** 以“放”为前提，积极做好电子税务局按期覆盖工作，研究解决好纳税人信息化建设问题。区电子税务局开户数达436户，开户率达100%，申报率在97%以上，各项业务无“零使用率”情况。同时，全面推行税务行政审批制度改革，公开行政审批事项87项。严格执行《全国税务机关纳税服务规范》《全国税收征管规范》，在纳税人资料报送、办税环节、办税次数、办税时间等方面都进行大幅度缩减，实现90%以上的涉税事项当场办结。税务行政许可审批事项从最初的84项减为7项。优惠政策由事前审批改为事后备案。

以“管”为基础，推行纳税人信用等级制度，对信用良好的纳税人在发票发售、认证比对、办理涉税事项方面给予优先。加强纳税人分级分类管理，突出管理前移，把涉税咨询、涉税提醒等具有服务属性的基础税收管理事项交由税源管理部门受理，有效解决纳税人办税多头找、多头跑的问题。逐步建立税收风险监控指标库和模型库，推行风险管理，实现风险识别和推送的扎口管理，凝聚风险管理的工作合力。加强对税务人员的培训和管理，定期对税务人员进行业务知识和依法治税相关知识培训。

以“服”为目的，积极推进“互联网+税务”工作，把“放管服”作为具有税务特色的服务品牌，持续提升纳税服务工作水平，为纳税人高效、便捷办税提供保障，进一步提升税务机关形象，展示税收工作成就。以推广“电子税务局”为契机，大力推进网上办税、手机办税、自助办税等多元化办税方式，促进征纳双方互动，尽力让纳税人满意。在全面落实各项便利办税服务制度的同时，自觉接受监督，对纳税人的合理诉求、意见和建议及时受理，快速回复。局办税功能区划分合理、设施齐全，各项优化纳税服务措施得到有效落实，提升办税服务体验，融洽税企关系，促进纳税遵从。

**【国地税合作】** 局创建市首家联合办税服务大厅，开设综合服务、申报纳税、发票管理3个窗口，各窗口均安排国、地税业务人员在岗，使纳税人可以在一个窗口办理税务登记证，无须在两个单位间奔波；缴纳增值税款后，也可直接在一个窗口缴纳附加税；税款申报也可在一个窗口进行，既节约纳税人的时间，也提高业务办理的效率。加快推行办税事项同城通办，完善首问责任、限时办结、预约办税、延时服务和“二维码”一次性告知等便民服务机制，缩短办税人办税时间。合理简并纳税人申报缴税次数，实行审批事项一窗受理、内部流转、限时办结、窗口出件，提高审批效率和透明度，推进涉税信息公开，方便纳税人查询缴税信息，规范、简并纳税人报表资料，实行纳税人涉税信息国税、地税一次采集、按户存储、共享共用。能够从信息系统提取的数据信息不得要求纳税人重复报送，加快推行办税无纸化、免填单，让纳税人少跑腿、少费时、少花费。联合办税服务大厅实现“前台一家受理、后台分别处理、限时办结反馈”的服务模式，全面提供能听、能问、能看、能查、能约、能办的“六能”型服务，建设融合国税、地税业务，标识统一、流程统一、操作统一的新型税务局，推进信息共享、资质互认、征管互助，不断扩大区域税收合作范围，新增设办税休息区和自动办税区，让纳税人享有优质、便捷、统一的纳税服务。

**【“营改增”后续管理】** “营改增”之初，局接地税部门推送“营改增”纳税人186户，经核实与实地走访调查，排除失联与不再经营的纳税人16户，实际办理税务登记170户。截至2017年11月7日，营改增纳税人总计546户，按行业划分，其中建筑业18户，房地产开发业1户，金融业4户，交通运输业129户（绝大多数为微型车），餐饮住宿业246户，其他服务业148户。按增值税类型划分，一般纳税人16户，小规模纳税人530户。按经济类型划分，企业48户，个体工商户495户，临时登记纳税人3户。自2016年5月1日起，“营改增”累计入库税款1144万元，其中2017年度入库税款572万元，交通运输业41万元，建筑业380万元，金融业81万元，现代服务业57万元，生活服务业13万元。

**【廉政建设】** 召开2017年度党风廉政建设工作会议，传达贯彻市局和区纪委党风廉政建设工作会议精神，全面布置全年党风廉政建设工作任务。压实“两个责任”，推动从严治党拓展延伸。领导班子成员认真履行“一岗双责”，层层签订2017年度党风廉政建设责任状。落实中央八项规定。巩固深化群众路线、“三严三实”、“两学一做”学习教育成果。持续开展“四风”整治，推进落实中央八项规定检查工作。

**【获得荣誉】** 2017年，局获省级“精神文明单位标兵”和省级“青年文明号”等称号。

**【负责人名单】**

局长：刘雁龙（党组书记）

副局长：焦　勇　唐焕江　纪　华

纪检组长：陈　颖

（崔文驰）

## 地方税务

**【概　况】** 梨树区地方税务局（简称区地税局）内设机构有办公室、政策法规科股、信息股、管理股、社保股、稽查股和办税服务厅7个室（股、厅）。办公室负责重要会议和重要活动的组织协调工作等。政策法规科股负责地税部门征收的各类费（金）的指导、管理工作等。信息股负责各单位网络和计算机设备的管理和维护工作等。管理股负责税源清理、税源调整等工作。社保股负责向社会保险经办机构提供缴费单位和缴费个人的明细情况等工作。稽查股负责组织辖区内税收专项检查工作，实施专项稽查等。办税服务厅负责征管业务数据的审核、录入和管理等。2017年，全局干部职工坚持以组织税费收入为中心，深化依法治税，强化征收管理，推进征管改革，狠抓队伍建设，扎实推进区委、区政府安排部署的各项工作任务。

**【组织税收收入】** 在税收任务艰巨、减收因素较多、现实税源不足等情况下，局坚持以组织税收收入为中心，挖潜增收，去除“营改增”的政策减收因素后，税收收入保持稳定增长。

**【税种管理】** 结合实际，主要对“两土”（土地增值税、土地使用税）和“两个所得税”（个人所得税、企业所得税）的重点税源进行逐户核查。把握经济税源和政策调整两个增长点，监控产业项目的开工、生产情况，对重点项目、重点企业进行专人管理，定期实地巡查，为企业做好纳税服务。全面应用重点税源风险预警管理软件，强化对税收管理风险点的及时掌控，以便迅速作出响应。

**【税费征管】** 局制订开展“税费项目负责人”“找差距、提建议、强效能”两项活动，进一步夯实税费征管基础，规范税费征管流程，完善畅通沟通机制，强化部门协作配合，提高工作效能。将税费征管工作的监督分项落实到人，保证应收尽收，全力完成税收任务。

**【清缴欠税】** 局加大欠税回收力度，及时掌握企业资金情况，领导对重点欠税企业进行约谈，全年累计回收欠税126万元。

**【社保费收入】** 以据实征收为依托，强化社保费征管工作。局加大力度推进扩面征缴，要求新办企业必须办理参保登记并参加养老保险。

**【纳税服务】** 棚户区改造工程推进，二手房交易量剧增，局自制排队号码牌，由原办税服务厅人员支援增设窗口办理业务，每日均有带班局长亲自解答问题。

**【税收宣传】** 充分发挥国地税联合办税服务厅、“12366”服务热线以及税企QQ群等服务载体的作用，向纳税人进行税收优惠宣传；开展“作风整顿”活动、“便民春风”活动，广泛征求纳税人对税收管理的建议，尽最大所能为纳税人服务。税法宣传月期间，通过印发传单、现场解答等方式广泛宣传税收政策，进行税法解读，增强公民纳税意识。

**【队伍建设】** 加强党建工作，认真开展“三会一课”“两学一做”学习教育活动，加强思想、作风建设，充分发挥党员的先锋模范作用，提升干部整体素质。进一步健全完善执法、管理、财务等制度，形成相互监督、相互制约的权利监督体系，强化对税收执法权和行政制约权的监督制约。对财经不规范问题进行专项检查，查清原因，制定改进措施，堵塞管理漏洞，构建防范和化解廉政风险的长效机制。

**【负责人名单】**

局长：陈志刚（党组书记）

副局长：栾桂花（纪检组组长） 张冬伟

（钟海波 张洪飞）

## 金 融

**【中国工商银行梨树支行】** 2017年，梨树工商银行网点全体员工采取集中学习和个人学习的方式，认真领会学习中共十九大会议精神，学习三级行长讲话精神，网点员工的思想和道德水平得到进一步提高。在工作中，利用晨会和夕会，全网点认真学习《员工守则》，增强自身业务素质，不断提高工作效率和质量。工作中严格按规章制度操作，尽一切努力帮助客户。多次上门为行动不便的客户服务。网点大力宣传新业务品种，积极营销新产品。2017年，网点揽存1200多万元，中间业务收入30多万元，办理网银开户500户、手机银行200户、工银融e联400多户，开卡480多张。在办理业务过程中，按操作规程办理业务，及时做到库款账、证、表、卡的安全，坚持做到一日三核库，做到班前班后核查不放松。

**【中国农业银行股份有限公司鸡西梨树支行】** 2017年，中国农业银行股份有限公司鸡西梨树支行（简称梨树农行）设立2个部室（客户经理部和综合管理部）、对外营业机构2个（营业室、集市分理处）。梨树农行按照市分行及梨树区政府相关部署，积极履行社会责任，践行"面向三农，服务城乡"的企业使命，把服务"三农"作为改革发展的永恒主题，契合地方经济建设，优化资源配置，支持区域经济转型。各项存款日均余额45162万元，在区域金融机构中排名第2位，较年初上升一位，日均增量15980万元，增量市场份额同业领先。各项贷款日均占用4164万元，同比多增54万元，各项贷款余额同业市场份额较年初逐步上升。剔除委托资产处置收入，实现中间业务收入64万元，同比多收9万元，其中实现代理保险手续费收入41万元，占中间业务收入的64%。实现净利润170万元，同比增长54万元。实现营业收入508万元，其中贷款利息收入107万元。营业支出281万元，其中业务及管理费用支出187万元，资产减值支出91万元。个人贵宾客户加权净增10户，有效收单商户净增2户，企业电子银行活跃客户净增20户，惠农通有效发卡量200张。梨树农行集市分理处新上线现金类自助机具1台。集市分理处及营业室新上线超级柜台1台，有效减轻柜台压力及客户办理业务的等候时间。为进一步贯彻农业银行总行、省分行工作要求，不断加大服务三农工作力度，扶持梨树区发展木耳生产项目，与区政府签订农户贷款业务合作协议，全年累计投放农户贷款122万元，同比多投122万元，其中有效担保方式占比达100%。加大不良贷款清收压降力度，实现"双降"目标，不良贷款余额及不良率分别较年初下降89万元。加大物防技防投入力度，全年累计投入安防设施费用1万元，严格防范电信诈骗风险，成功堵截2起电信诈骗。在全行开展"两学一做"学习教育，组织开展党员承诺践诺、读书月、"岗位建功争做标兵"等活动，达到学习教育有内容、有步骤、有效果。

**【鸡西农村商业银行梨树支行】** 鸡西农村商业银行梨树支行（简称梨树农商银行）是2015年5月末由区农村信用社转制后组建的金融机构，在人民银行、银监机构的监管及鸡西农商银行总行的领导下，存款、贷款规模、缴税额度及增幅均在全区金融机构中名列前茅。2017年，有职工19人，营业网点2个（梨树支行及其下辖信用储蓄所），是梨树区唯一一家总部设在鸡西的地方性金融机构。先后获得资金组织先进单位、当年到期贷款回收先进单位、平安银行等称号。截至2017年末，各项贷款余额1.3亿元，当年累计投放2亿元，在全区金融机构中排名第一（不含农发行政策性贷款）。上缴各类税费70余万元。各项存款余额6.48亿元，存款规模在全区金融机构中排名第一；较年初增长0.7亿元，增幅在全区金融机构中排名第一。突出三个重点，全力支持农业加快发展。重点支持"十领域百千万"等重点项目。2017年，累计投放贷款2亿元，包括鸡西市阳光热力有限公司、鸡西市凯威碳素制品有限公司等7户产业化龙头企业。支持农业产业化经营，累计投放涉农贷款0.7亿元。主要包括种养殖、农机合作社以及63户种粮大户。

加强"四个关注"，倾力支持地方经济发展。一是累计投放贷款0.5亿元，关注小微企业发展。二是累计投放0.1亿元，关注民生工程建设。三是累计投放0.3亿元，关注全民创业。四是累计投放贷款1.1亿元，关注重点设施农业、城镇化建设等项目的资金扶持。强化五项举措，全面提升金融服务水平。一是设计"丰收时贷"系列贷款产品，"商赢时贷""春耕时贷"等28个品种。

区农商银行全体员工

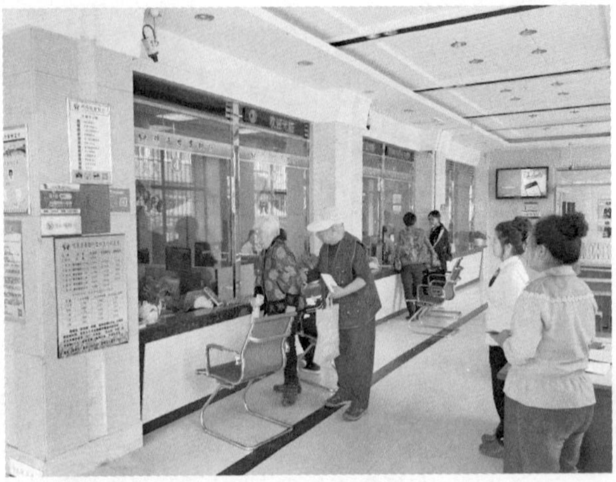

区农商银行服务大厅

二是简化贷款手续，降低贷款利率，落实惠农政策。三是推行贷款“五公开”（公开贷款的借款人姓名、贷款额度、用途、期限和利率），实行阳光办贷和贷款公开服务承诺制。四是丰富“信贷＋保险”金融服务产品种类，有效提高客户抗风险能力。五是累计发行鹤卡银行卡1.9万张，布设自助设备2台，在凤山村布设农民自助服务站，实现城乡“普惠金融”服务全覆盖。2017年，获“平安银行”、资金组织先进单位、当年到期贷款回收先进单位等称号。

**【负责人名单】**

中国工商银行梨树支行行长：孙艳军

副行长：夏　青

中国农业银行股份有限公司鸡西梨树支行行长：陆永华（党支部书记）

副行长：刘　慧（纪检委员）

鸡西农村商业银行梨树支行行长：李文博

副行长：张　堃　王晓宇

（孙艳军　国立刚　白增刚）

# 综合经济管理

## 发展和改革

**【概　况】** 梨树区发展改革局（简称区发改局）是隶属区人民政府的行政机关，其前身是区经济计划局。按照国家经济体制改革要求，2010 年，区经济计划局与区物价局合并成立区发改局。主要职责是拟订并组织实施全区国民经济和社会发展中长期规划和年度计划，统筹协调经济社会发展，研究分析经济形势，提出全区国民经济发展和优化经济结构的目标、政策，提出综合运用各种经济手段和政策的建议，受区政府委托，向区人大提交国民经济和社会发展计划的报告；负责监测全区宏观经济和社会发展态势，承担预警和信息引导的责任，研究宏观经济运行、总量平衡、经济安全和总体产业安全等重要问题并提出宏观调控政策建议，负责协调解决经济运行中的重大问题，调节经济运行；负责汇总分析全区财政、金融等方面的运行情况，参与制定财政政策和土地政策，综合分析财政、金融、土地政策的执行效果等。2017 年，发改局有行政编制 9 人。内设机构区统计局、区物价局在区发改局挂牌。同年，区发改局在区委、区政府的正确领导下，围绕“转型发展、兴区富民”的发展理念，扎实推进“建设一谷一带，发展四大产业”的战略布局，认真履行部门职能，凝心聚力，真抓实干，各项工作稳步推进。

**【党建工作】** 集体观看学习中共十九大报告。利用“三会一课”集体学原文 1 次、学网络精炼提纲 1 次、研讨试题 1 次、座谈交流 2 次。按照“两学一做”学习教育常态化、制度化要求，全年开展集中学习 10 次，召开班子民主生活会 2 次。通过收听收看反腐倡廉专题讲座等活动，贯彻落实党风廉政建设有关规定。

**【各项经济指标】** 2017 年，全区地区生产总值（GDP）累计完成 52645 万元，同比增长 6%。规模以上工业增加值增幅为 3.4%，对第二产业拉动不大，全年地区生产总值增幅达到目标任务的 6%；全区固定资产投资累计完成 170027 万元，同比增长 16.2%，超额完成目标任务。城镇居民人均可支配收入 17317 元，同比增长 8%，超额完成目标任务。

**【产业项目建设】** 2017 年，6 项 5000 万元以上重点产业项目全部开复工，完成投资 4.4 亿元。平岗风电场项目 33 台风机全部并网发电，发电 1 亿万度，实现产值 3700 万元。仁邦禽业 100 万只蛋鸡养殖及深加工项目一期基本建设完成，育成鸡 20 万只。完成有机肥加工厂主体工程。恒山风电场项目完成 33 座风机基础挖掘与浇筑，11 个塔筒吊装完毕。华糠有机肥深加工项目一期于 5 月 15 日开工，建设完成 2 个厂房，9 月 15 日正式投产。燎盛石墨深加工项目一期于 5 月 15 日开工，完成旧厂房改造及钢结构厂房主体工程。9 月 10

日开工建设天吉达柞蚕养殖加工项目，办公房、生产车间和养殖室主体架构完毕，进行内部装修及设备进场安装等工作。2017年，全区500万—5000万元产业项目15项，完成投资4.02亿元；石墨新材料产业项目3项、绿色食品产业项目4项、酒类加工产业项目3项、涉煤产业项目1项、生物有机肥产业项目2项、木材加工业项目1项、门窗加工项目1项。

**【统计服务】** 全面做好各个专业常规指标的统计报表工作。完成全国第三次农业普查和2017年大豆玉米种植面积核查工作。

**【价格管理】** 重点加强对市场价格行为的监管，重点对农贸市场、商场（超市）、商业街的明码标价情况开展全面巡查、检查，加强对农资价格的监管。

**【企业整顿】** 根据省市有关清理取缔“地条钢”企业的通知，区发改局牵头组织相关单位召开工作会议8次，实地检查6次，全面清理整顿区“地条钢”企业。

**【项目申报】** 研究国家、省、市产业政策和投资方向，组织7个单位申报2018年社会领域中央预算内投资项目；组织城建部门申报2018中央预算基础设施建设项目。

**【执法权限】** 按照省市下发的《市辖区行政权力标准目录》，发改方面保留3项行政权力，统计方面保留6项行政权力，物价方面保留13项行政权力。根据市发改委下放的行政审批权力，审批项目1个，备案项目7个。

**【产业调整】** 围绕“一谷一带、四大产业”研究谋划项目58项。推动光伏、玄武岩纤维项目。与青岛华东石墨公司进行洽谈，开发建设利用煤层气生产碳纳米管项目，初步确定合作意向。

**【负责人名单】**

局长：王升伟

副局长：丁敏慧（女）

（陈泉如）

## 国土资源管理

**【概　况】** 2017年，梨树国土资源分局（简称分局）制定整顿机关作风方案，加强业务知识学习，执行党中央的八项规定。协调鸡西市国土资源局各科室介入区重点用地、用矿和民生工程项目。分局人员为居民讲解国家不动产登记政策。分局招商引资1户企业落户到梨树矿采煤沉陷区治理空地。分局对辖区内煤矿和非煤矿山企业实行动态巡查，搞好土地管理、耕地保护、矿产资源管理和地质灾害防治。

**【廉政和队伍建设】** 分局制定机关作风整顿工作方案，加强国土资源管理业务知识学习，严格执行党中央提出的八项规定，践行“三严三实”，认真学习“两学一做”，认真开展“转作风、提效率、树形象”活动，改进工作作风，提高服务效能。认真查摆问题，重点解决工作纪律松弛、办事拖拉、效率低下等问题。切实维护和保障群众利益，严格执行各项规章制度。

**【民生工作】** 2017年，分局积极为改善区域经济发展环境服务，对区委、区政府重点用地、用矿项目和民生工程项目，积极协调市局各科室提前介入、跟踪问效、优化服务。同年，分局共受理农民宅基地审批登记56宗，认真解答在农用地转用和土地征收工作中农民提出的各类热点问题，切实维护广大群众的自身利益。分局成立不动产登记工作办公室后，全局上下积极主动到社区、街道和村屯为群众讲解国家有关不动产登记政策，耐心解答群众提出的各类问题，对辖区内的不动产发证工作起到良好的推动作用。

**【招商引资】** 2017年8月、9月，分局将鸡西柏运生物质燃料有限责任公司落户到区梨树矿采煤沉陷区治理搬迁腾空的土地上。该公司主要经营范围有生物质燃料制造、销售，木材加工，货物进出口，五金产品建材批发、零售等。该项目已投产建设。该公司承诺每年为区完成进出口贸易额50万美元以上，此项工作填补区进出口贸易领域空白。

**【执法监察】** 年初，分局按照区委、区政府和市局统一安排和部署，对区各类用地用矿单位和个人实行动态巡查制度，结合区的实际情况，每月对辖区内煤矿和非煤矿山企业进行不少于4次的巡查，发现违法情况，会同公安、安监和电力等有关部门对违法行为进行依法制止和取缔，及时有效地查处各类违法用地、用矿行为。为认真贯彻落实国务院转发省、市安全生产大检查的通知要求，分局接到市局下发的《全市国土资源系统安全生产大检查实施方案》后，立即组织相关人员对辖区内各类用地、用矿单位和个人进行全面的执法检查，重点对辖区内的地质灾害点汛期防灾预警工作以及辖区内煤矿、非煤矿山、尾矿库、危化品等用地用矿单位进行重点排查，并制定安全生产“五级五覆盖”“五落实五到位”的责任制度，完善并设立安全生产网格化管理责任体系和组织机构。

**【土地管理和耕地保护】** 年初，分局认真贯彻落实《中华人民共和国土地管理法》《基本农田保护条例》，加强宣传力度，引导各类项目用地单位不用或少用耕地。向存量废弃矿山闲置的土地挖潜，坚持集约节约用地原则。

**【矿产资源管理】** 年初，局配合市局相关科室全面完成采矿证年检网上公示工作，辖区内应检矿山企业17户，上报的材料做到及时、准确、无误。

**【地质灾害防治】** 2017年，汛期比往年提前，分局着重加强对地质灾害点的排查和预防工作，指派专人负责对全区学校、工厂、矿山企业和村屯进行全面排查，并配合市局地质环境科、环境监测站对辖区内4个地质灾害点进行逐一排查、拍照、登记，详细了解各地质灾害点的状况，明确工作任务，建立预警信息平台，安排值班、值宿和预防工作责任人。

**【负责人名单】**

局长：李克斌

副局长：朱绍莲

（办公室人员）

## 审　计

**【概　况】** 梨树区审计局主要职责包括贯彻实施国家有关审计工作的方针政策和法律法规，负责审计规范性文件的草拟。制定并组织实施全区审计工作发展规划和专业领域审计工作规划，制定并组织实施年度审计计划。对直接审计、调查和核查的事项依法进行审计评价，做出审计决定或提出审计建议；负责对审计监督范围内的财政收支及财务收支的真实、合法和效益依法进行审计监督，维护财政经济秩序，提高财政资金使用效益，促进廉政建设，保障国民经济和社会健康发展。对审计和专项审计调查相关审计报告的结果承担责任，并负有督促被审计单位整改的责任；向区政府和市审计局提出年度区级预算执行和其他财政收支情况审计工作报告。受区政府委托，向区人大常委会提出区级预算执行情况和其他财政收支情况的审计工作报告、审计发现问题的纠正和处理结果报告。向区政府和市审计局报告对其他事项的审计和专项审计调查情况及结果。依法向社会公布审计结果。向区政府有关部门通报审计情况和审计结果等。2017年，区审计局有人员编制3人，实有5人。

**【审计成果】** 2017年，梨树区审计局完成审计项目7个，查出主要问题金额526万元，其中违规金额116万元、管理不规范金额410万元；审计发现非金额计量问题17个；出具审计报告和专项审计调查报告15篇。审计处理处罚金额502万元，其中应上缴财政115万元、应归还原渠道资金387万元。审计促进整改落实有关问题金额418万元；审计促进拨付资金到位150万元。提出审计建议15条，被采纳13条；提交审计信息5篇。

**【财政审计】** 围绕部门预算编制及执行、决算草案编制情况开展财政预算执行审计，跟踪延伸审计8个相关单位。着力加强对教育、文化、卫生等民生资金的审计监督，推动完善制度，加强管理和堵塞漏洞。

**【经济责任审计】** 2017年，对6个单位领导干部进行离任经济责任审计，重点围绕权利运行情况，特别是重大决策、重大资金的使用，以及中央八项规定的落实情况，开展领导干部经济责任审计，针对被审计单位存在问题提出审计意见、建议11条，跟踪督促被审计单位对审计中发现的问题进行积极整改。

**【负责人名单】**

局长：朱秀芳（女）（2017.10—　）

副局长：闫庆富（2017.1—　）

（王云圣）

## 安全生产监督和煤炭管理

**【概　况】** 梨树区安全生产监督和煤炭管理局（简称区安监局）主要职能有组织起草安全生产地方规范性文件，指导协调全区安全生产工作，综合管理全区安全生产统计工作，分析和预测全区安全生产形势，发布全区安全生产信息，协调解决安全生产中的重大问题，同时承担区安全生产委员会办公室职能。2017年，区安监局编制数44人，在编40人。局内设有办公室、政工科、综合协调科、总工办、监管一科（应急办）、监管二科、监管三科、监管四科、监管五科、培训科和瓦斯监控中心等11个科室。两个下设事业单位：梨树区安全生产行政执法监察大队（副科级）、梨树区安全管理中心（副科级）。

**【区安委办工作】** 2017年，共组织筹备召开全区安全生产大会10次、安全生产专题会议19次；下发、转发安委会文件11份，安委办文件55份，全面落实各项安全生产责任制，为全区经济社会快速、健康发展提供强有力的安全组织保障。开展每月逢1日、16日开展“安全标准化日”活动，共19次。按照“管行业必须管安全、管业务必须管安全、管生产经营必须管安全”的要求，全面落实部门监管责任和企业主体责任，扎实推进安全生产责任“五级五覆盖”。开展以“全面落实企业安全生产主体责任”为主题的全国第16个“六月安全生产月”活动；组织各成员单位、区辖相关企业参加“标本兼治遏制重特大事故”培训讲座；组织开展“安全生产宣传咨询日”活动；组织开展“安康杯”安全生产知识竞赛；在强盛公司组织开展政企联动应急演练；组织开展煤矿安全管理人员安全警示教育。针对全国“两会”、省党代会、中共十九大等重点时段，对安委会成员单位开展督导检查3次、联合检查4次；采取“四不两直”方式对煤矿、非煤矿山、烟花爆竹及危险化学品、工商贸等行业领域进行专项巡查检查35次，确保全区重点行业领域安全稳定。国务院安委会第31督导检查组分别于2017年8月14日、9月14日、10月17日对梨树区安全生产工作进行督导检查及“回头看”工作，督导组在检查期间对梨树区逢1日、16日开展“安全标准化日”活动给予充分肯定，并在《中国安全生产报》刊登推广。完成每月28日向国家和省局网站上报各相关行业隐患排查治理和行政执法统计报表工作。及时汇总上报重点时段各行业领域相关安全生产工作信息，全面完成信息上报工作。

**【煤矿安全监管】** 坚持科室包片、班子成员包井制度，全面落实监管责任，以安全“体检”和大检查大整治为抓手，开展煤矿“一通三防”检查4次、防治水和雨季“三防”专项检查4次、隐蔽致灾因素排查2次、通风系统审查3次、冬季供暖和机电运输专项检查1次，开展风险辨识及风险分级管控，做到分类分级管理、超前预防、事故风险可控。同时，制定完善规程和图纸审查审批流程、火工品用量审核流程。共排查治理隐患583条，确保隐患闭合管理。2017年9月13日煤矿企业停产专项整治后，区成立由总工程师为组长的指导推进组和由负责煤矿监管的副局长为组长的专项整治检查组，对照专项整治验收标准“技改60条”及“生产矿井87条”标准，逐条逐项组织自检自查，发现问题严格按照自检自查标准及时建立治理台账，严格做到整改问题“五落实”（落实整改目标、落实整改措施、落实整改时限、落实整改责任、落实整改资金），并制定专门的整改方案及措施，批准后实施整改。维修整改矿井4处（宏达、广源、三发、鑫盛源），其中可通过复产验收矿井2处（宏达、鑫盛源），并对4处维修整改矿井及时调整充实驻矿人员，实施3人驻矿监管。通过专项整治，合格1处，开工1处。同时，严格落实“五人联保”“三人专盯”制度。完成省委巡视组对区2013年后关闭小煤矿专项巡视调研工作。同年，完成省级培训调学计划35人、特殊工种调学227人、工人岗前培训287人，通过组织参加各级培训教育和工人岗前培训，全面加强各煤矿管理人员的配备和一线工人的实际操作能力，切实提高从业者的安全防范意识。督促煤矿做好安全仪器配备及检校工作。

**【地面重点领域安全监管】** 检查非煤矿山及小型露天采石场30次，排查治理隐患78条，及时督促企业消除隐患，确保安全生产。检查危险化学品企业15次，排查治理隐患54条；检查烟花爆竹生产销售企业13次，排查治理隐患37条；检查工商贸企业10次，排查治理隐患37条。积极开展职业健康专项检查工作，完成职业健康上报企业12户，共开展职业健康检查9次，排查治理隐患33条；推进完成凯威、天盛三级安全质量标准化达标工作。对各行业领域应急预案进行梳理审查和专项检查，排查解决问题16条，督促指导企业完善应急管理制度和预案。在雨季和极端恶劣天气多发期，加强天盛公司尾矿库值班及巡查检查工作，并在连雨天派驻监管人员24小时专盯。对碱场村村民家中机井可燃气体持续监测111天，确保安全稳定。

**【党建工作】** 全年召开党员大会4次、总支会议10次、党风廉政专题会议2次、机关作风整顿专题大会2次；全面细致排查基层党员组织关系信息，规范完成党员信息采集工作；加强服务型基层党组织建设，坚持开展煤矿“双覆盖”工程，取得良好成效，发展预备党员1人，转正1人，培养入党积极分子4人；组织党员开展义务劳动、重温入党誓词、迎“七一”文体活动等活动5次。通过“三个坚持”（坚持指导思想、坚持从严治党、坚持调查实践）确保“两学一做”学习教育成果。坚持“一周三学”，筑牢思想基础。落实“两学一做”学习教育常态化、制度化，促进党员思想认识不断提高。坚持“每月考核”，推动责任落实。坚持“问题导向”，提升工作质效。常态化狠抓机关作风整顿工作，全面加强监管监察工作，实现隐患“清零”。

**【获得荣誉】** 2017年，总支书记、局长姜秀峰被评为全国安全生产监管监察先进个人。

**【负责人名单】**

局长：姜秀峰（党总支书记）

副局长：冯存辉　林大鹏

执法大队队长：王存福

管理中心主任：高大勇

（王存福）

## 市场监督管理

**【概　况】** 梨树区市场监督管理局（挂区工商行政管理局、区食品药品监督管理局牌子）紧紧围绕市局“高效服务推进法治建设年”的目标要求，以服务经济大发展为主线，在具体工作中全面落实总局提出的“五个更加”（更快步伐优化市场准入、更大力度加强监管执法、更实举措维护合法权益、更高标准强化指导服务、更多手段落实扶持措施）的要求，进一步厘清思路，提高认识，努力建设区委、区政府满意，市局党委满意，市场主体满意，系统干部职工满意的“四满意”和谐市场监管队伍，完成2017年目标工作任务。2017年，全区有个体工商户2112户、内资企业29户、农民专业合作社28户、个人独资企业41户、小作坊经营1户；新增个体工商户268户、农民专业合作社5户、个人独资企业18户；换发“三证合一”执照59户，其中内资企业25户、农民专业合作社17户、个人独资企业17户；有食品（含餐饮）经营户416户，其中食品经营服务单位234户、餐饮服务单位172户、单位食堂10户；新增食品（含餐饮）经营户182户，其中食品经营服务单位76户、餐饮服务单位101户、单位食堂5户。

**【社会信用系统建设】** 依托区政府政务服务网、国家企业信用信息公示系统、信用黑龙江网及信用鸡西网及时公布诚实守信企业和失信企业。在区政务服务网站发布相关信息16条，报送市诚信办诚信相关信息17条，发布到国家信用系统1406条。通过及时公布经营户的信用信息，引导社会力量进行监督，提高经营者诚信经营的市场主体意识。

**【工商登记制度改革】** 全面推进“两证整合、一照一码”登记制度，加大力度引导个体工商户在规定时间内更换“一照一码”营业执照。个体工商户更换“一照一码”执照1238户，更换率67.1%。“三证合一”执照已更换59户，其中企业25户、农民专业合作社17户、个人独资17户，更换率77.3%。同时设立“两证整合”登记注册咨询服务热线，安排专人就咨询问题进行解答并受理相关业务。完善市场主体退出机制，认真落实简易注销办法。通过对经营者提交的材料进行审核，即可完成对申请者的简易注销程序，完成简易注销个体户328户。认真落实个体工商户、农民专业合作社年报制度，推进个体工商户纸质年报电子化，加强年报公示信息“双随机、一公开”抽查工作。企业纸质年报材料全部过渡到网上年报，实现年报全程电子化，共年报个体户1406户，同比增长6%。继续加强“双随机”抽查工作，抽查个体户47户、企业1户，公开企业事项235项，未发现违法违规情况。扎实开展“红盾护农”，强化农资商品质量抽查检验。对全区4户农资企业展开突击检查，出动执法人员30余人次、执法车辆4台，主要针对尿素、磷酸二铵、硫酸钾镁等肥料进行抽样检查。经查发现鸡西市农丰植物医院梨树门市部所销售的“蒙斯特”颗粒硫酸钾中氯离子超标，判定为不合格产品，按照《中华人民共和国产品质量法》第五十条规定，对该企业作出行政处罚决定，没收库存的21袋“蒙斯特”颗粒硫酸钾肥料，并处罚没款5110元。

**【地理商标战略】** 制定地理商标企业发展规划，全面推进梨树区好酒酒业申报商标项目。根据区山产品大市场实际情况，把山产品与药材商标注册服务工作作为商标服务的重点工作，对农民专业合作社进行摸底，做到重点扶持、上门指导。引导企业充分利用大市场电子商务孵化基地平台，开展线上线下对接，加大山货推广力度，促进大市场增收。

**【食品安全监管】** 调整食安办成员单位，重新明确食品安全监管职责，切实贴合各成员单位工作职能。明确监督管理机构，调整各市场监管所行政执法人员，增加执法人员数量。召开局务办公会，明确班子各成员分工职责，落实“四有”（食品药品监管有责、有岗、有人、有手段）工作要求。3月30日和4月1日，组织开展全区食品安全观摩会，为餐饮服务经营者讲解《中华人民共和国食品安全法》《黑龙江省食品安全条例》等相关法律、法规，52家餐饮单位参加，报送的信息材料被市食品药品监督管理局和省食品药品监督管理局在官方网站上发布。3月31日，在农贸综合市场南门前组织开展"'12331'守护食品药品安全"主题宣传日活动，通过发放海报和宣传册等形式，进一步扩大举报电话公众知晓度和社会知名度，展现梨树区食品药品监督管理局监管为民的良好形象。区市场监督管理局为全面推进创城工作的有效开展，制作600块创城工作宣传牌匾，发放文明餐桌牌200块，申报评比文明诚信经营店8家，15块电子显示屏滚动播放社会主义核心价值观，切实从企业日常生产经营抓起，引导企业树立起诚信经营、文明经营、守法经营的良好意识。同时区市场监督管理局连续两届获"省级文明单位"称号。开展保健食品、化妆品专项整治工作。加大对保健食品、化妆品进货渠道、标签标识、有效期限及产品合格证明的监管力度，出动执法人员42人次、执法车辆2台，检查保健食品、化妆品经营户63户次，未发现违法违规等情况。

**【食品生产经营监管】** 开展以食品打假为重点，确保节日安全、人身健康为目的的专项整治工作。针对肉及肉制品、乳制品、白酒、食用植物油等食品进行专项整治。对元旦、春节、"五一"、中秋和"十一"等重要时间节点的市场经营秩序、交易行为等进行全面整顿，全局先后出动执法人员70余人次，共检查经营户341户次，维护节日市场经营秩序。检查全区中小学周边经营店53户，出动执法人员30余人次，维护校园周边食品安全。采取有效措施，积极开展严厉打击违法使用食品添加剂专项整治行动，共出动人员23人次，检查食品经营户296户。在专项整治行动中，查出饭店非法使用超期食品添加剂，责令该企业限期整改，同时依据《中华人民共和国食品安全法》《黑龙江省食品安全条例》规定，对涉事饭店作出没收超期食品添加剂并处罚款5万元的行政处罚决定。

**【质量强区建设】** 对中联商城、区医院和鑫源小区的电梯设施设备进行检查。发现中联商城和鑫源小区均存在电梯安全管理制度不完善、未制订电梯应急救援预案和未建立电梯安全技术档案等问题。下达整改通知书，责令其加强安全管理，消除安全隐患。对区医院的锅炉进行检查，重点检查是否按规定办理特种设备使用登记、是否在检验合格期内使用、作业人员是否持证上岗等内容。通过检查，未发现区医院锅炉存在上述问题。对市质监局移交的梨树区特种设备使用单位及设备台账中涉及的单位进行实地检查，其中包括锅炉类企业35家、起重机械类企业17家、电梯类企业3家、压力容器类企业10家。重点检查台账中涉及的企业是否在业、生产情况、设备设施使用情况、证照是否超期等。加强流通领域电线电缆产品质量监管，严厉查处销售假冒伪劣电线电缆行为。检查电线电缆产品经营户5户，未发现无照经营电线电缆和经销"三无"电线电缆等违法行为。

**【非法集资排查清理】** 从防控金融风险、维护金融安全的高度，对重点领域投资理财、金融服务、户外广告、传单等印刷品发布传播的涉嫌非法集资广告资讯信息进行全面清理整治，检查金融机构2家、印刷厂3家、复印社5家。通过检查和宣传查处非法集资有关规定，从源头预防非法集资情况发生。

**【标准化市场建设】** 针对农副产品市场、早市及节假日自由集贸市场交易活跃、摊贩活动频繁，容易形成监管盲区这一特点，制定《食品安全巡查制度》。各市场监管所按照属地管理的原则，负责辖区内农贸市场的监督管理。合理设定监管责任区，将农贸市场、固定食品摊贩集散地等交易场所作为重要场所纳入网格化监管，分别划归相应的监管责任区和监督检查人员，做到网定格、格定责、责定人。每个监管责任区配备不少于2名监督检查人员，监督检查人员在监管区域内分片承担监管任务，实行各自负责、共同监管制度。分管副局长实行主要领导负责制，责任人负责岗位分工工作。重点巡查学校、市场周边店铺，以卤制食品、凉拌食品、鲜肉食品、冷冻食品、油炸和烧烤肉制品等为重点商品，依法查处流通环节违法经营食品行为。深入开展流通领域商品质量监测和食品抽样检验工作，全局共完成109次食品抽样检验工作，抽检结果全部合格，并已按要求在政府网站公示。

**【对上争取资金工作】** 根据《食品药品监管总局关于印发全国食品药品监督管理机构执法基本装备配备指导标准的通知》（食药监财〔2014〕204号）和《鸡西市食品药品监督管理局关于进一步配备应急装备的通知》（鸡食药监发〔2017〕330号）的要求，向市食品药品监督管理局争取到位资金14万元，用于配备食品药品执法和应急处置装备。装备分为基本装备、取证工具、快速检测装备和应急处置装备等4类，共77种。

**【负责人名单】**

局长：李　军

副局长：张晓伟　宋仁昌　吴庆华　高　红

（刘鉴辉）

# 教育　文化　体育

## 教　育

**【概　况】** 2017年，在区委、区政府的关心支持下，区教育局以党代会精神和区委十八届二次全会、三次全会精神为指导，坚持“质量发展提内涵，强化管理促发展”的发展目标，完成各项工作任务。年末，全区有各级各类学校4所，其中小学1所、九年一贯制学校1所、初中1所、完全中学1所。在校学生人数2695人，其中小学生1326人、初中生1083人、高中生286人。有教职工453人，其中小学教职工198人、中学教职工205人、高中教职工50人。有幼儿园12所，其中公办幼儿园1所、民办幼儿园11所，普惠性民办幼儿园9所。全区在园幼儿880多人，学前三年入园率80%。有民办培训机构3所。通过市政府向省厅申报，完成穆棱学校撤并工作，并入二十五中学、太阳升小学的师生在工作、学习上状态良好。制定《梨树区第三期学前教育三年行动计划》。作为全市唯一一所区属公办高中的第六中学被市教育局批准招收冰上运动体育特长班1个（35人），有效推进普通高中多样化、特色化发展进程。

**【教育民生工程】** 2017年，区投入160多万元，完成太阳升小学屋面防水，加固平岗学校塑料窗、围墙、旱厕和扩大幼教中心办学规模等教育民生实事，提升公办学校标准化建设水平。全区107名贫困、残疾学生得到广大社会团体资助。鸡西小微商会为太阳升小学50余名贫困学生捐助价值2万余元的学习用品。

**【教育教学】** 开展梨树红色文化教育、社会主义核心价值观教育、演讲比赛和书画展，培养学生良好的道德情操。有1所学校、5个班级和10名学生分别被评为市级好习惯示范校、示范班和示范生。举办梨树区优质课大赛，提升教师能力和水平，在国家“一师一优课，一课一名师”活动中，晒课35节，获评国家级优课1节、省级优课3节、市级优课3节。4月19日，梨树区教育局工会组织各中小学、幼儿园开展微课制作技能竞赛，10名教师参加竞赛。活动结束后，评审出一等奖2人、二等奖3人。区太阳升小学通过市级首批信息化示范学校验收，平岗学校通过市级好习惯示范校验收。12月6—8日，举办梨树区第十八届“梨花杯”中小学教师课堂教学大赛。全

4月19日，区教师进行微课制作技能竞赛

区共126名教师参加比赛，27名教师进入决赛，最终12人获奖。2017年，涌现出省级“建功立业标兵”1人、市级学科带头人5人、市级骨干教师11人、区级教育工作先进个人10人、十佳班主任10人、优秀教师27人、教育工作先进集体8个。中考全区700分以上10人，600分以上86人，中考成绩创历史最高水平。

**【特色教育】** 2017年1月14日，区政府在玉潭湖（原猴石水库）举行鸡西市首届“冰雪欢乐汇”梨树玉潭湖全民冰雪活动基地启动暨全市速滑、冰球比赛开幕式。市委书记康志文、市长张常荣等市、区四大班子领导参加开幕式。市内外15支队伍和213名运动员参赛。区教育局分别获高中、初中组团体总分第一名。2017年12月20日，由中共梨树区委员会、梨树区人民政府主办，梨树区教育局承办的“第二届梨树区玉潭湖冰雪欢乐汇”暨全区速滑、冰球比赛在玉潭湖举行开幕式。区委副书记李吉文出席仪式并代表区委、区政府致辞。梨树区教育系统从12月9日开始筹建此次活动，历时11天完工，投入教职员工180余人参与活动建设。有梨树区四个班子主要领导、全区广大机关党员干部、区教育局、各中小学师生、社会各界人士、广大冰雪爱好者和325名参赛选手，共计3000余人参加活动。经过3个组别的速度滑冰、冰球、雪地拔河等4个项目比赛后，大会评选出个人一等奖25人、二等奖19人、三等奖13人，团体奖项4项。鸡西市第六中学冰球队先后参加国家级、省级比赛。7月，第六中学的贝朗陆冰球俱乐部在第十三届全运会上战胜北京队，进入全国六强。第六中学冰球特长班被市教育局批准面向全市招生；第二十五中学成功申报速滑传统体育项目学校，铜管乐艺术教育省、市有名；太阳升小学“读好书、写好字、做好人”养成教育和平岗中学“七步五结构”目标尝试教学各具特色，“一校一品”初步形成。

12月21日，区文体局在玉潭湖举行全市速滑比赛

**【队伍建设】** 发挥党员教师先锋模范作用，开展“富民强区作表率，三尺讲台当先锋”党员教师示范课活动，党员带头上示范课。进行师德师风专项整治、师德师风大讨论教育活动。邀请市级教育专家27人到区进行培训指导，选派236人参加国家省市级教育培训。开展教师基本功大赛、课件大赛和工会优质课评选等活动，13名教师获得市级优秀奖。11月5日、6日，梨树区教育局组织开展“课题研究进课堂”课堂教学比赛，教育局副局长吴勇及各教研员共5人担任评委。7名教师参加比赛，最终评选出第一名1人、第二名2人，其他教师获优秀奖。

**【安全稳定】** 严格执行校园安全责任制，签状明责，开展安全大检查、大整治26次，整改隐患28个，举行应急演练8次，举办消防安全讲座12节，联合交管、工商和卫生等部门进行校园环境周边治理。区教育局在区“安康杯”安全生产知识竞赛中获第一名，区教育局连续10年被授予区级“安全生产先进单位”荣誉称号。

**【信　访】** 区教育局坚持“一访一策”抓信访，对1件缠访（赵某案）和大中专毕业生信访进行重点处置，对90年代末没有分配的师范类大学生18人进行安置。

**【教育工作会议】** 3月22日，梨树区召开全区教育工作会议，总结2016年工作，安排部署2017年重点工作任务，表彰玉潭湖全民冰雪活动基地建设工作4个先进集体和17名先进个人。梨树区委常委、常务副区长崔仕臣出席会议并讲话。梨树区教育局党委书记、局长迟秀伟代表全区教育工作者做题为“心系学生、甘于奉献，用爱心谱写梨树教育发展新篇章”的工作报告。各中小学、幼儿园在会上递交党风廉政建设和安全工作责任状。教育局机关、全区各中小学校中层以上领导、学年组组长、教研组组长、骨干教师以及公办、民办幼儿园负责人，共计180多人参加会议。

**【幼儿园工作】** 5月15日，梨树区教育局组织全区公办、民办幼儿园园长召开2017年梨树区学前教育宣传月活动启动仪式，要求各幼儿园要树立科学的教育理念，开展以“游戏——点亮快乐童年”为主题的丰富多样的宣传活动，为梨树区学前教育宣传月活动拉开序幕。12月5日，梨树区教育局党委书记、局长迟秀伟，区政府教育督导室主任马美娟，区教育局副局长马荟玲等一行8人，深入公办、民办幼儿园进行规范幼儿园办园行为专项督导检查。

**【岗前培训】** 8月30日，梨树区教育局在鸡西市第二十五中学汇报厅举行90年代末未分配师范类毕业生岗前培训。岗前培训由梨树区教育局副局长马荟玲主持，梨树区教育局党委书记、局长迟秀伟作重要讲话。鸡西教育学院刘丽艳、孙倩两位专家及区政府教育督导室主任马美娟，教育局副局长吴勇，教育局党委副书记栾晶，18名毕业生，区教育局人事、师训部门负责人，学科教研员，各中小学校长、教师，共计126人参加培训。

**【教师节大会】** 9月8日，梨树区召开教育工作暨第三十三个教师节庆祝大会，总结教育工作，表彰先进典型。会议由区委副书记李吉文主持，梨树区委书记付明波代表区四个班子向辛勤工作在教育一线的教师们致以节日的问候，并作讲话。区四个班子领导程显峰、张久仁、崔仕臣、李玉启、李炜、方明浩出席会议并为获奖先进集体和个人颁奖。受到表彰的先进代表向大会分别作表态发言。会后举行文艺汇报演出，为全区广大教职员工送上节日的祝福，以梨树教育人奋发有为的精神风貌和特色鲜明的教育教学成果向中共十九大献礼。

**【考核检查】** 11月8日、10日，梨树区教育局组织相关科室工作人员在区教育局局长助理孙翠萍带领下，一行14人深入全区各校进行目标管理过程考核日常检查。对各校的学校规划、学校管理、队伍建设、教育质量、学校安全、艺体特长及学校制定的特色教育等方面进行全面检查和评分。

2017年度区级以上集体荣誉统计表

表8

| 单位 | 荣誉称号 | 颁发部门 | 颁发时间 |
|---|---|---|---|
| 鸡西市第六中学 | 文明校园 | 市政府 | 2017年9月 |
| 鸡西市第六中学 | 民主法治学校 | 市法治宣传组 | 2017年9月 |
| 鸡西市第六中学 | 教育工作先进集体 | 区政府 | 2017年9月 |
| 鸡西市第六中学 | 春雷助学爱心单位 | 区妇联 | 2017年8月 |
| 鸡西市第六中学 | 2017年度中小学生冰上运动会初中、高中总分第一名 | 区教育局 | 2017年12月 |
| 鸡西市第二十五中学 | 2017年度中小学生冰上运动会成人组团体总分第一名 | 区教育局 | 2017年1月 |

续表 8

| 单位 | 荣誉称号 | 颁发部门 | 颁发时间 |
|---|---|---|---|
| 鸡西市第二十五中学 | 2017 年度中小学生冰上运动会<br>初中组团体总分第一名 | 区教育局 | 2017 年 1 月 |
| 鸡西市第二十五中学 | 2016 年“玉潭湖”全民<br>冰雪活动基地筹建工作先进集体 | 区教育局 | 2017 年 3 月 |
| 鸡西市第二十五中学 | 梨树区“6・27”毒品预防教育基地 | 区禁毒委员会、<br>区教育局 | 2017 年 7 月 |
| 鸡西市第二十五中学 | 鸡西市毒品预防教育示范学校 | 市禁毒委员会、<br>市教育局 | 2017 年 9 月 |
| 鸡西市第二十五中学 | 教育工作先进集体 | 区委、区政府 | 2017 年 9 月 |
| 鸡西市第二十五中学 | 2017 年度中小学生冰上运动会<br>初中组团体总分第二名 | 区教育局 | 2017 年 12 月 |
| 梨树区平岗学校 | 2017 年度中小学生冰上运动会<br>成人组团体总分第三名 | 区教育局 | 2017 年 1 月 |
| 梨树区平岗学校 | 2016 年“玉潭湖”全民<br>冰雪活动基地筹建工作先进集体 | 区教育局 | 2017 年 3 月 |
| 梨树区平岗学校 | 全区中小学队列评比二等奖 | 区教育局 | 2017 年 4 月 |
| 梨树区平岗学校 | 十三届全国语文规范化<br>知识大赛优秀组织奖 | 中国教育总会 | 2017 年 5 月 |
| 梨树区平岗学校 | 通用规范汉字听写比赛<br>中学组团体第一名 | 区教育局 | 2017 年 6 月 |
| 梨树区平岗学校<br>初四学年组 | 区级教育工作先进集体 | 区委、区政府 | 2017 年 9 月 |
| 梨树区平岗学校 | 鸡西市好习惯示范校 | 市教育局 | 2017 年 10 月 |
| 梨树区平岗学校 | 第二届“新华杯”小学生<br>阅读大赛团体二等奖 | 市教育局 | 2017 年 11 月 |
| 梨树区太阳升小学 | 通用规范汉字听写比赛团体第一名 | 区教育局 | 2017 年 6 月 |
| 梨树区太阳升小学 | 2017 年度中小学生冰上运动会<br>团体总分第一名 | 区教育局 | 2017 年 12 月 |
| 梨树区太阳升小学 | 中小学队列比赛一等奖 | 区教育局 | 2017 年 4 月 |
| 梨树区太阳升小学 | 梨树区小学组和成人组冰上运动会<br>团体总分第一名 | 区教育局 | 2017 年 1 月 |
| 梨树区太阳升小学 | 梨树区小学组和成人组冰上运动会<br>团体总分第二名 | 区教育局 | 2017 年 1 月 |
| 梨树区太阳升小学 | 2016 年“玉潭湖”全民<br>冰雪活动基地筹建工作先进集体 | 区教育局 | 2017 年 3 月 |
| 梨树区太阳升小学 | 区级教育工作先进集体 | 区政府 | 2017 年 9 月 |
| 梨树区太阳升小学 | 春蕾助学爱心单位 | 区妇联 | 2017 年 8 月 |
| 梨树区幼教中心 | 梨树区巾帼建功先进集体 | 区委、区政府 | 2017 年 3 月 |
| 梨树区幼教中心 | 鸡西市学前教育信息报送先进集体 | 市教育局 | 2017 年 3 月 |
| 梨树区幼教中心 | 区级教育工作先进集体 | 区委、区政府 | 2017 年 9 月 |

## 2017年度区级以上个人荣誉统计表

表9

| 姓名 | 所在单位 | 荣誉称号 | 颁发部门 | 颁发时间 |
|---|---|---|---|---|
| 张洋 | 鸡西市第六中学 | 语文学科带头人 | 市教育局 | 2017年9月 |
| 李婧 | 鸡西市第六中学 | 毒品预防优秀教师 | 市教育局 | 2017年9月 |
| 盛英东 | 鸡西市第六中学 | 生物学科骨干教师 | 市教育局 | 2017年7月 |
| 张海芬 | 鸡西市第六中学 | 市级师德标兵 | 市教育局 | 2017年9月 |
| 张海芬 | 鸡西市第六中学 | 物理学科骨干教师 | 市教育局 | 2017年7月 |
| 李莉 | 鸡西市第二十五中学 | 语文学科骨干教师 | 市教育局 | 2017年10月 |
| 王兴云 | 鸡西市第二十五中学 | 语文学科骨干教师 | 市教育局 | 2017年10月 |
| 刘海霞 | 鸡西市第二十五中学 | 毒品预防“优秀教师” | 市禁毒委员会、市教育局 | 2017年9月 |
| 梁大巍 | 鸡西市第二十五中学 | 优秀教师 | 区委、区政府 | 2017年9月 |
| 高扬 | 鸡西市第二十五中学 | 优秀教师 | 区委、区政府 | 2017年9月 |
| 陈庆慧 | 鸡西市第二十五中学 | 优秀教师 | 区委、区政府 | 2017年9月 |
| 付忠红 | 鸡西市第二十五中学 | 优秀教师 | 区委、区政府 | 2017年9月 |
| 李莉 | 鸡西市第二十五中学 | 优秀班主任 | 区委、区政府 | 2017年9月 |
| 路志国 | 梨树区平岗学校 | 优秀教师 | 区政府 | 2017年9月 |
| 路志国 | 梨树区平岗学校 | 微课大赛二等奖 | 区教育局 | 2017年4月 |
| 姚丽佳 | 梨树区平岗学校 | 优秀教师 | 区政府 | 2017年9月 |
| 孔凡凤 | 梨树区平岗学校 | 优秀教师 | 区政府 | 2017年9月 |
| 刘晓华 | 梨树区平岗学校 | 中考阅卷教师 | 市教育局 | 2017年7月 |
| 刘晓华 | 梨树区平岗学校 | 十佳班主任 | 区政府 | 2017年9月 |
| 何薇 | 梨树区平岗学校 | 优秀阅卷教师 | 市教育局 | 2017年7月 |
| 何薇 | 梨树区平岗学校 | 优秀教师 | 区政府 | 2017年9月 |
| 高源 | 梨树区平岗学校 | 先进个人 | 区教育局 | 2017年3月 |
| 孙萍 | 梨树区平岗学校 | 十佳班主任 | 区政府 | 2017年9月 |
| 董善杰 | 梨树区平岗学校 | 优秀教师 | 区政府 | 2017年9月 |
| 王永飞 | 梨树区平岗学校 | 骨干教师 | 市教育局 | 2017年7月 |
| 孙建华 | 梨树区平岗学校 | 师德先进个人 | 市教育局 | 2017年9月 |
| 孙建华 | 梨树区平岗学校 | 三八红旗手 | 区妇联 | 2017年3月 |
| 王昆 | 梨树区平岗学校 | 骨干教师 | 市教育局 | 2017年9月 |
| 杨晓霞 | 梨树区平岗学校 | 学科带头人 | 市教育局 | 2017年9月 |
| 宋俊艳 | 梨树区太阳升小学 | 师德先进个人 | 市教育局 | 2017年9月 |
| 宋俊艳 | 梨树区太阳升小学 | 数学骨干教师 | 市教育局 | 2017年7月 |
| 黄娟 | 梨树区太阳升小学 | 语文骨干教师 | 市教育局 | 2017年7月 |
| 孟庆慧 | 梨树区太阳升小学 | 语文骨干教师 | 市教育局 | 2017年7月 |
| 时平 | 梨树区太阳升小学 | 语文骨干教师 | 市教育局 | 2017年7月 |
| 李丹丹 | 梨树区太阳升小学 | 语文学科带头人 | 市教育局 | 2017年9月 |
| 程鑫 | 梨树区太阳升小学 | 一师一优课一等奖 | 市信息技术教育中心 | 2017年11月 |
| 宋俊艳 | 梨树区太阳升小学 | 一师一优课二等奖 | 市信息技术教育中心 | 2017年11月 |
| 杨忠玲 | 梨树区太阳升小学 | 市级命题大赛二等奖 | 市教育局 | 2017年12月 |

续表 9

| 姓名 | 所在单位 | 荣誉称号 | 颁发部门 | 颁发时间 |
|---|---|---|---|---|
| 王雪萍 | 梨树区幼教中心 | 梨树区“三八红旗手” | 区委、区政府 | 2017 年 3 月 |
| 王淑华 | 梨树区幼教中心 | 全市学前教育信息报送先进个人 | 市教育局 | 2017 年 3 月 |
| 王雪萍 | 梨树区幼教中心 | 全市学前教育信息报送先进个人 | 市教育局 | 2017 年 3 月 |
| 周泳伽 | 梨树区幼教中心 | 全市学前教育信息报送先进个人 | 市教育局 | 2017 年 3 月 |
| 徐伟宏 | 梨树区幼教中心 | 全市学前教育信息报送先进个人 | 市教育局 | 2017 年 3 月 |
| 王雪萍 | 梨树区幼教中心 | 黑龙江省学前教育信息报送先进个人 | 省教育厅 | 2017 年 1 月 |
| 于莉 | 梨树区幼教中心 | 梨树区第二届教师微课二等奖 | 区教育局 | 2017 年 4 月 |
| 周泳伽 | 梨树区幼教中心 | 区教育工会优质课二等奖 | 区教育局 | 2017 年 7 月 |
| 周泳伽 | 梨树区幼教中心 | 区级优秀教师 | 区委、区政府 | 2017 年 9 月 |
| 王岩 | 梨树区幼教中心 | 区级十佳班主任 | 区委、区政府 | 2017 年 9 月 |
| 王雪萍 | 梨树区幼教中心 | 区级教育工作先进个人 | 区委、区政府 | 2017 年 9 月 |
| 王岩 | 梨树区幼教中心 | 第三届全省农村中小学生优秀美术作业展指导教师 | 省政协办公厅、省教育厅、省文化厅 | 2017 年 9 月 |
| 徐伟宏 | 梨树区幼教中心 | “梨花杯”课堂大赛二等奖 | 区教育局 | 2018 年 1 月 |
| 田梅 | 梨树区幼教中心 | “梨花杯”课堂大赛优秀奖 | 区教育局 | 2018 年 1 月 |
| 田梅 | 梨树区幼教中心 | 区级“四有好老师” | 区教育局 | 2018 年 1 月 |

**【负责人名单】**

局长（党委书记）：迟秀伟（女）

副局长：张宗喜（2010.9—2017.3）

马荟玲（女）（2017.4—　）

丁敏慧（女）（2012.5—2017.7）

吴　勇（2017.8—　）

（王熙臣）

## 鸡西市第六中学

**【概　况】** 鸡西市第六中学是一所完全中学，在校学生总数 663 人，其中高中生 297 人，初中生 366 人。共有教学班 16 个，教职工 89 人。区教育局对教育整体布局调整后，该校在行政管理上与二十五中学分离。面对教室紧张、教师短缺、资金匮乏等困难，学校一方面积极与区教育局申请调配，另一方面，发扬艰苦奋斗的光荣传统，多方筹措，统筹安排，确保学校各项教育教学工作按部就班、有条不紊地有效开展。2017 年，在区委、区政府、区教育局的正确领导下，校全体教职员工本着“发展特长、人文见长”的指导思想，完成全年工作任务。中考超额完成配额指标；高考有 5 人达到二表本科分数线。陆冰球特长教学成果显著。校先后获得市级文明校园、市级民主法治学校、区级教育工作先进集体和区级春蕾助学爱心单位等称号。校长刘春梅在梨树区第一届校长论坛上获得一等奖。

**【教育民生工程】** 为了防止学生流失，提高控辍率，保证孩子接受教育的权利，校通过多种渠道对困难学生、残疾学生进行补助，并努力改善教师的办公环境，提升公办学校标准化建设水平。学校被评为市级春蕾助学爱心单位。

**【教育教学】** 以雷锋精神为主线，积极开展红色文化教育、社会主义核心价值观教育、演讲比赛和书画展，培养学生良好的道德情操，有 1 个班级、2 名学生被评为市级好习惯示范班、师范生。

举办教学展示课、工会微课制作大赛优质课大赛活动，提升教师能力和水平，在国家“一师一优课、一课一名师”活动中，晒课19节，获得省级2节、市级10节。2017年，涌现出市级学科带头人1人、市级骨干教师2人、市级师德标兵1人、市级毒品预防优秀教师1人，区级教育工作先进个人1人、十佳班主任2人、优秀教师12人、教育工作先进集体1个。

**【特色教育】** 校陆冰球队先后参加国家级、省级比赛。参加黑龙江省传统学校第二季比赛，获得男子组第四名、女子组第二名；参加黑龙江省首届学生冬季运动会冰球比赛，获得男子组第四名；参加第二届冬季运动会，获得男子组高校混合组冠军；参加全国中小学生锦标赛，获得第八名。参加2017年度区级中小学生冰上运动会，获得初中组、高中组总分第一名。管乐队、研究性学习、校本课的研发成为校办学的又一亮点。

**【队伍建设】** 开展教师基本功大赛、课件大赛、课题研究课和工会优质课评选活动，1名教师被评为市级师德标兵，1名教师被评为市级学科带头人，2名教师被评为市级骨干教师，1名教师被评为市级毒品预防优秀教师。

**【安全稳定】** 定期进行防火、防震、防暴应急疏散演练，联合交管、工商、卫生等部门进行校园周边环境治理。学校被评为市级文明校园、市级民主法治学校。

**【文化体育】** 9月，校举办开学典礼、十八岁成人礼、社团活动、文艺会演等活动，浇灌冰场。

**【负责人名单】**

书记：赵忠举（　—2017.5）
　　张秀芹（女）（2017.8—　）
校长：刘春梅（女）
教学校长：张秀芹（　—2017.7）
　　李善波（2017.8—　）
德育校长：吴　勇（　—2017.7）
　　刘丽萍（女）（2017.8—　）
安全校长：孙宏波（　—2017.7）
　　张宗喜（2017.8—　）

（王熙臣）

## 鸡西市第二十五中学

**【概　况】** 2017年8月，校与六中由整合共管走向分校而治，又与穆棱一中合并。学校有11个教学班，学生447人，在编教师109人，专职教师94人。校在区委、区政府领导下，在区教育局指导下，统一思想，确立“稳定、融合、发展”总基调，秉承“全面发展，人文见长”的办学理念，坚定不移地走创“规范＋特色”学校，育“合格＋特长”学生的办学之路。2017年，学校被评为区教育工作先进集体；被市体育局、市教育局命名为鸡西市体育传统项目学校；被市教育局、市公安局命名为鸡西市禁毒示范校；获区禁毒教育基地称号。在参加“一师一优课，一课一名师”活动中，4人获市级奖，1人获教育部奖；在期末调考中，“三率一分”（年辍学率、三年巩固率、初中毕业生升学率和学业成绩人均分）评比，共获19项第一、13项第二；承办区黑龙江省百万青少年上冰雪——中小学生雪地足球联赛；获得市速滑锦标赛初中组总分第四名、市速滑锦标体育道德风尚奖；获区第二届冬运会团体总分第二名。

**【党务管理】** 加强支部组织管理和干部队伍建设，组建新的支委会；推荐4名中层干部。加强党员管理，认真贯彻“两学一做”教育常态化、制度化要求，完成自查自纠工作，向上级推荐5名先进个人。完成党报党刊订阅、党费收缴和中共十九大精神学习宣讲系列工作。以做“四有”好老师为载体，切实加强师德师风建设，学校评选出2名教师参评区级“四有”好老师。

**【德育管理】** 成立以德育副校长、政教处、班主任、学生会组成的德育管理网络机制。在德育管理考评小组带领下，每日做到“五查”，即查到校、查集会和早操、查课间和午间、查自习课、查放学，每天对学生的日常行为进行检查评比，做周小结、月汇总，把考核结果纳入班级量化考核中，评出好习惯示范班和好习惯示范生。每月召开一次全体班主任会议，每月进行一次班主任集中培训。利用班会组织学习《中学生日常行为规范》，重要节日、纪念日举行手抄报、演讲赛、征文活动。通过校园广播、国旗下讲话，以讲故事形式进行习惯教育。在区武装部支持下，对初一新生进行军训和汇报表演。不断夯实艺体教育成果，举办“三独”（独唱、独舞、独奏）比赛，开展校园雪地足球赛，参加全市冰上速滑比赛，参加全区第二届冬季冰雪运动会和速滑比赛。每周进行一次安全排查，定期进行安全演练。中午休息时间统一入楼上锁，学生外出有请假条。请公安机关人员到校定期对学生进行法制教育。

**【教学改革】** 派出50人次参加市区级以上培训学习。每月召开一次教研组组长会议，研究和调整教学工作。围绕学生“乐学、会学、学会”的思路，重点从学习兴趣激发、学习习惯培养和学习方法指导入手，达到让学生“学会”这一最终目标。学期末评选出2个优秀教研组。实行单周集体备课、双周教研制度。开展校级教学设计评比活动，并推荐2人参加区、市级评比。继续深化“学案导学教学模式”课题成果。继续“十三五”课题“中学生良好学习习惯培养方法的研究”，有2名教师参加区级课题评比。召开实验教师会议，组织2次实验室检查。开设合唱、独唱、电声乐队、篮球、礼仪、综合实践、国画7门校本课，形成符合校情、学情的体现学校特色的校本课程。9月，重点开展“推普周”系列活动。采取“五个宣传”“一个展示”的形式来推动普通话宣传落实工作。10月，重点开展“教学开放月”活动。组织校级优质课竞赛，有17名教师参赛，评出一等奖6个、二等奖11个，并推选5人参加区第十八届“梨花杯”课堂教学比赛。开展以“书香满校园、阅读伴成长”为主题的读书活动。通过晨读、读书课、写读书笔记、办手抄报等形式，引导学生多读书、读好书。

**【安全稳定】** 成立以校长为组长的安全工作领导小组，建立安全保卫工作领导责任制和责任追究制。与安保人员签订责任合同，与班主任和教师签订安全责任状，贯彻“谁主管，谁负责”原则，实行一票否决制；建立健全定期检查和日常防范相结合的管理制度及学生管理、门卫值班、巡逻值班、防火防灾、食品卫生管理、防火安全管理、体育器材检查、健康体检等制度；建立学校安全意外事故处置预案制度，成立现场指挥组、协调联络组、后勤保障组、事故调查组、抢救组等机构，每学期都进行紧急疏散演习。与公安、卫生、综合治理等部门通力合作，组织开展一系列道德、法制教育活动。每学期都邀请法制副校长、社区治保主任及司法所的领导到学校上专题法纪、安全知识教育课。每周都开展常规检查，每周对师生进行一次安全教育，对校园内及周边存在的问题及时发现，及时整改或上报。

**【负责人名单】**

书记：赵忠举（ —2017.5）
于景茂（2017.8— ）

校长：刘春梅（女）（ —2017.7）
刘文斌（2017.8— ）

副校长：孙宏波（ —2017.7）
于景茂（ —2017.7）
吴　勇（ —2017.7）
马兆萍（2017.8— ）
刘丽莉（2017.8— ）
刘立平（2017.8— ）

（王熙臣）

## 梨树区太阳升小学

**【概　况】** 学校有计算机网络教室、微课室、实验室、图书室、美术室、书法室、舞蹈室、体育活动室、多媒体教室和综合实践活动室等多功能教室，有图书3万册、计算机251台、“班班通”设备26套。学校认真贯彻落实《义务教育法》，努力推进素质教育，促进义务优质教育均衡发展。2017年末，学校有教职工125人，教学班26个，学生920人。在区委、区政府的关心支持下，在市、区教育局正确领导下，坚持“为每个孩子幸福人生奠基”的发展目标，完成各项工作任务。先后获省级第二届冬季运动会冰球比赛优秀组织奖、市级好习惯示范班（2个）、区级春蕾助学爱心单位、区级教育工作先进集体等荣誉。

**【校园建设】** 投入400多万元，进行水冲厕所和教学楼防水工程建设。水冲厕所于2016年开工建设。2017年，学校争取到国家、团体、个人捐资助学金5万余元。7月15日，学校教学楼屋面防水工程开工建设，8月15日竣工。12月末，学校投入3万元安装校园监控系统，安装高清监控摄像头32个，监控录像机和监控显示器各2个。

**【教育教学】** 成立600余名师生的志愿者服务站；利用双休日，组织学生参加“老少同乐”关工委文艺演出；在全校教师中开展中华古诗文经典诵读活动，每周由一位教师带领全校诵读经典诗文；每学期向全体教师推荐一本经典著作；确立适合学生阅读的170本必读书目，并举办“现场作文”“读书笔记摘抄”“必读书目测试”“读后感评比”等活动展示学生读书成果，促进读书活动深入开展；开展经典积累背诵活动，一年级背诵《三字经》，二年级《弟子规》，三年级《笠翁对韵》，四年级《毛泽东诗词》，五年级《宋词精选》。11月10日，顺利通过市级首批信息化示范学校验收。11月28日，承办鸡西市“课堂教学改革展示”教研活动。冬季，学校克服各种困难，首次浇注冰场，购买100副冰刀，12月14日召开首届冰上运动会。12月20日，派出学生和教师运动员56人参加梨树区第二届“赏冰乐雪”中小学冬季运动会，取得小学组团体第一名。

**【特色教育】** 2017年5月31日，学校第八届校园艺术节召开。6月23日，在梨树区通用规范汉字听写比赛中获团体第一名。学校开设丰富多彩的特长活动课，让学生学有所长。学校开设轮滑、跆拳道、合唱、腰鼓和砂纸画等特长课，全面培养学生的艺术素养。

**【队伍建设】** 组织开展社会主义核心价值观教育活动，利用“党旗飘飘”空间和教师QQ群、微信群进行网络宣传，让全体教师深刻理解社会主义核心价值体系四个方面的基本内容，发挥党员教师先锋模范作用，开展党员教师示范课活动，进行师德师风专项整治、师德师风大讨论教育活动，打造风清气正教师队伍。成立以校长、业务校长牵头，教导主任、学科带头人、骨干教师为主体的纵横两组名师导课小组，深入全校每个学年、每个班级进行全校性的听评课指导，全面促进教师课堂教学水平的提升。扎实开展全校范围内的名师引领课、青年教师“亮剑课”、教学开放月家长展示课等多种方式的公开课展示评比活动，真正将校本研究落到实处，提高青年教师的授课水平。9月，张智妍、周彬、任立民、于国明、赵欣欣、刘悦欣、王宏、侯玉霞8名90年代末未分配毕业生分配到校参加工作；李存瑞、崔建霞、丛雪松、李金凤、毛秀美、陈广兰、苏士华、魏沿波、刘佰珍、郭加香、时平、孙永花、郑万红13名教师从穆棱一中转入校工作。

**【安全稳定】** 开展防火、防震、防暴恐疏散演练各2次，更换应急灯12个、安全指示牌8个、灭火器38个，举办消防安全知识培训2次，对学生进行防滑、防传染病、防毒、防食物中毒、防中暑、防溺水、防踩踏教育13次，发放致学生家长一封信、致通勤车司机一封信、致住宿生家长一封信各2次，开展对通勤生、住宿生教育活动各2次，开展学生安全知识竞赛、法律知识竞赛各2次，开展学生宪法知识竞赛1次，组织消防交通饮食安全图片展和征文展各1次，举办禁毒绘画展、征文展、心得展、书法展各1次。

**【负责人名单】**

书记：刘兆臣

校长：陈玉华（女）

副校长：赵　红（女）　孟庆慧（女）

李存瑞（2017.9—　）

（王熙臣）

## 平岗学校

**【概　况】** 平岗学校是九年一贯制学校，有19个教学班，其中小学有11个教学班，中学有8个教学班。在校学生人数638人，其中小学生386人，初中生252人。教职工96人。2017年，在区委、区政府的关心支持下，区教育局的正确领导下，以党代会精神和区委十八届二次、三次全会精神为指导，坚持“质量发展提内涵，强化管理促发展”的发展目标，完成各项工作任务。先后获得鸡西市第六届好习惯示范校、区级教育工作先进集体等荣誉。中考再创历史新高，市一中、实验中学配额线双双名列全市第二。

**【教育民生工程】** 区政府投资近100万元，加固学校中学部塑料窗、围墙、旱厕，改造线路，提升公办学校标准化建设水平。区30名贫困、残疾学生得到广大社会团体资助。

**【教育教学】** 开展梨树红色文化教育、社会主义核心价值观教育、演讲比赛、书画展，培养学生良好的道德情操。1个班级、2名学生分别获市级好习惯示范班、示范生称号。普及智慧课堂，举办教学展示课、工会微课制作大赛、优质课大赛活动，提升教师能力和水平，在国家“一师一优课，一课一名师”活动中，晒课18节。2017年，涌现出市级学科带头人1人、市级骨干教师3人，区级教育工作先进个人2人、十佳班主任2人、优秀教师6人、教育工作先进集体1个。中考700分以上2人，600分以上19人，中考成绩创历史最高水平。

**【特色教育】** 积极参加冰上运动，抽调教师，历时22天，建设猴石全民冰上活动基地，在全区冰雪运动会上获得佳绩。“七步五结构”目标尝试教学已具特色，“一校一品”初步形成。

**【队伍建设】** 强化师德建设。发挥党员教师先锋模范作用，开展“富民强区作表率，三尺讲台当先锋”党员教师示范课活动，党员带头上示范课。致力师能提升。组织教师参加各级各类培训，其中省级培训2人，市级培训40人次，区级培训30人次，定期开展校本培训。开展教师基本功大赛、课件大赛、课题研究课和工会优质课评选等活动，2人获得市级优质课奖，9人获得区级优质课奖。

**【安全稳定】** 严格执行校园安全责任制，签状明责，开展安全大检查、大整治8次，整改隐患8个，举行应急演练2次，举办消防安全讲座1节，联合交管、工商、卫生等部门进行校园环境周边治理。对90年代末师范类未分配大学生4人进行安置。

**【文化体育】** 组织教师上好体育课，开展各项体育活动，举办校级运动会、校园艺术节活动，开展跳绳比赛，参加梨树区第四届“梨花音乐节”大合唱比赛等。

**【负责人名单】**

书记：赵　妍

校长：刘文斌（　—2017.7）

孙海军（2017.8—　）

副校长：陈艳华

孙海军（　—2017.7）

刘丽萍（　—2017.7）

张敬华（2017.8—　）

杨浩林（2017.8—　）

（王熙臣）

## 文化　体育

**【概　况】** 2017年，梨树区文化局归属区教育局管理，保留区文化局公章。区文化局职责是负责全区的文化和体育工作。区教育局局长兼任区文化局局长，有工作人员3人。黑龙江省文化厅于2014年同意将梨树区的市级文物保护单位——老矿办遗址命名为梨树区博物馆。区博物馆内收藏有孙越崎和陈慕华的一些物品。

**【区博物馆修缮工作】** 区文化局筹集资金对老矿办遗址——鸡西市梨树区博物馆（简称区博物馆）进行修缮，做好俄式建筑群的利用性保护工作。老矿办遗址地处梨树煤矿西山坡下（原省道S206线鸡图公路旁），距区政府4公里。其前身原址为1925年9月11日成立的穆棱煤矿（公司）矿路事务所，是一座俄式平房建筑。1927年7月，中共在穆棱煤矿矿路事务所成立支部委员会，是鸡西地区最早的中共支部委员会。

区博物馆内收藏的孙越崎的物品有1924年初他创建穆棱煤矿时用的绘图桌、绘图仪、住宅钥匙和1949年11月后中央人民政府的委任书复印件。孙越崎（1893—1995，浙江绍兴人），被尊称为“工矿泰斗”。1923年12月—1929年8月，他在穆棱煤矿工作，与大家艰苦努力，将穆棱煤矿建设成为当时东北北部最大的一座较现代化煤矿。穆棱煤矿是鸡西矿区建起的第二座正规煤矿。1925年，他主持设计并领导施工全国煤矿第一对竖井——穆棱煤矿第二直井。现二井仍耸立在梨树煤矿东山坡下。

7月30日，区教育系统人员参加梨树区庆祝建区60周年·喜迎十九大文艺汇演全区大合唱比赛

区博物馆内收藏的陈慕华的物品有1946年—1948年她在穆棱煤矿工作时用的办公桌、办公椅、卷柜和住宅钥匙。陈慕华（女，1921—2011，浙江青田人）。1946年11月，东北铁路总局总工会委任她为穆棱煤矿工会特派员；东北铁路护路军司令部委任她丈夫钟毅为穆棱煤矿军代表（兼矿长）。夫妻两人深入矿工和家属群众中访贫问苦，宣传中共的方针政策，配合中共穆棱县委工作团，发动群众向满泰大把头开展斗争，公审镇压恶霸、汉奸。因为矿上严重缺粮，她帮助矿总工会派人去外地购粮；她发动职工用“献工出煤”的钱集资成立职工消费合作社，保障职工生活，并将持续20年的井下12小时工作制改为8小时制。她带领职工和学生平操场800多平方米，并组织小学校开课；她领导矿区人民开展煤炭增产、修造兵器和支援解放战争前线的竞赛。1948年9月，她调任东北铁路保育院院长。陈慕华旧居仍矗立在梨树煤矿西山脚下、区博物馆附近，为俄式建筑风格砖木结构，位于区穆棱街道办事处向东社区，2008年被列为市文物保护单位。

**【文体活动】** 2017年，区文化局举办正月十五秧歌会演，开展各类文化活动、文化培训20余次；中心、平岗社区旗袍表演队在“2017鸡西文化广场旗袍秀”展演中获银奖，阳光民乐团在鸡西市2017年度“全民终身学习”活动中获“老年教育先进集体”称号。7月30日，梨树区举办“庆祝建区60周年，喜迎十九大，颂歌献给党、共筑中国梦”第四届“梨花音乐节”文艺会演。文艺会演以全区合唱大赛拉开帷幕。区四个班子主要领导带领全区各党委、党组，组成包括区机关、区教育局、区卫生计生局、区农林水牧局、区城乡建设局党委和平岗、街里、碱场办事处党委合唱队以及法检联合、国地税联合合唱队10支队伍，经过半个月的精心组织、认真排练，为全区广大干部群众献上近30首合唱曲目。来自教育系统和各社区、农村、单位的社会团体，还表演《中国美》《梨花颂》《难忘今宵》等12个精彩的文艺节目。区文化局争取10个体育健身项目（包括5个城市、农村全民健身路径，4个城市、农村全民健身路径器材更新，1个社区多功能公共运动场），满足广大群众的健身需求。

**【负责人名单】**

局长：迟秀伟

（安树悦）

## 梨树网络

**【概　况】** 龙江网络鸡西分公司梨树网络运维管理站（简称梨树网络）是龙江网络鸡西分公司设在梨树区的网络运维机构，主要服务梨树区经济建设和有线电视事业的发展，担负着梨树区有线电视建设、传输、安装和维护的职能。梨树网络有职工9人，其中主要负责人2人、网格维护人员5人、收费员2人。所有职工为企业编制。梨树网络的网络主杆线长50公里，覆盖全区11个村、2座煤矿，用户占有率50%。

**【网络建设及改造】** 2017年，梨树网络在有线电视业务的扩展上下功夫，新楼光纤入户、旧网光纤改造以及有线电视双向、宽带业务的开展都取得长足的发展。新楼光纤入户率为50%，旧网主杆改造35公里，基本上具备双向网发展需要。

**【多元化新业务】** 随着时代的进步，有线电视传输载体趋于多元化，不再是单一的有线电视信号传输功能，而是承载着有线电视数字化进程。梨树网络推出多项有线电视新业务，如双向网点播回看功能；宽带业务实现有线电视与宽带上网的结合。

**【网格化管理】** 梨树网络实行网格化管理机制，对各区域内划片管理，并给每个片区配备网格经理，直接面向有线电视用户。安装、维护和收费融为一体，全方位24小时为用户服务，提高服务质量。在提升服务水平的同时，梨树网络还开展“服务优质年”活动，从根本上转变工作作风，大力推动“四零服务”（服务受理零推诿、服务方式零距离、服务质量零差错、服务结果零投诉），接受社会监督。梨树网络相继推出上门办理业务、办中投免费看电视和购电视赠有线电视业务套餐等多项惠民政策，扎实推进“服务优质年”活动和作风整顿工作。

**【党性教育】** 广泛开展“主题党日”活动。“七一”期间，参加市公司举行的纪念建党96周年歌颂党歌颂祖国诗歌朗诵比赛；组织新党员和老党员重温入党誓词。中共十九大召开之际，按照公司党委要求，组织党员集中收看十九大盛况。

**【负责人名单】**

龙江网络鸡西分公司外区分公司总经理：
郑玉刚

（姜恩卓）

## 档　案

**【概　况】** 2000年10月，根据1999年市编委〔1999〕60号文件要求，成立区档案室，2009年根据鸡编〔2009〕51号文件要求，区档案室更名为区档案局。其职责是在市档案局业务指导下，贯彻落实《中华人民共和国档案法》及有关法规规定，做好区内档案综合管理工作。区档案局是区委所属科级事业单位，设主任1人，核定事业

档案员在区档案局库房查找档案

编制3人，实有1人。2017年，有工作人员2人（其中平岗煤矿分流人员1人）。

**【档案工作】** 凤山村、新进村和中心村分别获得“2017年度鸡西市社会主义新农村建设档案工作示范村”称号。按照市档案局工作要求，每月20日向上级主管部门汇报档案工作情况，提出意见、建议，协调解决档案工作困难、问题。经多方努力、积极协调，获得区政府投入资金3万余元，新增档案密集架25组、底图柜3个、保密柜2组、打印复印扫描一体机1台，为区档案管理提供安全保障。

**【负责人名单】**

主任：谢秋红（女）

（刘　娟）

## 地方志

**【概　况】** 2002年6月成立梨树区人民政府地方志办公室（简称区志办），为区政府办公室内设机构，主要职责是对全区史志工作实行统筹规划，编辑《鸡西市梨树区志》、《梨树年鉴》、《鸡西年鉴》梨树区部分、《黑龙江年鉴》鸡西市梨树区部分，指导全区各单位的利用志鉴工作。2017年，有编辑1人。区志办根据一季度市志办下发的全区地方志工作要点，顺利完成年鉴编写工作、读志用志工作和《鸡西市梨树区志（1986—2005）》的终审、修改等工作。完成全年各项工作任务。

**【完成《鸡西年鉴（2016）》梨树区部分编写任务】** 3月开始，区志办根据市志办文件要求，在全区各有关单位搜集2016年度资料，按时完成《鸡西年鉴（2016）》梨树区部分编写工作。3月29日，年鉴稿、《梨树大事记（2016）》电子版和打印稿及时报送市志办。

**【参加省市区工作会议】** 3月10日，主编在区政府参加市政协主席于金才等市区领导出席的全区村史村志编纂工作座谈会；4月13日，在城子河区国税局会议室参加全市编写村志现场会。8月22日，主编在市专家接待中心参加《鸡西市志（1986—2005）》终审会。9月5日，主编在哈尔滨市参加“两全”目标培训会。

**【完成制作区图工作】** 3月末，副区长崔仕臣帮助区志办解决制作区图资金后，区志办开始与哈市联合制作三幅区图。8月末，完成《梨树区行政区划图》《梨树区地势图》《梨树区街区图》三幅地图的制作任务，并排版到志稿中。

**【筹备和召开区志稿终审会议】** 4月，区志办将志稿发给哈市印刷公司，正式排版印刷20册终审志书（稿）。8月末，收到哈尔滨市嘉诺商务设计印刷有限公司邮寄的区志书稿后，向区领导汇报，准备召开终审会议。9月20日，市志办在梨树区政府召开《鸡西市梨树区志（1986—2005）》稿终审会议；同时，区志办上报《鸡西市地方

9月20日，鸡西市志办在梨树区政府召开《鸡西市梨树区志（1986—2005）》终审会议

志书评审报告》和电子版区志稿终审会议合影照片。

**【修改区志终审稿】** 9月末开始，区志办根据市志编委会4名专家的修改建议认真修改终审稿，篇章节目全部进行调整。

**【读志用志】** 区志办先后接待区白酒厂、区人大常委会、区政协和区民政局等多家单位查阅旧志、新志稿和年鉴资料，配合全区各单位工作。

**【升级办公设备】** 3月8日，区志办更换办公电脑二手主板和机箱，重新升级后，办公效率明显提高。

**【负责人名单】**

主任：孙宏毅（兼）

主编：赵孝成

（赵孝成）

# 医疗 卫生

## 医疗卫生与计划生育管理

【概　况】梨树区卫生和计划生育局（简称区卫生计生局）成立于2008年，为区政府职能部门，下设1个党总支、3个党支部，有党员45人、积极分子19人。2017年，局党委班子由原来的5人增加到7人，增补区医院院长为局党委委员。局机关（含下设机构）共有干部职工23人，其中局机关编制5人、占编3人、空编2人。设书记兼局长1人、副局长2人。区卫生计生局有所属二级事业单位3家：疾病预防控制中心、卫生监督所和妇幼保健计划生育服务中心。区内医疗机构有3个社区卫生服务中心和2所医院（梨树区人民医院、平岗医院），共5家。

街里社区卫生服务中心，负责人白晓东，下设碱场社区卫生服务站、石磷社区卫生服务站，编制22人，占编22人。

穆棱社区卫生服务中心，负责人白晓东（兼），下设卫东社区卫生服务站，编制22人，占编14人。

平岗社区卫生服务中心，负责人单鑫（兼），编制15人，占编15人。

全区有个体诊所3家、牙所2家、药店17家、餐具集中消毒企业1家。

【卫生监督】2017年，按照省、市文件要求，区卫生监督所更名为区卫生计生监督执法局，副科级事业单位，编制4人，占编2人，负责人石磊。加大对医疗机构、传染病、生活饮用水、学校、托幼机构、公共场所的卫生安全监管力度，无卫生安全事件发生。全区有公共场所单位57家。对新建6家公共场所经营单位进行审核，监督覆盖率100%。加强对辖区内5所中小学校的卫生监督检查。加强生活饮用水卫生监督，日常检测4次12个水样，监督覆盖率100%。根据疫情流调和分析对平岗矿水质进行重点监测，共采集3次20个水样，送鸡西市疾控中心检验。指导平岗恒源公司对自来水进行重点消杀2次。

【疾病预防控制】区疾病预防控制中心为副科级事业单位，编制4人，占编2人。4月，处理出血热散发病例2起，发放出血热知识宣传单18000份；为辖区居民免费接种疫苗230人次；督导肺结核病人30例；对辖区内5家医疗机构进行死因监测漏报调查，上报率达90%。7月，区发现布病8例、艾滋病10例（管理6例）。全区生活饮用水碘含量监测采集水碘32处，采集覆盖率100%；调查处理布病5例，发放宣传单及消毒药品200余份。处置细菌性痢疾2例，督导恒源公司对平岗全境公厕进行消毒处理。对养殖户进行传染病预防和指导，投入4000多元药品帮助6户养殖户进行消毒处理。9月，为辖区居民免费接种疫苗255人次，督导肺结核病人40例，调查处理布病7例，发放宣传单及消毒药品300余份。

【妇幼保健和计划生育服务】 区妇幼保健和计划生育服务中心为副科级事业单位，编制9人，占编9人，在编4人，负责人杨雪鑫。实施农村孕产妇住院分娩补助项目，20人享受农村住院分娩补助，孕产妇系统管理率96%。全区6岁以下儿童1297人，系统管理率96%。优生优育孕前检查5对，对1例腮腺炎进行消毒预防，免费发放避孕药具1200份。深入推进家庭医生签约工作，签约6617人。扎实开展免费体检，重点人群体检3000多人。

【公共卫生】 制定下发国家基本公共卫生服务项目考核方案、公益广告宣传方案、家庭签约服务方案，完成全区第一、二季度基本公共卫生服务绩效考核工作，建立家庭签约网格化管理示意图，细化家庭签约服务项目等内涵质量。3月末，迎接市卫计委2016年度公共卫生检查组考核验收，取得全市六区排名第二的成绩。5月18日，市卫计委副主任赵萍到区督导家庭医生团队建设工作。6月7日，区家庭医生签约工作情况在《鸡西日报》发表。

【负责人名单】

局长：刘　策（党委书记）（　—2017.2）
　　　刘仙虎（党委书记）（2017.2—　）
副局长：张桂茹（女）（副书记）（　—2017.2）
　　　石　强（爱卫办主任）（　—2017.2）
　　　安秀华（女）（2017.2—　）
　　　石　磊（2017.2—　）

（王　锐）

## 梨树区人民医院

【概　况】 梨树区人民医院（简称区医院）是一家二级乙等医院。医院设有门（急）诊科、内科、外科、妇科、耳鼻喉科、中医科、理疗科、检验科、放射科、彩超室、心电室、手术室和药剂科等13个科室，有床位120张，住院人数平均150人，床位使用率125%。医院有编制149人，职工107人，在编63人、聘用44人（临时聘用人员7人）。其中卫生技术人员87人，医技14人，中西药局8人，住院处6人，办公室16人，后勤2人，保洁员7人，在编不在岗、借调职工合计9人。2017年，区医院总收入1480万元，总支出1370万元，医疗支出1090万元，管理费支出281万元，结余109万元。住院3686人，出院3038人，门诊23021人，与同期比住院增长率3.6%，门诊增长率22.9%。给全院职工普调工资10%。医院房屋面积5890平方米。

【管理工作】 根据梨树区委关于《优化经济环境》的工作部署，区医院制定《践行社会主义核心价值观、开展依法治院活动实施方案》《梨树区医院员工管理办法》，要求领导干部写出5000字学习笔记和1份心得，职工写出2000字学习笔记和1份心得。共收到学习笔记81份、心得81份。每位职工都有一本学习笔记。大力开展热爱医院、热爱岗位、热爱患者、热爱同志和热爱自己的“五爱”活动。

【增加科室和设备】 增设中医科、疼痛科、糖尿病科、三氧治疗室和重症监护室等医疗科室。各科室共收治病人2160人。区医院采取售后回租的方式与上海中成融资租赁有限公司开展合作，融资426万元引进美国CT机、DR机等大型先进医疗设备，正式投入使用。

【人才培训】 安排3人到鸡西市医院进行培训，2人到哈尔滨医科大学附属第四医院进行培训。

【妇女体检】 区医院在“三八”妇女节期间，利用20天时间为区环卫女工和农村有生育能力的妇女免费体检428人，每人费用按160元计算，合计金额为68480元。

【义诊送药】 开展下乡义诊免费送医送药活动，组织七人医疗小分队到碱场村、双盛村和凤山村等村屯，检查人数518人次，免费送药价值4.8万元。

**【医联体活动】** 继续开展医联体活动，鸡西市医院和区医院建立脑卒中治疗基地，为全区人民群众提供安全、有效、方便、价廉、连续和优质的基本医疗服务，患者不出区就可享受到专家的诊治。

**【评优活动】** 利用“5 · 12”护士节开展评优活动，评选出市级优秀护士 3 人，并出席全市优秀护士表彰大会。

**【公立医院改革】** 完成区医院基本数据的核算与上报工作，制定下发《梨树区城市公立医院综合改革实施方案》，8 月 1 日零时起，所有药品执行零差价销售（中药饮片除外）；医院对医保和收款处进行整合，实行一站式服务，患者出院后结算报销均在大厅办理。

**【负责人名单】**

院长：庄国栋

副院长：李华秋　王志强　周福来

（王　锐）

## 平岗医院

**【概　况】** 晋商联盟鸡西鸡矿医院有限公司平岗医院（简称矿医院）是一所混合所有制医院，有职工 38 人，人员编制由鸡西鸡矿医院管理。2017 年，医疗收入 245 万元，门诊诊疗人数 4009，入院人数 285 人，出院人数 285 人，出院患者占用床日数 6427 日，实际床开放日数 21840 日，实际病床使用率 29.6%，平均病床工作日数 8.98 日，平均病床周转次率 0.29%，治愈好转率 98%，病死率 0，出入院诊断符合率 100%，门诊诊断符合率 99%，住院诊断符合率 100%。同年，总收入 2453833.84 元，总支出 2503425.94 元，亏损 49592.1 元。

**【医院管理】** 围绕医院的发展战略目标，加强临床诊疗、合理用药、门诊急诊、预防保健和医技检查等方面管理，形成全方位精细化管理格局；加强医疗质量管理，完善临床安全用药管理办法，加强抗菌药物应用、耐药细菌防控、基本药物使用的日常管理；加强医院安全管理，提高对停电、停水、停气等突发事件的应急处置能力，加强对夜间、节假日及重点岗位、要害部位的检查、巡查及隐患整改。筹措资金近 14 万元，改造矿医院门诊楼二楼天棚保温，更换电路、照明、内科医护办公室、外科连廊防水，更换门诊楼塑料门窗。

**【社区卫生服务中心管理】** 强化基础工作，对所有健康档案进行重新梳理，重新入户调查，完善健康档案；为全矿 60 岁以上老年人进行体检，共体检 1031 人次；加强糖尿病、高血压、慢性病的动态管理；各项服务项目按要求进行规范，社区进一步优化细化薪酬绩效考核管理办法，通过严格执行综合考核评价细则，对不同岗位性质的工作人员进行逐一量化考核，做到优劳优得，把工作变被动为主动，充分调动社区医护人员的工作积极性。

**【负责人名单】**

院长：朴德阳

（王　锐）

## 乡卫生院

**【概　况】** 梨树区乡卫生院（简称乡卫生院）下辖 11 个村卫生所、3 个村卫生室，编制 14 人，占编 6 人、空编 8 人。乡卫生院服务区域常驻居民 8766 人，纸质建档 7500 人，建档率为 85.5%。档案中有动态记录 3300 人，动态使用率为 37.6%。乡卫生院开展中医药服务，并争取到国家建设标准化中医项目，达标率 100%。

**【健康教育】** 全年发放健康教育印刷材料 12 种，共计 4800 份。播放影音录像 6 种，播放时长达到 24 个小时。举办健康知识讲座 12 次、大型公众咨询 9 次。

**【预防接种】** 年度内建立预防接种证人数256人，建证率达到100%。未出现接种异常反应。

**【0—6岁儿童保健】** 2017年，全年活产16人，新生儿访视14人，新生儿访视率为87.5%。0—6岁儿童总数176人，年度内接受过1次以上健康体检的儿童数为159人，儿童健康管理率为90.3%。

**【孕产妇保健】** 2017年，孕产妇16人，早孕（13周之前）建册人数14人，早孕建册率为75%。产后访视（28天内第一次回访）14人，产后访视率为87.5%。全年未发生孕产妇死亡案例。

**【老年人健康管理】** 辖区内65岁以上常驻老年人口778人，年内接受健康管理人数为695人，健康管理率为89.3%。

**【高血压、糖尿病患者健康管理】** 年度内管理高血压病人324人，按照规范要求管理的高血压病人169人，规范管理率为52%。年度内管理糖尿病人97人，规范管理62人，规范管理率为63%，血糖控制率为57%。

**【重型精神疾病患者管理】** 登记在册的确诊患者39人，其中按照规范要求管理的患者25人，规范管理率为64%。

**【中医药健康管理】** 接受中医药健康管理的老年人351人，管理率为50.2%。年度内管理的0—3岁儿童95人，管理服务率达到53.6%。

**【结核病患者管理】** 结核病患者4人，管理率为100%。按规律服药的患者3人，肺结核患者规则服药率为75%。

**【家庭医生签约】** 2017年，乡卫生院完成家庭医生签约人数4012人，完成率为45.76%，其中重点人群1572人，完成率为77.60%。失独家庭8人，建档签约体检8人，签约率为100%。因病致贫6户、16人，建档16人，签约16人，免费体检15人，建档签约率为100%，健康体检率为93.75%。

**【负责人名单】**

院长：孙爽爽

副院长：王　锐

（王　锐）

# 社会生活

## 人力资源和社会保障

**【概　况】** 梨树区人力资源和社会保障局（简称区人社局）位于七道街东部，是梨树区人民政府综合管理全区人力资源和社会保障工作的职能部门，成立于2008年，下辖就业局、医疗保险办公室、城乡居民养老保险局以及劳动和社会保障监察局。2017年，全局有干部职工98人，党员17人，副科级以上干部7人。人员编制13人，其中行政编制6人，机关后勤服务事业编制7人。领导职位设局长1人、副局长1人。

**【社会保障】** 做好城乡居民养老保险续保缴费工作，开展"'12333'咨询日——话说居民养老保险"宣传活动，深入11个行政村开展入户缴费。农村收缴1509人，收缴保费989100元。城镇收缴65人，收缴保费64300元。做好医疗保险工作，城镇居民参保26648人，其中一般居民17090人、低保居民9558人；新农合参保6711人，其中一般居民5132人、低保居民1579人。城镇居民人员异地安置35人，职工异地安置17人。城镇居民住院费报销（不含刷卡结算）1348人次，报销金额为7933866.18元；新农合住院报销782人次，报销支出2375462.52元。2017年，城镇医保继续实行2015年启动的"零押金"住院模式，随着2016年"一卡通"的启动，居民医保可以实时结算。

**【创业就业】** 2017年，完成城镇新增就业人数2761人，完成率125.5%。按照市委考评实施细则评分方法计算，最终得分5.96分。与市人社局沟通协调，组织开展创业技能培训。发放创业培训宣传单1500余张，悬挂宣传条幅6幅，举办SYB创业培训和创业技能培训班5期，培训人数190人。帮助4名下岗失业人员解决木耳种植生产厂房和场地，种植木耳14万袋，创收27万元，带动就业36人。组织木耳种植户30人到中心村吊袋大棚、碱场村地摆木耳基地现场培训，参观学习。举办月嫂创业技能培训班2期，培训98人，在3个街道社区设立家政服务工作站，免费为取得月嫂培训资格证书的创业人员提供用工需求信息。针对下岗失业人员、农民和高校毕业生等不同人群创业需求，征集创业项目50个，督促各责任单位完成帮扶新增创业实体75个，为17人发放小额担保贷款152万元，开展创业技能培训220人，建设山产品创业示范基地1个，选树培育创业典型2个，完成城镇新增就业人数2761人，完成率125.5%。3月28日，在九道街组织开展"春风行动"现场招聘会、"双创"活动周暨高校毕业生就业服务月活动，发布用工信息251条，提供就业岗位286个。

**【劳动保障监察】** 监察用人单位109户，督促补签劳动合同280份，对企业下达劳动保障监察询问通知书77份、劳动保障监察行政处罚事先告知书1份和劳动保障监察处罚决定书1份，累计处理欠薪案件16起，为252名农民工解决拖欠工资2423.17万元。

**【人事人才管理】** 实施公务员分类分级考录制度，按照全市统一部署，2017年组织报录公务员岗位5人。组织开展全区公务员和机关事业单位工作人员2016年度考核工作。开展公务员培训3次，参训人数600余人。上报事业单位招聘15人，招募“三支一扶”大学生1人。全面完成机关事业单位工资管理系统录入及机关事业养老保险录入工作。利用工资管理系统，顺利完成2017年度离退休人员工资调整948人、1818440元。扎实开展防治“吃空饷”问题长效机制自检自查督察工作。对全区人事档案进行规范化整理、归档。区向市人社局申报教师招录名额6人，通过审批招录名额4人。90年代大中专院校未分配毕业生18人全部上岗。

**【获得荣誉】** 2017年，区人社局获得“市级文明单位”称号。

**【负责人名单】**

局长：杨淑兰（女）

副局长：孙　鹏

就业局局长：鲍　勇

就业局副局长：马晓伟

城乡居民社会养老保险局局长：于晓华

劳动和社会保障监察局局长：张承彬

医疗保险局局长：荐洪武

（白　杨）

## 民族　宗教

**【概　况】** 梨树区民族宗教事务管理局（简称民宗局）主要职能是贯彻执行党和国家有关民族、宗教的政策和法律法规；组织开展对全区少数民族、宗教情况的调查研究，提出区民族、宗教工作政策性的建议和意见；监督办理少数民族权益保障事宜，促进民族间的平等团结、互助合作等。民宗局编制2人。2017年，已批准登记的基督教活动场所有3个，有长老2人、牧师1人、信徒210人。少数居民有朝鲜族365人、满族128人、蒙古族53人、回族22人。

**【“三同心”主题教育】** 制定下发区“三同心”主题教育活动方案。两次深入基督教场所开展教育活动，参加活动人员120多人次。10月16日，深入七星教会开展喜迎十九大座谈研讨会，参会人员70多人。

**【隐患排查】** 按照上级安排，分别于8月11日和9月22日与公安、消防、街道、司法等部门联合对全区宗教界风险隐患进行排查。化解1起教会内部矛盾，并将排查工作及时上报市民宗局。

**【教堂建设】** 与市棚改办、区委、区政府主要领导及相关部门沟通，解决梨树基督教新建教堂“三供”（供水、供电、供热）和后墙护坡问题，排除隐患，化解矛盾。

**【登记建档】** 完成全区民族、宗教人士的调查摸底建档工作。全区少数民族586人，宗教人士260人。12月初，全部完成登记建档工作。

**【信息建设】** 全年收到反馈信息27条，化解矛盾6起，解决安全隐患3处，清理未登记临时活动场所2个。在第三季度，深入各宗教场所11次，对各场所的安全隐患、宗教活动、人员结构等进行调查。

**【扶贫解困】** 开展困难少数民族的扶贫解困工作。通过民政救助帮扶48户少数民族困难户，帮扶资金46.3万元。

**【“宗教慈善周”活动】** 在宗教界开展“宗教慈善周”活动，捐款捐物价值1.2万元。

**【负责人名单】**

局长：吕云成

副主任科员：张桂茹

（吕云成）

## 民　政

【概　况】梨树区民政局是区政府组成部门，负责全区民政工作，包括社会团体、民非企业、双拥优抚、婚姻管理、救灾救助、老龄工作、社会福利工作、慈善事业等。区民政局行政编制4人，领导职数设局长1人、副局长2人。

【搬迁安置】2017年初，为了使姜博敬老院顺利搬迁，区民政局把敬老院入住老人分别送到市城镇福利院、农村福利院，全部进行妥善安置。

【职工救助】为保障龙煤下岗困难职工基本生活，区民政局与办事处、社区工作人员打破常规，将92户162名龙煤下岗困难职工纳入低保，月发放低保资金1.98万元；101名龙煤下岗困难职工享受临时救助，发放临时救助资金11万元；65户龙煤下岗困难职工享受医疗救助，发放医疗救助资金10.5万元。

【城乡低保】区民政局通过设立监督举报电话、社保信息比对、银行存款信息查询等形式加强动态调整力度，取消不符合城市低保条件的低保家庭498户、1217人，涉及金额28.6万元；取消农村不符合低保条件的低保家庭46户、99人，涉及金额1.47万元。坚持实行新增低保联审评议制度，组织区人民检察院、区纪检委、区审计局和区人社局等联审小组成员单位共同进行新增低保入户调查。全区城市低保户5784户、9679人，月发放低保金374万元，累计发放低保金及各种补贴3423.6万元。全区农村低保对象952户、1559人，月发放低保金26万元，累计发放低保金及各种补贴267.1万元。

【双拥、优抚】在春节、“八一”建军节和中秋节等重大节日期间，对优抚对象开展走访慰问活动，为62名优抚对象发放慰问品，共发放优抚抚恤金30万元，发放2014—2016年现役军人家属优待金344.98万元，全部实行社会化发放。发放取暖补助4.6万元，为重点优抚对象购买煤和烧柴。

【社会福利】2017年，完成白内障复明手术32例，脱盲率达100%。为4人增添矫形器，为7人安装假肢8具。区有残疾人公益性岗位人员73人，每人每月补助工资800元。5个残疾人服务队，2017年共开展助残活动82次。为11名残疾家庭大学新生发放助学金1.5万元。为605名贫困重度残疾人发放护理补助，每人每月100元，共发放资金36.3万元。为26名孤儿发放生活补助金7.1万元。为不符合入住鸡西市农村社会福利院的5名特困人员联系立新矿养老院，照顾他们日常起居生活。为15名城市特困供养精神病患者，到省厅办理去黑龙江省牡丹江市南山医院相关接收手续。在鸡西市农村社会福利院有10人集中供养。

【基层政权和社区建设】2017年初，全区社区居委会选举顺利完成。区民政局与区委组织部共同对全区社区干部举办2次培训班，邀请市相关部门进行授课，邀请区人民检察院干部进行反腐倡廉教育和培训。与全区各街道办领导和社区主任、书记等相关部门领导到牡丹江市“取经”，学习牡丹江市西安区社区建设的经验，并与西安区民政局进行工作经验交流。6月初，到鸡冠区参观2个社区，学习党建和社区建设方面的经验。上报2个农村社区（凤山村社区、中心村社区）达标建设任务。区民政局为这2个农村社区争取福彩资金，年末完成达标任务。

【信访工作】关于12名无固定收入的社区干部上访问题，区民政局核实政策，符合条件发放补助的，制定补助标准。上访人李某关于要求补发下放期间的工资，根据相关政策，不符合要求，鉴于年龄大、无生活来源，于2008年为其办理低保，2017年其低保金570元，为最高标准，每年根据情况补助临时救助金。

【婚姻登记】2017年12月，办理婚姻登记361对、离婚登记277对。

【建镇工作】按照黑龙江省民政厅建镇申报程

序，区准备好所有相关材料。通过专家建镇评估论证、区维稳办建镇风险评估、制作梨树镇政府驻地图和11个村委会村民代表会一致同意建镇表决，区建镇申请通过市政府常务会议，等待省政府审批前的调研工作。

**【老龄工作】** 全区有60岁以上老年人15745人，其中90岁以上138人，百岁以上2人。2017年春节前夕，区委书记、区长分别看望两位百岁老人，并送去慰问金。区委宣传部和区政协看望116岁老人于冯氏，送去1000元现金和营养品。重阳节给于冯氏、何志友两位老人每人1000元。

**【负责人名单】**

局长：刘　策

副局长：王树才

（凌　辉）

## 老促会　老科协

**【概　况】** 1999年，成立梨树区老区建设促进会（简称区老促会），设会长1人、秘书长1人。有区委办公室、区政府办公室和区委组织部等成员单位。主要职责是宣传老区人民的贡献，深入老区调查研究和帮助老区开发资源等。2007年12月，成立梨树区老科学技术工作者协会（简称区老科协），属于社会团体，设会长1人、副会长2人、秘书长1人、理事若干人。有区委组织部、区老干部局、区人力资源和社会保障局、区卫生局、区农林水牧局、区教育局和龙煤集团鸡西分公司社保局穆棱办事处7个成员单位。主要职责是组织老科技工作者为党和政府在科技、经济、文化教育、社会发展咨询建议，参与项目评估、技术开发、技术推广和技术服务等活动。

**【会　议】** 市老促会、老科协2月24日工作会议后，召开由区老促会成员单位、老区村的党政领导、区老科协成员单位和全体理事参加的联席会议，重点传达陈哲、徐振林和徐德福三位领导的讲话，确定2017年区老促会、老科协的工作重点，同时决定区老促会每季度组织成员单位进行一次理论和业务学习，区老科协每季度组织全体理事进行一次学习。

**【调研献策】** 区老促会利用半月时间深入走访新能源、新产业等高新技术产业和部分工矿企业，进行广泛调查研究，撰写《关于梨树区域经济转型发展的调研报告》报区委、区政府；区老科协撰写的《小小黑木耳，托起大民生》专题调研报告报区委、区政府。区老促会建议区委配备双合村第一书记；协调国税局解决双合村田间行路难的问题，投资3万元，为村民新建1座铁桥和3公里砂石路；积极引导中心村村民引进美国大榛子，2017年扩种到70亩；建议区政府在中北村修建完成12000平方米的休闲广场；协调有关部门协助中心村建设日产5万袋菌包场1个、木耳吊袋大棚50栋，修建6600平方米的农贸市场。

**【老区宣传】** 区老促会协调区文化局积极对上争取资金60万元，进一步加强对鸡西第一个党支部、陈慕华旧居、孙越崎旧居和国内第一座竖井等红色历史景点的修缮和保护。组织有经验的老教师、老政工人员配合有关部门系统挖掘整理梨树红色历史、人文资源、旅游资源，讲好梨树故事。撰写《鸡西村史村志——梨树卷》。

**【扶贫开发】** 区老促会协调区民政局筹措5000元，购置米、面、油，走访慰问双合村、中心村10户贫困户。精准扶贫工作中，认定中心村精准扶贫对象2户、6人。

**【服务老区】** 区老科协组织木耳栽培技术培训，举办专题培训班8期，参训人员300多人次，到外地参观学习5次、80多人次。组织科技人员下基层13次，组织农民到菇娘、木耳特色种植园参观学习3次。老科协理事刘玉兰为中南社区宣讲中共十九大报告精神，老科协成员闫玉清为穆棱胜利社区居民和少年儿童进行革命传统教育。

组织知名医生深入碱场村、凤山村等村屯开展送医、送药活动。免费为300余名农村育龄妇女进行“两癌”筛查和诊断。免费送去5000余元常用药品。组织乡镇卫生院入村入户走访2000余户，签订家庭医生服务协议书5000余份，签约率在80%以上，免费体检800余人。发放健康教育宣传资料1000余份。

**【获得荣誉】** 2017年，梨树区老促会和老科协分别获得市老促会系统和市老科协系统的先进单位荣誉，并受到市委、市政府的表彰。

**【负责人名单】**

区老促会会长：张振宝（2013.3— ）

区老科协会长：孙矿生（2007.12— ）

区老科协副会长：郝建福（2007.12— ）

孙占海（2007.12— ）

（何长泉）

# 街道　行政村

## 街里街道办事处

**【概　况】** 街里街道党委隶属梨树区委，地处梨树街里中心地段，辖区面积43平方公里，常住人口8782户、19669人，党员418人，预备党员1人，入党积极分子7人。下设3个党支部：机关支部、中南党支部、自动党支部；有工作人员49人，包括公务员6人、就业所12人、分流教师9人、龙煤分流4人、专职书记1人、残联11人和社区主任6人。街里办有党群志愿服务队49人。街里街道有新时代扇子舞、太极拳和中心社区阳光民乐乐队等，总人数200余人。

**【基层服务和党建工作】** 2017年2月底前完成“民主生活会”和“组织生活会”，推进“两学一做”学习教育常态化、制度化。通过为困难居民办理最低生活保障等服务，党员先锋队、残疾人互帮互助队、低保弱势群体互助队充分发挥党群义工服务队等功能，为居民义务劳动15次，提供无偿中介服务22次。7月28日，街里街道办事处42人参加梨树区庆祝建区60周年、喜迎十九大大合唱比赛。街里街道办事处继续加强“错时上班，轮流值日班、夜班”制度，发放便民服务卡200份。为切实提升党建工作网格化服务的质量，在网格内实现“六个一”（一张图、一张表、一块牌、一个群、一本书和一平台）公示。12月1日，远程学习区委书记付明波讲的梨树区学习贯彻党的十九大精神专题党课。

**【综治、司法和信访工作】** 街道组织20人的治安巡逻队，深入社区各场所巡视。实行领导带班接访责任制，及时处理来信、来访，定时上报信访信息，调解矛盾纠纷12起，调处率95%。重大节日、活动时，领导与监管人共同走访8次。

**【民政工作】** 2017年，取消低保65户、90人；新增低保87户、151人；临时救助23户、54人；教育救助13户、13人；廉租房补贴81户、175人。完善32个社区网格。为1396户低保户家庭2441人建立医疗保险台账。上报危房到房产部门13户。

**【安全工作】** 认真贯彻落实区委安全生产工作会议和文件精神，开展“关注安全、关爱生命”主题活动，到各经营单位开展安全排查活动300余户，发放宣传单近1000份。6月25日，街里街道办事处志愿者38人在八道街中段农商银行步行街进行安全、征兵和普法宣传。

**【计划生育工作】** 认真执行国家人口和计划生育政策，4月14日，聘请医务人员开展育龄妇女关爱女性生殖健康公益讲座，50人听讲座。长期为居民发放免费计生药具，为居民免费发放计生药具3000只。截至2017年8月，新增计生奖励扶助7户、10人。

**【武装工作】** 建立民兵应急队伍，为全区的防汛、防火、抗灾等应急事件随时做好准备。5月、

7月开展征兵宣传活动，发放宣传单1000余份。

**【工、青、妇工作】** 完善龙妹家庭服务信息站44号站，提供免费学习及对接平台16次；开展“春蕾助学”活动，为贫困女童捐款420元。为贫困妇女发放奶粉6罐，为空巢老人2人解决实际问题；为50余名育龄妇女开展生殖健康知识讲座1次；街里街道办事处获区“巾帼建功先进集体”奖，1名妇女获得区“优秀妇女工作者”称号。2017年3月“学雷锋树新风”期间，组织团员青年进入社区开展防火、防震、防灾等知识宣传。

**【优化发展环境整治工作】** 按照区委、街道办实施方案，2017年3月27日，党员志愿者73人在街里中心街、步行街、邮政街开展卫生大清扫活动。

**【再就业工作】** 办理城镇养老保险验证4553人，居民医疗保险续保4529人，职工医保2600人；一卡通采集人数210人；开办月嫂免费技能培训班，有固定学员33人；就业创业政策宣传9670人次，发放宣传710册；新办失业登记证53本，职业介绍167人。

**【获得荣誉】** 集体荣誉：3月，被评为梨树区妇女联合会巾帼建功先进集体；5月，被评为全市关心下一代工作先进集体；6月29日，被评为梨树区“安康杯”安全知识竞赛优秀单位；7月，获梨树区庆祝建党96周年拔河比赛“精神风貌奖”；获梨树区庆祝建区60周年、喜迎十九大大合唱比赛三等奖。

个人荣誉：8月，李京哲荣获鸡西市司法局颁发的“人民调解入户家庭纠纷排除”聚焦美好瞬间讲述精彩故事三等奖。

**【负责人名单】**

主任（兼书记）：魏金成（2015.6.2—　）

副主任：于凤玲（女）（2009.7—　）

孙　菲（女）（2005.9—2017.4）

（2017.4.14—　）（科级科员）

武装部部长：王宪坤（2011.3—　）

司法所所长：李京哲（2013.12—　）

再就业保障所所长：姜红（女）（2013.12—　）

（王宝霞）

## 穆棱街道办事处

**【概　况】** 穆棱街道党委隶属梨树区委，地域东至梨树区凤山村，南至梨树区双合村四队，西与梨树区街里办事处相邻，北与平岗街道办事处接壤。辖区面积76.4平方公里，辖区居民8230户、20479人，党员415人，预备党员1人，入党积极分子6人。下设3个党支部：机关支部、胜利党支部、向东党支部。工作人员共56人，包括公务员4人、就业所21人、分流教师8人、龙煤分流6人、残联10人、社区主任7人；党群志愿者服务队34人。

**【党建工作】** 各支部、全体党员按照区委“两学一做”学习教育的总体安排部署，落实学习任务。党委书记带头参加，班子成员都能按照要求，在抓好自己学习的同时，深入社区进行指导。街道、社区定时将“两学一做”学习材料发到微信群，方便党员随时学。坚持“三会一课”学习制度，并有各种相关的学习笔记和记录。2月24日，班子成员开展民主生活会，对思想建设、组织建设和作风建设方面履行职责情况进行深刻剖析、互评。9月13日，召开以“‘严’‘实’精神持续深入整顿‘五个坏作风’”为主题的民主生活会。

**【民生工作】** 为向东社区5号居民楼修挖排水沟200余米，铺设1座出行小桥；给困难群众找住房，帮其搬家；春节前，看望慰问老人，送去挂面、豆油、鸡蛋、饼干等。街道党委、社区支部分别为困难群众捐款3000多元、4181元。在动迁过程中，为22户无房的困难家庭安置房屋，为9户动迁户安排临时过渡房。与区消防科的领导取得联系，请消防专家给入住俄式民居的困难家庭讲解消防安全防火知识。

【计生工作】开展流动人口信息核查170人，流动人口信息平台反馈24人，出生31人，死亡71人。积极摸排上报城镇独生子女伤残（死亡）户，全年新增特扶16人，为54户办理独生子女证。

【低保工作】做好5—6月1932户低保户复查工作，停发50户不符合低保条件人员低保。走访新增低保户，入户核实调查，新增低保71户，救助困难大学生17人，为99户申请廉租房补贴，为128户申请公租住房。

【安全工作】1月"两会两节"期间，检查15家个体商户，发现隐患11处，责令整改到位。组织人力到出租房屋和社区孤残、独居老人家中进行安全检查。特别是对胜利、前进、卫东过渡房的安全隐患进行检查。

【信访工作】积极稳妥做好信访调解工作。坚持抓早、抓小、抓苗头，变事后化解为事前摸排，变群众上访为干部下访，加强与长期和重点上访户的沟通，随时掌握动态情况，做到问题发现早、处理好，将上访苗头解决在基层。

【武装工作】完善应急方案，建立应急分队，对突发事件做好应急准备。为防汛、防火、抗灾等应急事件随时做好准备，做到有备无患，确保一方平安。5月、7月开展征兵宣传活动，发放宣传单800余份。

【工、青、妇工作】开展"春蕾助学"活动，为贫困女童捐款440元，为贫困妇女发放奶粉6罐；为20余名育龄妇女开展生殖健康知识讲座1次；穆棱办1名妇女获得区"优秀妇女工作者"称号。

【环境整治】按照区委、街道办实施方案，全面部署环境整治工作。3月27日，党员志愿者31人在穆棱中心街开展环境整治卫生大清扫等活动。

【再就业工作】居民医疗保险续保3938人，为住院居民申报医疗费145人次。指纹验证2703人，上门服务25人，网上视频283人。职业介绍340人，劳务输出120人，审核办理就业失业证39本。

【负责人名单】

主任：李志春（书记）

副主任：乔宏伟　王远发（2017.4—　）

再就业保障所所长：李良霞（女）

（徐　娟）

## 平岗街道办事处

【概　况】平岗街道办事处辖区总面积56平方公里，实有7137户，人口17649人；下设新华、老达和立新3个社区，内设组织办、残联办和安全办。职工总数45人，其中机关16人、社区14人、就业所15人。平岗街道党委所属党支部4个，党员157人。人员编制：公务员2人，事业编2人，分流教师8人，龙煤分流11人，协理员11人，委主任8人，公益岗位2人。2017年，平岗街道办事处成立新华政务服务大厅，服务大厅设计生办、信访办、民政办、创城、妇联和就业保障所6个服务部门。

【民政工作】2017年，平岗街道办事处民政部门累计临时救助19户，救助新入学大学生25人，新增低保120户。为4户特困低保户家庭申请临时救助。走访入户重度残疾人，采集照片信息资料，并同步录入电子档案，共计152人；为3人上报安装假肢。献爱心走访慰问困难群众，送去衣物。新办理残疾证9本，其中入户办证2本，下发新残疾证7本；残疾证年检520人，为587名残疾人填写基本调查表。为6人实施白内障手术。为9户特困残疾人家庭发放豆油，每户2桶；上报无障碍改造8人。

【创城工作】创建文明城市（简称创城）工作开展后，办事处通过宣传板、悬挂标语、发放宣传单等多种形式，扩大宣传范围。共悬挂创城横幅

10条，发放创城宣传单2000余份并制作宣传栏3个。街道联合社区向广大居民发放“一封信”，向广大居民宣传创建全国文明城市的相关知识。

**【司法工作】** 司法所经常组织社区开展矛盾纠纷排查活动，同时与辖区单位和商业网点及时沟通情况。二季度调解邻里纠纷2起，调解成功率100%。社区矫正是维护社会治安稳定的一项重点工作，司法所有5人在矫正中，被矫正人员状态稳定。

**【安全工作】** 平岗办事处与辖区各经营点签订《安全生产、消防安全目标责任书》50余份。办事处组织6次安全生产、消防安全工作巡查，共检查辖区企业、学校、商贸、饭店、歌厅等人员密集场所55户，整改一般隐患3家3处，整改率达100%。5月16日安全宣传日，进行安全知识宣传，制作宣传板1块，发放宣传单100余份。

**【党建工作】** 平岗街道党委全面加强学习型、服务型和创新型班子建设和干部队伍建设。结合“两学一做”学习教育，重点完成加强班子建设和干部队伍建设、加强基层服务型党组织建设和做到“两学一做”学习教育常态化制度化等工作。

**【娱乐活动】** 平岗办的秧歌队、大合唱队、模特队和腰鼓队等9支表演队共200余人，经常在平岗矿休闲广场进行表演。12月，腰鼓队参加由鸡西市电视台主办的鸡西市“冰天雪地　美好生活”文艺演出。立新社区与平岗矿领导多次沟通与协商，矿领导同意把工会一楼700平方米大厅作为立新社区室内文化活动场所。每晚在文化广场开展健身体操、舞蹈、秧歌等多种文化活动。

**【获得荣誉】** 2017年初，俏佳人模特队代表立新社区参加省模特队表演赛，获得团体一等奖。

2017年3月，老达社区荣获国务院防范和处理邪教问题办公室颁发的“创建无邪教示范社区”称号；朱福珍被区妇联评为优秀妇女工作者；杨丽被区妇联授予“三八红旗手”称号；周葛被评为市级文明行业示范窗口明星；庞永丽被鸡西矿工会评为“最美矿嫂”。2017年5月，庞永丽家庭被黑龙江省妇女联合会评为黑龙江“最美家庭”；朱福珍被鸡西市人民政府办公室授予“全市关心下一代工作‘五老’标兵”称号。2017年7月28日，平岗街道办事处获梨树区庆祝建区60周年，喜迎十九大文艺会演三等奖。2017年，孙玉兰、李艳和杨佩玲获区“最美家庭”称号。2017年12月，朱福珍被黑龙江省司法厅评为优秀调解员。

**【负责人名单】**

主任（兼书记）：姜玉田

（李秀萍）

## 碱场街道办事处

**【概　况】** 碱场街道办事处地处梨树区西北部，距离区政府9公里，东与河口村相邻，南至穆棱市与莲河村接壤，西与奎山镇交界，北与麻山区岭子村毗邻。1984年成立街道办事处，辖区总面积1.6平方公里，下设碱场社区服务中心，辖9个居民委员会。2017年，成立碱场街道政务服务中心，总面积187平方米。街道社区工作人员按照规范、公开、廉洁、便民的办事原则，推行“一站式”亲情服务，设有计划生育、民政社保和劳动保障等服务窗口。各窗口工作人员一律挂牌上岗，自觉接受群众咨询和监督，每个窗口都配有电脑，实行自动化办公。

**【低保管理】** 按照“应保尽保，动态管理”的原则，办事处坚持对低保户进行不定期的入户核查、复查，对不符合条件的坚决予以取消，对新增低保户进行严格审核、审批手续，累计取消不符合条件的33户，新增低保户21户，更名4户，加强入户调查走访，对低保户的动态管理形成制度化。春节期间，共为105户特困人员发放“情系百姓·温暖万家”大礼包慰问卡。为22户居民办理公共租赁住房申报，其中5户已经办理入住手续；为7户居民办理廉租房补贴。

**【计生工作】** 每月按时上传数据，及时报表，大力宣传“全面二孩”政策，进一步促进计划生育工作的开展。中秋节期间，为失独家庭发放爱心慰问卡。对外来人口进行基础信息采集登记，及时掌握流入流出人口情况，并录入流动人口计划生育平台，及时反馈流出人口信息。认真开展全民健康生活方式行动及“三减三健”专项行动，科学传播健康知识，广泛传授健康技能，提升全民健康素质。

**【服务型社区建设】** 碱场街道办事处只有一个社区即碱场社区。2017年，开展助残、邻里互助、探望“空巢”老人、走访老军人等志愿服务20余次，义务为居民提供磨刀、磨剪子、修火墙、修火炕、理发等服务40余次。组织5次义务劳动整治辖区环境，清理卫生死角，清理垃圾150余吨。庆“七一”开展走访老红军、听老红军讲红色故事、慰问困难党员及退休多年从事居委会工作10年以上的困难居委会主任和重温入党誓词等活动，还组织社区党员、群众参加梨树区广场舞会演、拔河比赛、迎接十九大召开和全区大合唱。9月，为喜迎十九大的胜利召开、促进邻里关系，组织开展“调出七彩生活、包出幸福人生”厨艺交流会，参加活动的党员、群众从家中带来自家特色菜，大家一起包饺子，欢聚一堂，品尝交流，促进邻里和谐。

**【办理建议、提案】** 区人大、区政协所提的建议、提案指出：碱场地区工业谷四区、六区居民拆迁时，因部分居民未迁，自来水总管路不能直接截断。因拆迁部门拆迁房屋后，许多地段地面的自来水铁管被拆除，地下自来水管路未做处理，造成自来水四溢，浪费水资源，引起冬天路面结冰，影响居民车辆出行。有400多户使用电厂水的居民因管路老化，多处堵塞，用不上自来水。碱场街道办事处多次与电厂协调，认真调研，与居民代表讨论，及时汇报区政府。在区委、区政府的大力帮助下，10月将原有的漏管截掉，重新铺设新的自来水总管路，并帮助部分支管坏了的居民改造管路，解决到处漏水问题和400多户居民的用水难问题。

**【动迁调查】** 入户走访了解碱场转盘道修路地段20余户和四区、六区剩余动迁户的意愿，帮助联系不在本地居住的动迁户，并帮助动迁户联系租房房源，转盘道修路地段20余户已动迁，修路工作顺利完成，四区、六区剩余动迁户也已基本动迁，对碱场委一组、二组剩余33户居民进行走访摸底调查。

**【妇联及社会治安综合治理】** 为进一步提高社区居民法律意识、妇女维权意识，提升妇女维权能力，有效构建平安家庭、和谐社区，梨树区司法局和梨树区妇联巾帼志愿宣讲团成员深入社区开展“法律宣讲进社区、巾帼志愿走基层”法律知识专题讲座，碱场妇联还开展反家庭暴力和蒲公英法律宣讲，积极为“春蕾助学”困难女童捐款。7月31日，开展打击邪教组织活动，共发放宣传单160份，对巡逻发现的“法轮功”标语及时清理。调处民事纠纷12起，积极开展精神文明建设，扎实推进创城工作，为迎接中共十九大的胜利召开营造和谐的社区环境。

**【安全生产防控建设】** 加强安全生产宣传和监督检查力度，对辖区内开展地毯式排查，经检查，未发现有非法井。森林防火期间，进社区与社区居民签订600余份森林防火承诺书。在安全生产大检查中，加强对社区内安全隐患的排查，共排查出27个安全隐患，均已整改完成。碱场社区内有一条河流，河道淤堵，冬季河套一旦冻冰形成冰湖，河床抬高，河水将倒流入居民家中。办事处调配钩机，清理河床150余米，避免河水在冬季形成冰湖对周边居民房屋和出行造成危害，防患于未然。

**【信访工作】** 全年接待居民来访12次，为居民解决饮水问题7件。河东居委会居民三年没有自来水，已联系电厂为居民铺设1000余米明管，设置8个管头，解决70余户居民的饮水困难。10月，区政府安排区自来水公司为这部分居民重新铺设、更换700余米自来水总管路，街道和社区帮助部分居民改造入户管路，400多户使用电厂水的居民用上自来水，也解决了冬季因管路漏水结冰的状况。河口居委会居民因修管路不当造成管路堵塞，已协调居民重新铺设管路。因修路自来水管路被断造成中兴居委会11户居民无饮用水，中兴大街地段下水管路排水不畅导致雨水倒流进入居民家中，已协同区工信局帮助解决。

**【征兵工作】** 征兵期间，对适龄青年进行兵役登记，通过张贴标语、发放宣传单、微信平台等方式广泛宣传，完成征兵任务。

**【关心下一代工作】** 碱场街道开展关心下一代、五老及骨干力量培训学习3次，挽救失学儿童1人。碱场社区一名孤儿是太阳升小学三年级学生，与奶奶一起生活。5月，该学生逃学近20天，社区关工委工作人员到家中劝解该儿童返校，又到学校与孩子的班主任联系谈话，了解孩子状况，在社区和班主任的共同努力下，孩子重返校园。

**【负责人名单】**

主任：潘国新（党委书记）

副主任：朱先锋

司法所所长：闫雪洁（女）

（潘国新）

## 石磷街道办事处

**【概　况】** 石磷街道办事处辖区总面积0.96平方公里，实有总户数1733户，人口数3548人；街道办事处下设组织办、残联办、安全办和石磷社区。职工总数21人，其中机关10人、社区2人、就业所9人。石磷党委所属党支部2个，党员98人。人员编制：公务员2人，事业编2人，分流教师1人，龙煤分流6人，协理员2人，委主任2人，残疾人公益岗位5人。2017年，成立石磷政务服务中心。政务服务中心设计生办、信访办、民政办、创城、妇联和就业保障所等窗口。

**【民政工作】** 2017年，办事处民政部门累计临时救助12户，救助新入学大学生14人，新增低保户14户。献爱心走访慰问困难户1户，送去衣物；新办理残疾证2人，其中为1户重度残疾人入户办证，下发新残疾证3人；残疾证年检58本，为58名残疾人填写基本调查表，为2人实施白内障手术，共上报无障碍改造5人。

**【创城工作】** 创建文明城市（简称创城）工作开展后，办事处通过宣传板、悬挂标语和发放宣传单等多种形式扩大宣传范围。共悬挂创城横幅3条，发放创城宣传单1000余份并制作宣传栏2个。街道联合社区向广大居民发放“一封信”，向广大居民宣传创建全国文明城市的相关知识。

**【信访工作】** 司法所经常组织社区开展矛盾纠纷排查活动，同时与辖区单位和商业网点及时沟通情况。调解邻里纠纷3起，调解成功率100%。司法所有2人正在矫正中，被矫正人员状态稳定。

**【安全工作】** 石磷街道办事处与辖区各经营点签订《安全生产、消防安全目标责任书》10余份。石磷办事处组织10余次安全生产、消防安全工作巡查，共检查辖区内企业、商店、饭店和火车站等人员密集场所12户，整改一般隐患5户、8处，整改率达100%。5月16日安全宣传日，进行安全知识宣传，制作宣传板1块，发放宣传单100余份。

**【党建工作】** 石磷街道党委全面加强学习型、服务型、创新型班子建设和干部队伍建设。结合“两学一做”学习教育，重点完成加强班子建设和干部队伍建设，加强基层服务型党组织建设，做到“两学一做”学习教育常态化制度化，按照作风整顿实施方案要求执行。

**【娱乐活动】** 石磷街道办事处的广场舞队、大合唱队等5支表演队共100余人，经常在石磷休闲广场进行表演。

【负责人名单】

主任：周慧和（兼书记）

（周慧和）

## 凤山村

【概 况】 凤山村位于梨树区东北部，全村占地面积18578亩（12.39平方公里），其中耕地面积6760亩，林地面积4020亩。共有村民520户、1560人。南北各有1条河流经过该村，汇入凤山河。

【乡村建设】 2017年，对上争取国家资金72.8万元，对村内一组、二组、三组路面进行硬化，彻底解决村民出行难问题。

【获得荣誉】 2017年，获国务院颁发的“创建无邪教示范村”称号。

【负责人名单】

书记：袁树仁

主任：秦四刚

（袁树仁）

## 猴石村

【概 况】 猴石村位于梨树区东南部，距离区政府13公里，S206省道（鸡图公路）穿村而过。全村地域面积8.936平方公里，耕地面积7000多亩，其中水田1200亩。全村有3个自然屯，有204户、967人。

【党建工作】 2017年，村党支部认真开展“三会一课”，每月召开一次支委会，定期召开党员大会。通过学习党章、习近平总书记系列讲话精神，提升党员学习意识、责任意识和大局意识，增强党支部的战斗堡垒作用。

【基础设施建设】 全村7公里路面全部实现硬化，猴石村一组修建面积为800平方米休闲广场1处，猴石村二组修建面积为2200平方米休闲广场1处，石砌边沟1000多延米，对20多公里的农田路进行维修。

【土地确权】 在区委、区政府的正确领导下，在区农林水牧局的指导下，猴石村作为梨树区土地确权试点村，高度重视土地确权工作，安排专人同土地确权工作人员对全村的地块逐一测量，登记造册，做到地块面积和位置都准确无误，让村民认可，高质量完成土地确权工作。

【低保、医保、养老保险】 按照上级文件要求，对全村低保实行动态管理，对不符合条件的及时调整，做到公开、公平、公正。医保、养老保险都按照上级工作要求和时间，保质保量地完成工作。

【负责人名单】

书记：闫庆国

主任：杨学安

（闫庆国）

## 碱场村

【概 况】碱场村位于梨树区东南部，全村占地面积9293亩，其中耕地面积3987亩。共有居民203户、人口903人。总长约8公里的碱场河穿过该村。

【招商创业】 2017年，在区委、区政府指导监督下，凭借着得天独厚的人文地理条件，招商华康科技有机肥公司、喜盛菌业、兴盛菌业和李鑫豆芽厂落户碱场村，为村集体创收8万余元，并安置村民80人在企业务工，解决村里部分剩余劳动力。

【村屯建设】 在区委、区政府的帮助和村两委班子成员的努力下，修建占地面积1000平方米的休闲广场1处；新建村委会办公用房建筑面积350平方米；安装路灯20盏；完善边沟和修复水泥路面5.4公里。

【获得荣誉】 2017年7月，被省精神文明办授予"省级文明村"称号。

【负责人名单】

书记：王孝花

主任：杜学胜

（高 坤）

## 中心村

【概 况】 中心村位于梨树区城乡接合部。2002年，原中南、中北和中村3个村合并后成立该村。2017年，全村有668户、2169人，有党员50人，全村总面积4.30平方公里，有耕地面积6272亩。2017年，村人均收入16505元。中心村党支部于2017年转正2名党员，发展3名积极分子。

【社会事业】 成立村务监督委员会，村务、财务、党务全部公开。按照"四议两公开"工作法，集体研究决策低保调整和种粮补贴等村民关心的大事，保证决策公平合理。成立70多人的中心村秧歌队，每年春节等重大节日期间举行秧歌表演。积极为村民办好事、实事，提供办理养老保险、新农合等代办业务。2017年，中心村新建蔬菜批发市场6600平方米、活动板房20栋，招标发包低价4万元。

【农技培训】 加强村级党组织活动场所建设，通过置换楼房，场所面积扩大到300平方米，利用远程教育平台开展党章、党规、农业技术、健康常识等各类培训42期，参加培训人员1500多人，较好地发挥党员教育、村民教育、远程教育、科技教育、文化教育、信息教育功能。

【实事学习】 2017年，中心村两委班子认真学习中共十九大会议精神和习近平总书记的讲话、振兴乡村战略政策，不断深化改革。认真落实区委、区政府、区农林水牧局党委各项工作任务，扎实开展新农村建设和产业化调整。结合中心村实际情况，重点抓好回收集体计划外地，发展木耳、北药种植产业，促进集体增收。

【招商引资】 2017年，招商引资项目投资600万元，将暖泉委中心村版图内二次采沉区治理腾空土地及采沉区治理后荒废闲置土地60亩，成立盛源食用菌种植专业合作社，并养牛、羊以增加村集体收入。招商引资、投资500万元，在中心村版图内采沉地腾空集体土地50亩建中心村采摘园项目，其中瓜果、蔬菜采摘面积10亩，果树12亩。项目建设周期2年，项目计划总投资500万元。主要对采摘园的道路和农田水利基础设施进行配套建设，改善生产生活条件。

【负责人名单】

书记：李洪江

主任：赵崇艳

（李洪江）

## 河西村

【概 况】 河西村位于穆棱河西岸，所辖2个村民小组相距1.5公里，梨（树）麻（山）公路经过该村。村委会距区政府3.5公里。有265户、752人，劳动力440人。有党员25人，两委班子共计6人。总耕地面积6140亩（实测面积），其中计划内面积2190亩，主要分布在穆棱河边和梨麻公路两侧及各沟汊坡岗地，沙土地较多。村内有一条10公里长的桦树沟子河。

【党支部工作】 按着党的工作要求，河西村党支部组织开展"三会一课"活动。2017年，召开党支部会议19次、党员大会5次、党课主题月活动5次，组织党员开展推进"两学一做"学习教育常态化制度化学习14次、民主生活会2次。党建活动中，主要开展以"三会一课"、推进"两学一做"学习教育为主要内容的学习活动，通过系统学习党规党章、习近平总书记系列讲话精神，两委班子成员及全体党员在思想、信仰方面都有提高，发挥党员带头作用，坚定政治信心，能与上级党委保持一致性，遵纪守法，起到党员示范作用。

【村委会工作】 2017年，村委会围绕村民自治、村务工作、经济工作积极开展各项工作。在2016年实际测量数据基础上，召集村民三次到村里进行土地确权，土地测量信息核实到户。2017年，落实种植计划，总面积4551亩，其中玉米1341亩、水稻210亩、大豆1850亩，白角瓜200亩、菇娘800亩、红小豆100亩、谷子50亩，按照种植调整计划，河西村2017年调减玉米计划700亩，落实菇娘面积800亩。

【乡村建设】 河西村开展文明村、美丽乡村建设工作，加大环境治理工作力度，2017年，组织3次整治工作，使村容村貌有了改善，保持了良好状态。

【负责人名单】

书记：相红军

主任：陈增良

（陈增良　杨永厚）

## 双胜村

【概　况】 双胜村位于梨树区东部青沟岭山下，距离区政府10公里。全村地域面积6.8平方公里，有耕地5560亩。共有居民256户、1016人。有党员43人。

【木耳生产】 2017年，加大产业调整力度，支持全村各户发展木耳产业，木耳总量达到420万袋。运营“兴凯湖”牌新村木耳专业合作社，增加村民收入。

【村屯建设】 修整4.3公里新村公路。修复水池，解决村民吃水难和做木耳菌用水难问题。

【获得荣誉】 2017年，获省级“巾帼建功立业先进集体”荣誉称号。

【负责人名单】

书记：马秀仁

主任：周传军

（周传军）

## 新进村

【概　况】 新进村是梨树区唯一的朝鲜族村。位于梨树区4—11道街、省道S206东部中心地区。城乡混居，地域面积6.3平方公里。耕地面积1640亩，其中水田839亩，旱田801亩，人工林450亩（已转让）。全村劳力有130人，其中男劳力75人，女劳力55人；朝鲜族人口占95%。村内常住人口70余人。

【农田基础建设】 2017年，新进村自动地修农田路600米、排水沟800米、引水沟300米；河北地修农田路300米、排水沟400米；五井地补修农田路200米、排水沟800米。农田路畅通，引水排水顺利，春秋不误农时，保证农业增产增收。

【土地确权】 在区委、区政府和区农委的直接指导下，新进村领导开会学习有关文件，同工作人员测量新进村全部土地，即五井地、河北地、自动地、榆树地、南河地、坝外地和五十四地。有多数村民不在村，通过电话和微信视频等措施，基本落实村民承包田的地理位置和面积。

【产权制度改革】 在区农委的领导下，新进村作为梨树区农村集体产权制度改革试点村，多次召开两委班子党员、村民代表会议，学习相关文件。按照集体产权制度改革的实施方案，借鉴方正县的经验，基本完成明确村土地面积详细情况，清理固定资产、经营性资产和代管资金债权债务，统计出新进村有在籍132户、人口294人，登记劳动工龄229人，登记劳龄130人。

【负责人名单】

书记：安显日

主任：金基连

（金基连）

## 双合村

【概　况】 双合村有5个自然屯，258户、1016人，耕地面积1673亩。

**【党建活动】** 按照党的工作要求，双合村党支部积极组织开展“两学一做”学习教育，使之常态化、制度化，共组织学习8次。开展“三会一课”活动，全年召开支部会议12次、党员大会6次，把每月15日定为党员活动日。在党建活动中，开展主要以“三会一课”，推进“两学一做”学习教育为主要内容的学习活动，通过系统学习党章、习近平总书记系列讲话精神，提升党员的学习意识和责任意识，组织生活逐步规范，凝聚党员人心，增强战斗堡垒作用。

**【特色种植】** 2017年，双合村种植吊袋木耳1万袋、木耳段600多根、黄菇娘300多亩，各类杂粮包括红小豆、黑豆和红高粱等2400多亩，引进吉林客商种植北药蓖麻子近300亩。

**【改善办公条件】** 村办公场所年久失修，设备老化，两委班子无法正常开展活动。整顿工作开始后，村两委班子为改善办公环境，个人垫付近1万元，重新安装村办公室暖气，彻底解决组织活动无阵地、服务群众无场所的问题。

**【土地确权】** 按照要求，在2016年实际测量数据基础上，召集村民4次到村里进行信息核实，做到核实到户。

**【乡村建设】** 开展美丽乡村建设工作，加大整治环境治理工作，全年组织3次整治活动，使村容村貌有了改善，保持良好的状态。2017年3月，在村两委班子带领下，共出动铲车、拖拉机等车辆6台，义务工13人，拉运200多立方米火烧矸，修缮通往一组道路1500多延米，解决村民出行难问题。

**【低保、医保、养老保险】** 按照上级要求，对现有的农村低保户进行排查调整；医保工作按照工作要求已顺利完成；安排专人配合区社保局工作人员收缴养老保险金。

**【负责人名单】**

书记：刘　恒

主任：王金光

（刘　恒）

## 前进村

**【概　况】** 前进村位于梨树镇车站南部，距离区政府3公里。2003年，由原进行村和靠山村合并成立。2017年，前进村有户籍人口504户、1504人。土地承包户数398户、人口1210人。耕地面积11742亩，林地面积6000亩，年产值500万元。有党员49人。

**【水稻种植】** 3月27日，村领导组织村民到佳木斯市调研水稻品种，订购适合该村种植的水稻品种，进行统一育秧、统一收购；组织村民到鸡东参观粮米深加工设备和加工流程。

**【负责人名单】**

书记：靖振东

主任：贾瑞君

（贾瑞君）

## 石场村

**【概　况】** 石场村位于梨树区北部，由5个自然屯组成，土地面积1343亩，总人口780人，有党员27人；党支部和村委会下设5个小组长。

**【特色种植】** 2017年，领导和指导村民按结构调整科学种田，发展多种经营，种植黑木耳；成立梨树区石磷谷物种植农民专业合作社，以种植谷子为主，种植面积1000亩。

**【负责人名单】**

书记：段玉君

主任：王桂君

（王桂君）

## 河口村

**【概　况】** 2017年，河口村党支部在区委和区农林水牧局党委领导下，完成全年各项任务。

**【党建工作】** 2017年，村党支部按时完成严格执行“三会一课”制度，上党课4次，开支部会议10余次，深入开展“两学一做”教育常态化、制度化。村党支部发展正式党员1人，培养入党积极分子1人。2名村民交入党申请书。组织党员干部、入党积极分子收看十九大会议内容。

**【农业生产】** 2017年，调整种植结构，减少玉米种植面积1000多亩，增加大豆种植面积900多亩，经济作物面积增加400多亩。畜牧业增加黄牛养殖20多头，牛存栏量70多头。增加蛋鸡养殖场1个，全年出栏量1万多只。为村民维修村级路1500多米，规划菌包厂园区占地规模。

**【廉政建设】** 年初，组织党员干部落实区廉政建设会议精神，村各项补贴和村集体开支都做到公平、公开、公正，自觉接受群众监督。

**【负责人名单】**

书记：岳广会

主任：孟凡友

（岳广会）

# 附　录

2017 年梨树区全国五一劳动奖章、省劳模名表

表 10

| 姓名 | 性别 | 民族 | 出生年月 | 政治面貌 | 工作单位 | 职务 | 荣誉称号 | 授予单位 | 授予时间 |
|---|---|---|---|---|---|---|---|---|---|
| 朱秀芹 | 女 | 汉 | 1964 年 2 月 | 中共党员 | 梨树区环卫处 | 主任 | 全国五一劳动奖章 | 全国总工会 | 2017 年 |
| 朱先瑞 | 男 | 汉 | 1980 年 7 月 | 中共党员 | 梨树区环卫处 | 垃圾清运 | 省劳模 | 省总工会 | 2017 年 |

2017 年鸡西市第二十二届劳动模范名表

表 11

| 姓名 | 性别 | 民族 | 出生年月 | 政治面貌 | 文化程度 | 工作单位 | 职务 | 荣誉称号 | 授予单位 | 授予时间 |
|---|---|---|---|---|---|---|---|---|---|---|
| 徐丽华 | 女 | 汉 | 1977 年 5 月 | 中共党员 | 大专 | 凯威碳素公司 | 总经理 | 市劳模 | 市总工会 | 2017 年 |
| 秦　明 | 男 | 汉 | 1986 年 7 月 | 群众 | 高中 | 新科洁净煤公司 | 车间班长 | 市劳模 | 市总工会 | 2017 年 |
| 朱福珍 | 女 | 汉 | 1960 年 3 月 | 中共党员 | 大专 | 梨树区老达社区 | 主任 | 市劳模 | 市总工会 | 2017 年 |
| 杨利红 | 女 | 汉 | 1961 年 6 月 | 中共党员 | 本科 | 梨树区医院 | 护士长 | 市劳模 | 市总工会 | 2017 年 |
| 齐亚凤 | 女 | 满 | 1961 年 6 月 | 中共党员 | 大专 | 梨树区双胜村 | 妇代会主任 | 市劳模 | 市总工会 | 2017 年 |
| 姜桂芳 | 女 | 汉 | 1961 年 6 月 | 中共党员 | 中专 | 梨树区中心村 | 农民 | 市劳模 | 市总工会 | 2017 年 |

## 关于区十六届人大二次会议以来代表提出的议案，建议、批评和意见办理情况的报告

——在梨树区第十六届人大代表大会第三次会议上

（2017 年 12 月 24 日）

梨树区人民政府副区长　崔仕臣

各位代表：

区十六届人大二次会议以来，交由区政府办理的议案 1 件。交由区政府办理的建议、批评和意见 38 件，其中解决或基本解决、列入计划办理 34 件，占 89%（解决或基本解决 26 件、列入计划办理 8 件）；受国家政策、权限等客观因素影

响，暂时无法解决4件，占11%。办理结果按规定程序答复了代表，代表对答复均表示满意。

**一、议案1件**

**“关于加快完成青沟岭水库立项及建设的议案”办理情况。**为解决群众饮水问题，2012年，我区申报了青沟岭水库项目，项目功能为城区主要水源。2015年，将“加快完成青沟岭水库立项及建设事宜”列为区人大议案。2017年5月，启动实施了引兴凯湖水入梨树的“大供水”工程，困扰全区多年的饮水难题得以破解。工程于11月18日开工建设，已铺设供水管网7公里，2018年6月份竣工。青沟岭水库不再作为城区主要水源，已按农田灌溉、旅游开发等功能重新设计规划。

**二、解决或基本解决26件**

（一）关于基础设施建设方面

**1. 代表岳金城提出关于解决工业谷区域居民拆迁后自来水管跑水现象的建议。**自来水公司经过全面排查该地区自来水漏点，在10月份利用10天左右时间完成了漏水管路维修。

**2. 代表张淑波提出关于新建及维修平岗矿公厕的建议。**10月份，平岗矿恒源公司新建公厕2座，维修公厕6座，解决了居民如厕问题。

**3. 代表高海生提出关于城区内增加监控摄像头，解决城区内技防监控覆盖不足问题的建议。**正在逐步增加我区公益点、自然点监控摄像头数量。计划在各公益点安装监控摄像头400个，已完成实地踏查、平面图设计，等待市公安局统一开工建设。自然点区域主要以街里、平岗为主，已安装视频监控550个。

**4. 代表孙义波提出关于对原穆棱矿道路未修路段进行硬化和亮化工程的建议。**原穆棱矿道路未修路段为西山路1.6公里乡路项目，该路段于9月13日完成混凝土沥青铺设，现已通车。原穆棱矿路灯改造项目于11月底完成招标，2018年继续实施。

**5. 代表王霞等5人提出关于新建饮用水源的建议。**鸡西至梨树“大供水”工程于11月18日正式开工建设，2018年6月竣工。

**6. 代表郝万东等3人提出关于制定城区统一规划的建议。**修编总体规划工作于4月份启动，现已完成1∶1000地形图测量、土地利用现状图、区内房建调查等前期工作，哈尔滨规划设计院于12月1—10日进驻我区，完成了前期资料调研工作。计划2018年1月30日前，形成初步规划，上报专家会议评审。

**7. 代表付志提出关于维修平岗煤矿供水管网，解决跑冒、滴漏的建议。**前期，平岗恒源公司已投入1万多元维修26处供水管网，基本保证正常运行。同时，平岗供水管网改造工程已列入全市“大供水”项目，已于11月18日开工建设，2018年竣工后可以全面解决供水管网跑冒、滴漏问题。

**8. 代表刘成才提出关于城区内尽快完成路灯安装工程的建议。**现已安装“中国结”形状路灯50盏。其余161盏路灯安装工程于11月30日完成招投标，受季节影响停工，2018年继续施工。

**9. 代表付志提出关于解决平岗煤矿供热不达标的建议。**平岗矿供热改造工程，已完成锅炉房建设、2000米供热管网铺设、4栋楼房供热分户等工程，正在安装锅炉，年底前可全面完成。同时，2018年计划在全区开展供水供热“末梢”现象改造治理，平岗矿供热不达标问题将得到彻底解决。

**10. 代表肖丽香等7人提出关于维修平岗10—13号楼楼体，楼顶加彩钢瓦的建议。**此项工程已列入全市“三供一业”维修改造项目，17栋老旧楼房屋面维修、外墙保温、供水供热分户、小区道路道板等施工图设计工作，以及招投标准备工作均已完成，2018年5月施工建设。

**11. 代表李德连等6人提出关于在新建楼房安装计量水表，节约用水的建议。**新建楼房计量水表安装工作正在有序推进，前期已采购3000套计量水表，2018 年全面完成。

**12. 代表李慧兰提出关于修建城区外环路的建议。**“丹阿公路”项目已确定在我区城堤外经过，项目于 10 月份完成可研、测量及报审，2018 年开工建设。建成后可以形成以东大街、西大街为内环，以“丹阿公路”为外环的交通路网。

（二）关于城区管理方面

**13. 代表王乐家提出关于加强小区管理，解决楼道乱堆乱放、车辆乱停乱放的建议。**主要开展了三项工作。一是在春节前期进行了集中整顿，在各小区单元门张贴通知，严禁乱堆乱放，并督促 10 户业主将摩托车撤出楼道。二是坚持每季度进行一次集中清理。三是加强日常清理，针对新发生或反复性的乱堆乱放行为，要求小区保洁员每天及时清理。

**14. 代表王瑞珍提出关于解决鑫泰家园小区西出口小吃摊点影响消防、交通及夜间行人安全问题的建议。**已将全部 11 户小吃摊位移到八道街以北的步行街上。

**15. 代表付志等 7 人提出关于在平岗学校门前增设减速带和安全交通岗亭的建议。**平岗学校门前公路为 S206 省道鸡图公路。按公路养护规范要求，不可以设立减速带。该道路仅 9 米宽，不适合设置交通岗亭。为保证师生交通安全，做了两项工作，基本达成代表建议意图。一是组建平岗交警中队，对该路段进行严格巡逻管控，及时清理违停车辆；二是在该路段设置禁停标志，提醒车辆减速慢行、避让行人。

**16. 代表刘成才提出关于解决部分新建楼房楼顶没有女儿墙，冰雪融化形成落冰存在安全隐患问题的建议。**新建楼房中，只有鑫御景小区没有女儿墙，该问题是开发商未按设计图纸施工造成的。针对这一问题做了两项工作：一是加强落冰季节安全警戒工作。设置警示牌、警戒线，并及时清理冰锥，排除隐患；二是联系开发商，责令其限期整改。

（三）关于农业农村方面

**17. 代表周传军、李伟提出关于修建双胜村至新村道路的建议。**双胜村至新村道路共 5 公里，维修工作于 10 月份完成，在该路段铺垫了火烧矸。在此基础上，2018 年将加大维修改造力度，对梨树至新村 12.8 公里道路进行再次维修。

**18. 代表段玉君、杨成林提出关于加强石场村泥石流治理的建议。**石场村泥石流治理工作正在逐步推进。其中四组、五组泥石流治理项目已在 2016 年完成，今年又投入 1 万多元，在四组隐患地点修建护坡。二组泥石流治理项目已经通过省水利厅审批，待资金拨付到位后开工建设。项目开工前，为保证汛期安全，对主要排水沟约 1 公里完成清淤，清除淤泥约 5000 立方米。

**19. 代表张大君提出关于加强农村秸秆综合利用率的建议。**招商引进鸡西柏运生物质燃料加工项目，加工秸秆压块燃料，项目地点位于穆棱矿，正在安装设备。年底前可完成设备调试，2018 年投产，届时可有效提高我区秸秆综合利用率。

（四）关于民生方面

**20. 代表佟晶提出关于各部门认真落实取消和规范 46 项证明事项的建议。**采取下发文件、在政务公开网公示的方式，把取消和规范 46 项证明内容向社会公示。与区人民法院、市教育局、市公证处等单位沟通，同意今后不再要求群众出具婚姻证明、家庭成员人数证明和租房证明，如确为工作需要，可要求出具情况说明。

**21. 代表陈玉华等 3 人提出关于招聘补充教师的建议。**采取两种方式，缓解缺少教师问题。一是今年向市人社局申报 6 名教师招录名额，已录取 4 名，正在公示；二是 90 年代末未分配师范类毕业生 18 人已全部上岗。

**22. 代表张淑波提出关于解决平安家园烂尾楼的建议。**平安家园烂尾楼问题涉及居民 36 户，其中回迁 14 户、购买住宅 22 户。经区政府十六届六次常务会议研究，确定了平安家园居民安置方案和处理办法，决定由区政府拿出房源先行安置，并以区政府为主体起诉开发单位，向法院申请财产保全。按照居民意愿，已将平安家园居民安置到阳光新城，并且冻结平安家园的房产用于偿还政府安置费用。

**23. 代表王金奇提出关于解决康乐小区综合大市场不能过户的建议。**康乐小区大市场因前期没有进行不动产测绘未能办照，经与区国土局进行沟通协商，已为康乐小区大市场完成测绘，并于6月份办理了产权交易过户。

**24. 代表付志等5人提出关于将平岗矿山下区域未动迁6户居民纳入动迁范围的建议。**此区域已列入采沉区动迁范围，经核实共计5户，现已征收4户。剩余1户房屋已经倒塌，因本人不同意按照政策签订补偿协议，无法实施征收。

**25. 代表王乐家提出关于解决区内部分楼房无法办理房照的建议。**我区共有阳光小区、幸福小区等9个小区无法办理不动产证，具体原因是缺少土地使用权证、建设工程规划许可证，或欠缴土地增值税、营业税等。经过与市建设、规划、国土等部门沟通，确定以“出具确认函”的方法解决相关手续问题。10月份，宏鑫家园、梨光一期、梨光二期、中联商城等9个小区5400余户可以随时申请办理不动产证。截至目前，已办理不动产证170户。

**26. 代表陈盛琦、张大军提出关于将碱场矿河东委、桥北委、碱场委纳入棚改计划的建议。**按照梨树区“工业谷”建设总体规划，碱场矿居民将于5年内全部迁出，以上3个居民委已纳入全区棚改计划，将按照计划逐步实施征收。

**三、列入计划逐步解决8件**

**1. 代表王晓波等7人提出关于在城区内合理布局建设水冲公厕的建议。**近期，习近平总书记对推进“厕所革命”工作做出了重要批示。市委、市政府对“加强公厕建设”均提出了明确要求。这既是群众呼声，也是上级要求。对此，区政府高度重视，正在积极推进办理。原计划结合棚改基础设施工程，在城区新建公厕2处。因棚改基础设施工程没有全面完成，2017年城区内没有新建公厕。计划2018年棚改基础设施建成后，在七道街、四道街、二道街等处选择合适地点，新建2处水冲公厕。同时，为解决群众如厕需求，我们做了两项工作：一是对城区内现有的11处公厕进行维修、加强管理，并设置了引导指示牌；二是启用城区内现有的2处水冲公厕，目前，太阳升小学门前的水冲公厕已正常使用，六中侧面的水冲公厕存在安全隐患，隐患清除后恢复使用。

**2. 代表李玉友等3人提出关于尽快开通管道燃气的建议。**中燃公司燃气改造项目是市城建局督办的全市重点民生工程。我区现有燃气瓶组站存在安全隐患问题，已全部整改完毕。2018年5月开工建设。

**3. 代表付微、王乐家提出关于在合适地点建造焚烧塔，文明祭祀的建议。**经过实地调研，与殡葬承包方达成共识，确定在大坝南侧选取一处地点修建临时焚烧点。后考虑该地点位于“丹阿公路”附近，影响城市形象，所以没有施工。2018年重新选址建设。

**4. 代表关向文等11人提出关于在平岗道路拥堵路段设立停车场，解决交通拥堵问题的建议。**采取两项措施：一是由交警部门每天出动警力维持秩序。二是已协调“丹阿公路”设计单位，将公路从平岗居民区外通过，建成后可全面缓解该路段交通拥堵问题。

**5. 代表王晓波等4人提出关于对自动委5组的平房进行动迁的建议。**街里街道自动委5组未动迁部分在九道街—十道街—西大街—鑫源小区（高层）的区域内，需要改造平房面积为1029平方米，涉及居民20余户。已经把该地块纳入棚户区改造计划，将按计划逐步实施征收。

**6. 代表张淑波提出关于将平岗花园道口通往一井的道路和平岗早市两条主要街道铺设成水泥路面的建议。**此路段已列入全市“三供一业”维修改造项目，按照市“三供一业”指挥部部署，将先实施地下部分供热、供水项目，然后再修建道路。2018年完成。

**7. 代表田亚娟等6人提出关于对小区内的下水管网维修改造，解决堵塞、化粪池溢满问题的建议。**针对该问题，物业公司已更换部分下水管路，并多次进行维修。同时，为加大问题解决力度，已将该项目申报市“三供一业”指挥部。

**8. 代表陈增良等4人提出关于对河西大桥进行维修，并取消限高、限重的建议。**河西大桥管理主体为市交通局。修复河西大桥事宜同为市人大代表建议。对此，市政府高度重视，将河西大桥改造工作列入日程，由市交通局牵头实施河西大桥改造工程。前期，区政府积极配合市交通局进行项目申报组件工作，为其出具了取土弃土场地、无第三方用水等证明。目前，项目已经完成可研、立项，上报省交通厅，批复后开工建设。

**四、受国家政策、权限等客观因素影响，暂时无法解决4件**

**1. 代表李明鹏等6人提出关于平岗矿山上通往山下的主要路段安装路灯的建议。**该路段是平岗矿企业生产专用路，无法列入市“三供一业”矿区居民改造项目。平岗矿为国有独立工矿区，建议企业从安全生产、保护职工安全角度出发，自主安装路灯。

**2. 代表姜兴波等7人提出关于维修穆棱矿客车站点至原运输科道路的建议。**因该路段两侧平房区居民需整体搬迁，市“三供一业”指挥部未批准我区维修改造计划，因此今年无法实施。

**3. 代表熊德金等5人提出关于维修天盛路3处危险路段的建议。**天盛路产权属于天盛公司。区政府已建议天盛公司制定详细维修方案，做出维修预算。同时，区政府积极沟通市交通局，计划争取40%的维修资金，但需区政府匹配60%约600万元资金。因区政府财政紧张，目前不能实施。

**4. 代表周传军等7人提出关于解决各村新建房屋无法办理房照的建议。**经调查，2008年机构改革，乡建办与房产局合并。办理规划许可证的行政权力统一划归市规划局，市规划局未安排工作人员进驻我区办理规划许可证，停办约一年半。其间，农村建房村民未取得规划许可证，按照相关规定，未批先建属于违建，无法办理“不动产证”，正在与市规划局沟通，寻求解决办法。